GÜTERSLOHER
VERLAGSHAUS

Monika und Udo Tworuschka

Die Welt der Religionen
DAS JUDENTUM

Gütersloher Verlagshaus

Impressum

Originaltitel:
Monika und Udo Tworuschka, „Das Judentum" („Die Welt der Religionen"),
© Chronik Verlag im Wissen Media Verlag GmbH, Gütersloh/München 2007

Bibliografische Information der Deutschen Nationalbibliothek
Die Deutsche Nationalbibliothek verzeichnet diese Publikation in der Deutschen Nationalbibliografie; detaillierte bibliografische Daten sind im Internet über http://dnb.d-nb.de abrufbar.

Projektleitung: Petra Niebuhr-Timpe
Redaktionelle Mitarbeit: Antje Kleinelümern-Depping, Kunigunde Wannow
Bildredaktion: Anka Hartenstein, Andreas Zevgitis
Bildlegenden: Dr. Erik Hirsch
Kartenredaktion: Dr. Matthias Herkt
Register: Friederike Ilse
Medienbereitstellung: Martin Leist, Daniela Wuttke
Visuelle Konzeption/Layout und Satz: Axel Brink, Stephanie Küpper, Impuls Communications, Hattingen
Umschlagabbildungen: Kuppel einer Synagoge: IFA-Bilderteam GmbH, Ottobrunn/Jon Arnold Images / Klagemauer: Corbis GmbH, Düsseldorf/Annie Griffiths Belt / Jemenitin: Corbis GmbH, Düsseldorf/Hanan Isacher / Menorah: Mauritius Images GmbH, Mittenwald/Steve Vidler / betende Juden: shutterstock.com/Mikhail Levit

Druck und Einband: MOHN Media • Mohndruck GmbH, Gütersloh

Printed in Germany

ISBN: 978-3-579-06482-6

1. Auflage der Lizenzausgabe mit freundlicher Genehmigung des Chronik Verlages
Gütersloher Verlagshaus, Gütersloh, in der Verlagsgruppe Random House GmbH, München 2008

www.gtvh.de

א שוגגת מכל ספרי הש"ס ד...ות... ומספ... ... כל כת

...נות חדושי הלכות וכפרטות מספרי הש"ס של המאור הג...

...יד מוה"רר צבי זצ"ל אשר היה אב"ד ור"מ בק"ק פרנקפורט ד...

...יה בספרי הש"ס וכפרטות מסכת' נדרים ונזיר שרבת' ב...

מו"רר שמואל שאטין כ"ץ זצ"ל עם סיעתו' וכה"ג ג' סדר...

שאין דורש להם מרוב הטעיות שנמצאו בספרים וכ...

נכון ומתוקן כאשר יראו עיני המשכלות

Inhaltsverzeichnis

Vorwort

Judentum: Das ist nicht nur die Bezeichnung für eine Religionstradition, sondern zugleich für ein Volk. Dieses weiß sich von seinem Gott zu einem besonderen Dienst erwählt. Beth Israel („Haus Israel"), so heißt dieses Volk in der Hebräischen Bibel. Gemeint ist damit das jüdische Volk, seine Geschichte, Kultur und Wertvorstellungen. Nach jüdischem Gesetz ist ein Jude derjenige, welcher von einer jüdischen Mutter geboren wurde oder zum Judentum übergetreten ist. Jude zu sein bedeutet für viele, nach den Geboten der jüdischen Religion zu leben. Andere meinen damit die bloße Zugehörigkeit zum jüdischen Volk.

Das Judentum kennt keine Trennung der Welt in einen säkularen und religiösen Bereich. In der Neuzeit löste sich diese Einheit von Religion und Volk zum Teil auf. Im Unterschied zur *Gola* beziehungsweise *Diaspora* (griechisch: „Zerstreuung") bilden heute Religions- bzw. Volksgemeinschaft und Nation eine Einheit.

Vorurteile gegen Juden haben eine lange und unheilvolle Tradition. Die jüdische Geschichte ist durch Erfahrungen von Bedrängnis, Verfolgung und Leiden, aber auch Zeitabschnitten gelungenen Zusammenlebens zwischen Christen und Juden geprägt. Durch die Geschichte des christlichen Abendlandes zieht sich eine blutige Spur der Judenverachtung und -verfolgung. In der Shoa (neuhebräisch: „Tötung, Vernichtung") beziehungsweise im Holocaust, der Vernichtung von sechs Millionen europäischer Juden zur Zeit der Nazi-Diktatur, fand diese Leidensgeschichte eine nicht mehr fassbare Dimension. Auch heute stehen jüdische Einrichtungen in vielen Ländern unter besonderem staatlichen Schutz, weil es immer wieder zu antijüdischen Ausschreitungen kommt.

Juden gehören ganz unterschiedlichen Nationalitäten an. Sie vereint die gemeinsame Geschichte und das religiöse Erbe. Von den weltweit über 14 Millionen Juden leben heute über 5 Millionen in Israel. Knapp 6 Millionen haben in den USA eine Heimat gefunden, in der ehemaligen Sowjetunion sind es zwischen 400 000 bis zu einer Million. Große jüdische Bevölkerungsteile gibt es auch in Mittel- und Osteuropa und Südamerika, zum Beispiel in Argentinien.

Zahlreiche Phänomene unserer säkularisierten Kultur haben – jedenfalls zum Teil – jüdische und christliche Wurzeln: Menschenrechte, Völkerrecht, modernes Geschichtsbewusstsein, wissenschaftliches Denken, Naturwissenschaft und Technik.

Unser Buch stellt die Entstehung und die Geschichte, die Glaubensgrundlagen und die religiöse Praxis des Judentums allgemein verständlich dar. Außerdem erschließt es anschaulich die jüdische Lebens- und Alltagswelt sowie die Antwort des Judentums auf verschiedene aktuelle Fragen unserer Zeit.

Frieden, Gewalt, Toleranz, Dialogbereitschaft, Demokratie, Wirtschaftsethik, Menschenrechte, Fundamentalismus, Stellung der Frau, Sexualität und Familienplanung gehören zu den erörterten brennenden Fragen. Einen besonderen Schwerpunkt bilden Themen, die in vergleichbaren Einführungen eher selten erörtert werden: die Einstellung des Judentums zu Umwelt, Tieren, Erziehung, Sport, Medien, Musik und Tanz, aber auch zu alltäglichen Fragen wie Ernährung und Kleidung.

Monika & Udo Tworuschka

DAS SELBSTVERSTÄNDNIS DES JUDENTUMS
Die Patriarchen und wichtige jüdische Symbole

Hauptsächliche Quelle für die frühe jüdische Geschichte ist die Hebräische Bibel. Sie schildert, wie Gott mit dem ersten Patriarchen Abraham einen Bund geschlossen, ihm Land verheißen hat und dass das jüdische Volk von den weiteren Erzvätern Isaak und Jakob abstammt.

Die Gründerväter Israels

Der biblische Begriff „Bund" beschreibt das Treueverhältnis zwischen Gott und seinem Volk. Den ersten Bund schloss Gott mit der ganzen Menschheit, indem er Noah vor der Sintflut rettete. Als Bundeszeichen ließ er einen Regenbogen aufleuchten. Bei seinem Bundesschluss mit Abraham verhieß Gott dem Stammvater eine große Nachkommenschaft und das Land Kanaan, ein Gebiet, das ungefähr dem heutigen Israel entspricht. Als endgültiges Zeichen dieses damals geschlossenen „ewigen Bundes" mit Abraham gilt die Beschneidung. Einen weiteren Bund schloss Gott mit Mose auf dem Berg Sinai, wo er

Die siebenarmige Menora („Leuchter, Lampe") gehörte zum Stiftszelt des Mose und wurde auf der 40-jährigen Wanderung stets mitgenommen.

ihm die Bundestafeln für sein Volk übergab.

„Ein umherirrender Aramäer war mein Vater …" – so lautet ein altes kultisches Bekenntnis (5. Mose 26,5). Die nach biblischer Erzählung aus dem Zweistromland stammenden „Väter" oder „Patriarchen" (Abraham, Isaak, Jakob) führten halbnomadische Clans an. Eine besondere Rolle in den Abrahamserzählungen spielt die Beinahe-Opferung Isaaks durch seinen eigenen Vater. Abraham war auf Befehl Gottes bereit, seinen einzigen Sohn zu opfern. An dessen Stelle wurde dann aber ein Widder genommen (1. Mose 22,1–19). Diese Opferbereitschaft Abrahams war es, die ihn befähigte, Gott zu bitten, mit Israel trotz der Übertretung von Geboten gnädig zu verfahren.

Isaak war der zweite Erzvater der Juden. Mit Rebekka zeugte er nach langer Kinderlosigkeit Esau und Jakob. Als treuer Befolger der Gebote und Begründer des Nach-

Die „zwölf Stämme Israels"; Illustration aus der Bible historiale des Guiart Desmoulins aus dem 14./15. Jahrhundert

Ein Engel verkündet Abraham und Sara die bevorstehende Geburt ihres Sohnes Isaak. Gemälde von Jan Provost (um 1465–1529).

11

mittagsgebetes zählt er zu den sechs Treuen, über welche die Todesengel keine Macht haben.

Jakob war als Sohn Isaaks der dritte Erzvater des Judentums. Aus seinen zwölf Söhnen sollen sich die zwölf Stämme Israels gebildet haben. Der Rang des herausragenden Erzvaters Jakob gilt nur wenig geringer als der eines Engels. Jakob verkörpert das Ideal von Tugendhaftigkeit und Wahrheit.

Auszug aus Ägypten

Die Hebräer (abgeleitet von Eber, einem der Stammväter Israels) gehörten zur Klasse von Menschen ohne Bürgerrecht (die so genannten Chapiru). Sie wurden in Ägypten zu den Bauprojekten der Pharaonen herangezogen. Wohl im 13. Jahrhundert vor unserer Zeit fand der *Exodus* (Auswanderung) aus Ägypten statt. Die Hebräische Bibel erzählt davon im 2. Buch Mose: Nach ihrer Befreiung aus der ägyptischen Knechtschaft mussten die Israeliten 40 Jahre durch die Wüste ziehen, bis sie das von Gott verheißene Land Kanaan in Besitz nehmen konnten.

Um die legendäre Führergestalt Mose ranken sich viele biblische Erzählungen. In der Forschung wurde Mose unterschiedlich gedeutet: Religionsstifter, Volksgründer, Reformator, Priester, Theologe, Gesetzgeber. Nur noch in Umrissen ist er als Führer des Volkes beim Exodus und in der Wüste sowie als Stifter der israelitischen Religion fassbar. Beim Bundesschluss am Sinai trat er als Vermittler zwischen Gott und Israel auf. Mose legte wohl auch die Grundlagen zu Priestertum, Bundeslade und Stämmebund. Unter seiner Führung wanderte allerdings nicht das ganze Volk Israel nach Palästina, sondern nur die kleine „Moseschar". In den ältesten Liedern der Hebräischen Bibel wird knapp, aber begeistert gesungen, was spätere Legenden wunderhaft ausgemalt haben: die erfolgreiche Durchquerung des „Schilfmeeres" und die Vernichtung der ägyptischen Verfolger. Das Mirjam-Lied (2. Mose 15,21) jubelt siegestrunken: „Singt Jahwe! Denn er ist hoch erhaben. Rosse und Reiter hat er ins Meer ge-

stürzt." Auf die Zeit der schrittweise vollzogenen „Landnahme" (13. Jh. v. Chr.) folgte die Zeit der Richter (gewählte Stammesoberhäupter), daran anschließend die Königszeit (ab 1010 v. Chr.) mit den Königen Saul (reg. 1010 bis 1005 v. Chr.), David (1010–970 v. Chr.) und Salomo (965–926 v. Chr.).

Menora – Symbol der Erleuchtung

Ein wichtiges Symbol des jüdischen Glaubens ist die Menora, der siebenarmige Leuchter. Während der 40-jährigen Wanderung durch die Wüste wurde dieser auf Befehl Gottes zusammen mit anderen heiligen Gegenständen hergestellt. Er gehörte zu den Kultgeräten des Stiftszeltes, dem Ort der Begegnung zwischen Gott und Mensch (2. Mose 33,7–11). Später stand die Menora im Jerusalemer Tempel. Ihre sieben Arme versinnbildlichen die sieben Weltrichtungen: Osten, Westen, Norden, Süden, oben, unten sowie den Standort des Menschen selbst. Alle sieben Arme sollen vom Licht des heiligen Geistes erleuchtet werden. Die Fenster des einstigen Tempels waren so angelegt, dass kein Tageslicht hineinfiel, sondern das Licht der Menora aus dem Heiligtum hinaus drang. Die Menora symbolisierte die Erleuchtung, war Bild für den Auftrag Israels, Licht für die Völker zu sein. Nach der Zerstörung des Zweiten Tempels im Jahre 70 wurde die Menora zusammen mit dem übrigen Tempelschatz verschleppt. Seitdem gilt sie als verschwunden. Im Mittelalter wurde der siebenarmige Leuchter Symbol für den Dritten Tempel. Er wird errichtet werden, wenn der Messias kommt. Auch deshalb ist der siebenarmige Leuchter seit 1948 offizielles Emblem des Staates Israel.

Der Magen David

Auch der Magen David ist ein wichtiges jüdisches Symbol – fälschlicherweise als Davidstern bezeichnet. Dabei

Abraham ist bereit, seinen Sohn Isaak zu opfern; Plastik von Donatello, 1421.

Der Magen David („Schild Davids") war in biblischer Zeit zunächst ein dekoratives, nicht spezifisch religiöses Motiv.

handelt es sich um zwei ineinander verschachtelte Dreiecke, die zusammen einen sechszackigen Stern bilden.

In biblischer Zeit hatte dieser Stern eine dekorative Funktion. Ob der Schild Davids in Wirklichkeit diese Form hatte, ist nicht bekannt. Im Mittelalter wurde es üblich, dieses Symbol als „Siegel Salomos" oder „Schild Davids" zu bezeichnen. Im 16. Jahrhundert benutzte die jüdische Gemeinde in Prag das Emblem zum ersten Mal, um ihre jüdische Identität zu bekunden. Der Religionsphilosoph und Pädagoge Franz Rosenzweig (1886–1929) gab seinem Hauptwerk den Titel „Stern der Erlösung" (1921), womit der Magen David gemeint war. Die sechs Zackenspitzen sollten Gott-Welt-Mensch und Schöpfung-Offenbarung-Erlösung bedeuten. Auf diese Weise wurde der Stern zum Bild für das messianische Zeitalter und den Weg dorthin.

1897 wurde der Schild Davids durch den Zionismus zum Symbol der jüdischen Nationalbewegung und findet sich heute auf der israelischen Nationalflagge. Im Deutschen Reich zwangen die Nationalsozialisten die jüdischen Bürger ab 1941, den „Judenstern" auf ihre Kleidung aufzunähen, und missbrauchten somit den Magen David, um jüdische Bürger zu diskriminieren.

Der aus Weißrussland stammende jüdische Maler Marc Chagall (1887–1985) hat sich stark mit Jakob identifiziert. „Jakobs Traum" wurde 1977 geschaffen.

HISTORISCHER ÜBERBLICK
Daten und Fakten zum Judentum

Etwa 1800–1600 v. Chr. Zeit der Erzväter Israels

13./12. Jh. v. Chr. Auszug (Exodus) unter Mose aus Ägypten

12. Jh. v. Chr. Eroberung von Kanaan

1012 v. Chr. Saul wird König, Israel entwickelt sich zur Monarchie

1004–926 v. Chr. Königtum Davids und Salomos

Etwa 1000 v. Chr. Vereinigung der Stämme durch König David in Jerusalem

960 v. Chr. Angeblicher Bau des ersten jüdischen Tempels durch Salomo

926 v. Chr. Reichsteilung in Juda und Israel

Mitte 8.–6. Jh. v. Chr. Zeit der biblischen Propheten vor dem Exil: Amos, Hosea, Jesaja, Micha und Jeremia

722 v. Chr. Israel wird von den Assyrern erobert, die Bevölkerung deportiert

586 v. Chr. Juda wird von Babylon erobert, der Tempel zerstört und die Bevölkerung deportiert: Beginn der Babylonischen Gefangenschaft (Exil)

538/39 Babylon fällt an König Kyros von Persien, Exilanten kehren nach Israel zurück

516 v. Chr. Weihung des zweiten jüdischen Tempels

322 v. Chr. Alexander der Große erobert Palästina (336–326 v. Chr.), jüdische Gemeinden entstehen in der griechischen Welt

175–164 v. Chr. Antiochus IV. Epiphanes unterdrückt die jüdische Religion und versucht, die Juden zu hellenisieren

167 v. Chr. Makkabäeraufstand endet erfolgreich

164 v. Chr. Wiedereinweihung des Tempels

1. Jh. v. Chr. Die religiösen Parteien der Sadduzäer und Pharisäer entstehen

63 v. Chr. Pompejus erobert Palästina, jüdische Gemeinden entstehen im Reich

40–4. v. Chr. Herodes regiert in Judäa

1. Jh. Zusammenstellung der Hebräischen Bibel (Tenach) ist abgeschlossen

66–70 Erster römisch-jüdischer Krieg, die Römer zerstören den jüdischen Tempel

73 Die Festung Masada wird als letzte Bastion des jüdischen Widerstands erobert

132–135 Bar Kochba–Aufstand (zweiter jüdisch-römischer Krieg), Juden dürfen nicht mehr in Jerusalem wohnen

438 Codex Theodosianus

Etwa 450 Römer schaffen das Patriarchat und den Sanhedrin ab, Jerusalemer Talmud entsteht

533 Erlass über die Juden von Justinian

6.–7. Jh. Vollendung des babylonischen Talmud

8.–12. Jh. Entstehung jüdischer Gemeinden in Mitteleuropa, friedliches Zusammenleben von Juden und Christen im Rheinland

9.–12. Jh. Blüte jüdischer Gemeinden in Nordafrika und Spanien

1096–1099 Jüdische Gemeinden im Rheinland werden während des ersten Kreuzzugs zerstört

1135–1204 Moses ben Maimon, „Maimonides", schreibt die Mischna Tora (Wiederholung des Gesetzes)

1144 Erster Ritualmordvorwurf im englischen Norwich

1157 Friedrich I. erneuert die alten Rechte, die schon sein Großvater den Juden gewährt hat.

Um 1159 Benjamin von Tudela reist nach Palästina und berichtet in seinem „Buch der Reisen" vom Leben in Palästina

1215 Das vierte Laterankonzil beschließt, dass Juden ein besonderes Abzeichen tragen müssen

1244 Friedrich II. gewährt den österreichischen Juden Privilegien

1348 Pest in Europa, Juden werden beschuldigt und überall in Europa ermordet

1391 Zwangsbekehrungen zum Christentum in Spanien

1434 Das Baseler Konzil weist den Juden eigene Viertel zu

1492 Granada, die letzte maurische Festung in Spanien, wird von den Christen erobert; Juden werden aus Spanien ausgewiesen; 160 000 verlassen das Land

1497 Juden werden aus Portugal ausgewiesen

16. Jh. Spanische Juden siedeln sich in Holland und im Osmanischen Reich an

1516 Errichtung des ersten Ghettos in Venedig

1648–1649 Aufstand des Bogdan Chmielnicki in der Ukraine führt zum Massaker an 100 000 Juden und zur Vernichtung von mehr als 300 jüdischen Gemeinden

1655 Menasse ben Israel (1604–1657) bemüht sich um Wiederzulassung der Juden in England

1656 Der holländische Philosoph Benedikt (Baruch) Spinoza (1632–1677) wird exkommuniziert

1729–1786 Der Aufklärer, Bibelübersetzer und Reformer Moses Mendelssohn bemüht sich um Integration der Juden

1782 Toleranzedikt des österreichischen Kaisers Joseph II.

1783 Gotthold Ephraim Lessings (1729 bis 1781) „Nathan der Weise" erscheint

1791 Die Französische Nationalversammlung beschließt Bürgerrechte für Juden. In den USA garantiert die „Bill of Rights" Religionsfreiheit

1801 In Seesen (Deutschland) führt Israel Jacobson (1768–1828) die ersten „Reformgebete" in seiner Schule ein

1808–1888 Der deutsche Rabbiner Samson Raphael Hirsch ist Schöpfer des „modernen orthodoxen Judentums"

1810–1874 Der deutsche Rabbiner und Gelehrte Abraham Geiger ist Führer des Reformjudentums

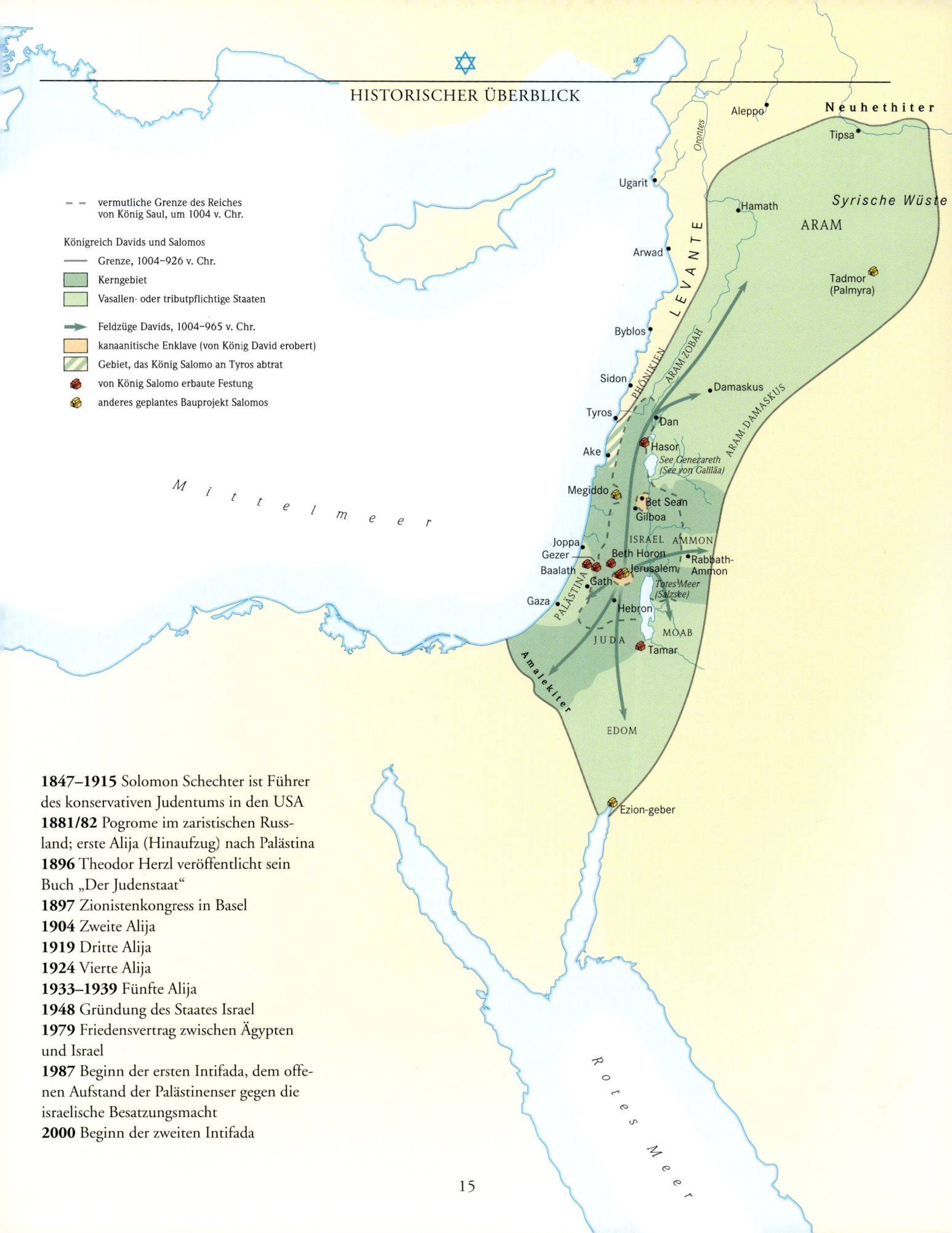

Kartenlegende

- - - vermutliche Grenze des Reiches
von König Saul, um 1004 v. Chr.

Königreich Davids und Salomos

———— Grenze, 1004–926 v. Chr.

Kerngebiet

Vasallen- oder tributpflichtige Staaten

→ Feldzüge Davids, 1004–965 v. Chr.

kanaanitische Enklave (von König David erobert)

Gebiet, das König Salomo an Tyros abtrat

von König Salomo erbaute Festung

anderes geplantes Bauprojekt Salomos

Kartenbeschriftungen

Neuhethiter
Aleppo
Tipsa
Ugarit
Orontes
Syrische Wüste
Hamath
ARAM
Arwad
Tadmor (Palmyra)
Byblos
ARAM-ZOBAH
Sidon
Damaskus
PHÖNIKIEN
ARAM-DAMASKUS
Tyros
Dan
Ake
Hasor
See Genezareth (See von Galiläa)
Megiddo
Bet Sean
Gilboa
Joppa
ISRAEL
AMMON
Gezer
Beth Horon
Baalath
Jerusalem
Rabbath-Ammon
Gath
PALÄSTINA
Gaza
Totes Meer (Salzsee)
Hebron
JUDA
Tamar
MOAB
Amalekiter
EDOM
Ezion-geber

_M i t t e l m e e r_

_R o t e s   M e e r_

1847–1915 Solomon Schechter ist Führer des konservativen Judentums in den USA

1881/82 Pogrome im zaristischen Russland; erste Alija (Hinaufzug) nach Palästina

1896 Theodor Herzl veröffentlicht sein Buch „Der Judenstaat"

1897 Zionistenkongress in Basel

1904 Zweite Alija

1919 Dritte Alija

1924 Vierte Alija

1933–1939 Fünfte Alija

1948 Gründung des Staates Israel

1979 Friedensvertrag zwischen Ägypten und Israel

1987 Beginn der ersten Intifada, dem offenen Aufstand der Palästinenser gegen die israelische Besatzungsmacht

2000 Beginn der zweiten Intifada

DIE JÜDISCHE LEHRE
Gottesbild und Messiasvorstellung

Es ist jüdische Grundüberzeugung: Gott hat sein Volk „erwählt"– nicht weil das Volk besondere Vorzüge gehabt hätte, sondern weil Gott gerade dieses Volk liebt. Zu Beginn der Geschichte Israels erhält Abraham von Gott den Auftrag, in das „verheißene Land" zu ziehen: Erez Israel. Weil Gott es als sein Land und seine Wohnstätte auserwählte, wird es bis heute im Judentum als heilig betrachtet. Die Beter wenden sich in Richtung Erez Israel, das als Mittelpunkt der Welt verstanden wird. Weil dort zu wohnen religiöse Pflicht ist,

> „Ein frommer Rabbi wurde in seinem Studium der heiligen Bücher unterbrochen, als ein aufgeregter Schüler in den Raum stürmte und rief: ‚Meister, der Messias ist gekommen!' Der Rabbi erhob sich und sah aus dem Fenster. Nach einer Weile murmelte er: ‚Nichts hat sich geändert' – und kehrte zu seinem Studium zurück."

verbringen fromme Juden nach Möglichkeit ihren Lebensabend in Israel. Der Bibelvers 4. Mose 33,53: „Und ihr sollt das Land in Besitz nehmen und darin wohnen" spielt in den Auseinandersetzungen mit den Arabern um einen eigenen palästinensischen Staat eine wichtige Rolle.

Mose, von den Juden als größter Prophet (Vater der Propheten) verehrt, übergab seinem Volk die Tora. Darunter wird die göttliche Weisung und Lehre, Weisheit, Wort und Weg, göttliches Gesetz verstanden. Gott hat mit seinem erwählten Volk einen „Bund" geschlossen. Der für die Geschichte Israels wichtigste Bundesschluss ist Gottes Bund mit Abraham, dessen Nachkommen so zahlreich wie die Sterne sein sollen. Immer wieder hat es Er-

Einer der Gipfel des wüstenhaften Sinaigebirges, der Gabal Musa („Berg Mose"), der heute mit dem biblischen Berg Sinai (2285 m hoch) gleichgesetzt wird.

עקדת יצחק היום ברחמים תזכור :

Die Opferung Isaaks, Aquarell von Moshe Mizrachi (19. Jh.)

neuerungen des Bundes gegeben, nachdem er von den Israeliten „gebrochen" worden war.

Zusammen mit dem Gedanken des Bundes steht das Streben nach „Heiligkeit" im Mittelpunkt des Judentums. Weil Gott „heilig" ist, soll auch sein Volk „heilig" sein. Damit ist der gesamte „reine" Bereich von Kult und Moral gemeint. Ihm steht die „Unreinheit" gegenüber. Die Jüdischkeit des individuellen und kollektiven Lebens wird durch die göttlichen „Gebote" *(Mizwot)* geprägt. Sie betreffen alle Bereiche des Lebens: Entwicklung des Menschen, Essen und Trinken, Wohnen, Kleidung, Umgang mit der Zeit beim Arbeiten, Ruhen (Sabbat), bei den großen Festen und den Festen am Lebensweg.

Jüdische Gottesvorstellung

Der Gottesglaube Israels ist ursprünglich nicht monotheistisch, sondern henotheistisch. Im Mittelpunkt der exklusiven Verehrung steht Jahwe. Israel verehrt nur diesen einen (griechisch hen = eins; theos = Gott) Gott. Man bestreitet dabei zunächst nicht die Existenz anderer Götter bei anderen Völkern. Jedoch haben diese Götter für Israel keine Bedeutung. Die warnenden,

„Neben dem Bett des Rabbi Israel Abuhatzera – von seinen Anhängern liebevoll ‚Baba Sali‘ genannt und als Heiliger verehrt – stand stets ein Stock. Der einstige geistliche Führer nordafrikanischer Juden erwartete jederzeit die Ankunft des Messias. Selbst mitten in der Nacht wollte Baba Sali zum Aufbruch bereit sein…“

mahnenden, drohenden und weisenden Propheten treten mit dem Anspruch auf, Jahwes Botschafter zu sein. Sie verkündigen Jahwe als den einzigen Gott, dem gegenüber die anderen Götter „Nichtse" sind. Jahwe hat sein Volk befreit, mit ihm einen Bund geschlossen und den Israeliten das Land gegeben. Er ist König, stellt sich auf die Seite der Armen (Witwen, Waisen, Fremden, Unterdrückten), gewährt seinem

Der Durchzug des Volkes Israel durch das Rote Meer; Buchmalerei aus einer hebräischen Haggada, 1740

Volk Sicherheit. Jahwe gilt als Herr der Geschichte und Richter.

Am Anfang der israelitischen Religionsgeschichte steht der Glaube an den Gott Abrahams, Isaaks und Jakobs. Dieser „Gott der Väter" offenbart sich jeweils einer einzelnen Person, gewinnt damit zugleich Bedeutung für dessen Großfamilie beziehungsweise Sippe. Bei Abraham und den Patriarchen Isaak, Jakob und seinen Söhnen wird deutlich, dass der Gott Israels ein Gott der Geschichte ist, der in geschichtlichen Ereignissen handelt und seine Macht kundtut.

Zusammenfassend lässt sich das Gottesbild der Hebräischen Bibel folgendermaßen charakterisieren: Gott wohnt im Himmel, offenbart sich in atmosphärischen Erscheinungen (Blitz, Donner, Regen, Erdbeben). Er wird als „heilig" bezeichnet, will als der Einzige verehrt werden, sorgt sich leidenschaftlich um das Wohlergehen seines Volkes. Während einerseits vom „großen und furchtbaren Gott" (5. Mose 7,21), bzw. vom „schrecklichen Gott" (Ps 89,8) die Rede ist, so andererseits häufiger von seiner Langmut und Barmherzigkeit. Jahwe ist König und gerechter Richter. Die Vorstellung vom gerechten Gott ist eng mit dem Gedanken verbunden, dass Gott „barmher-

Zisterne eines Hauses in der kanaanitischen Stadt Ai, die bei der Landnahme der Israeliten durch Josua zerstört wurde.

Lob der Schöpfung

„Die Himmel erzählen die Ehre Gottes, und die Feste verkündigt seiner Hände Werk. Ein Tag sagt's dem andern, und eine Nacht tut's kund der andern, ohne Sprache und ohne Worte; unhörbar ist ihre Stimme. Ihr Schall geht aus in alle Lande und ihr Reden bis an die Enden der Welt. Er hat der Sonne ein Zelt am Himmel gemacht; sie geht heraus wie ein Bräutigam aus seiner Kammer und freut sich wie ein Held, zu laufen ihre Bahn. Sie geht auf an einem Ende des Himmels und läuft um bis wieder an sein Ende, und nichts bleibt vor ihrer Glut verborgen."
(Psalm 19,1–7)

zig" ist (hebräisch rahum), ein Ausdruck, der sich von *Rechem* („Gebärmutter") herleitet. Die Betonung von Gottes Barmherzigkeit verbindet das Judentum mit dem Islam, wo im Koran davon die Rede ist, dass sich Gott „zur Barmherzigkeit verpflichtet hat". Gott wird „unser Vater" genannt. Seine Macht und Herrschaft gebraucht er aus Liebe zu den Menschen. Als „König" rufen ihn die Juden ehrfürchtig an. Als „Richter" sitzt er über die ganze Menschheit zu Gericht. Gelegentlich wird Jahwe als „Hirte" bezeichnet, ein im Alten Orient geläufiger Königstitel. Wenn er als „Fels" beschrieben wird, versinnbildlicht dies seine schützende und Sicherheit gewährende Kraft. Er ist

treu zum Bund mit seinem geliebten Volk. Die Propheten preisen Gottes gnädiges Sich-Herablassen zu seinem Volk. Gottes Macht ist für den Juden Mittel seiner Gnade.

Es ist nicht nur jüdische, sondern auch christliche und islamische Glaubensüberzeugung: Die gesamte Schöpfung (Kosmos, himmlische Wesen, Tiere, Pflanzen, Menschen) ist das Werk des mächtigen und gütigen Gottes.

Das Bilderverbot
Im zweiten Gebot des *Dekalogs* (Zehn Gebote) wird verlangt: „Du sollst dir kein Bildnis noch irgendein Abbild machen, we-

19

Von links nach rechts, von oben nach unten: Mose zieht nach Ägypten; Mose vor dem brennenden Dornbusch; Mose und Aaron vor dem Pharao; Mose trifft Aaron. Jüdische Buchmalerei, Katalonien 1320/30

gen. Im nachbiblischen Judentum wurde das Bilderverbot auf jedes Tier- und Menschenbild ausgedehnt. Die frühen Christen und der Islam beharrten beziehungsweise beharren streng auf dem Bilderverbot.

Der Gottesname

Am Berg Sinai stellt sich der Gott Israels dem Mose mit folgendem Satz vor: „Ich bin Jahwe". Dieser Gottesname geht auf die aus vier Konsonanten bestehende hebräische Grundform zurück: JHWH. In vokalisierter Form wird daraus „Jahwä" und nicht – wie im Mittelalter fälschlicherweise geschrieben – „Jehova". JHWH bedeutet: „Er ist" beziehungsweise „er erweist sich". Nach 2. Mose 3,14 offenbart sich Jahwe dem Mose mit den Worten: „Ich erweise mich, als der ich mich erweisen werde".

Jüdischkeit

Juden leben nach den Vorschriften der Tora, weil sie den Gott lieben, der sein Volk erwählt hat. Der Glaube als Gehorsam gegen Gottes Tora führt zur „Heiligung des Alltags". Alles wird der Tora unterworfen, kein Bereich des Lebens ausgeklammert. Wie die Muslime, so sprechen Juden vor dem Tun eines Gebotes einen Segensspruch. Damit wollen sie ausdrücken, dass sie die folgende Handlung bewusst tun: „Gesegnet seiest du, Herr unser Gott, König der Welt, der du uns geheiligt hast mit deinen Geboten". Alle Vorschriften, rituellen Handlungen und ihre Symbolik bilden bei den verschiedenen Tätigkeiten des religiösen Juden eine Einheit.

Der Messias und die messianische Zeit

Zu den weiteren Grundvorstellungen des Judentums gehört der Glaube an den Messias beziehungsweise an die messianische Zeit. Der hebräische Begriff Messias bedeutet „Gesalbter". Wenn man früher einen König oder einen Priester ernannte, goss man etwas Öl auf seinen Kopf, um ihn zu salben beziehungsweise auszuzeichnen. Die Bezeichnung „Gesalbter" deutet darauf hin,

der von dem, was oben im Himmel, noch von dem, was im Wasser unter der Erde ist. Bete sie nicht an, diene ihnen nicht!" (2. Mose 20,4f.). Auch weitere Bibelstellen verbieten dem Menschen, sich ein Bild von Gott zu machen, geschnitzte Holz- oder behauene Steinbilder herzustellen.

Gottes geheimnisvolles Wesen duldet keine bildlichen Darstellungen, die außerdem zu magischen Zwecken missbraucht werden können. Der große Unterschied zwischen Gott und Welt führt zu dem Gedanken, dass nichts Weltliches, also keine Darstellung, ausreicht, um Gott zu vergegenwärti-

dass der Messias ein wichtiger religiöser oder politischer Führer sein wird. Der von Gott erwählte Messias ist ein Mensch mit einem besonderen Auftrag für Gottes Volk Israel. Messias konnte den König, auch den Hohenpriester, schließlich auch einen von Gottes Geist ergriffenen Propheten bezeichnen.

Seit dem Babylonischen Exil (586 bis 538/39 v. Chr.) gehört die Erwartung des Messias zu den Grundvorstellungen des jüdischen Glaubens. Der Messias wird als Idealkönig gesehen, der dem Volk bei seinem Erscheinen wieder zu Größe und Ansehen verhilft. In der apokalyptischen Literatur (zwischen 200 v. Chr. und 200 n. Chr.) wird der Messias zu einer Gestalt in einem universalen kosmischen Rahmen, mit dessen Erscheinen das Ende dieser Welt und eine neue Ordnung von Himmel und Erde anbrechen. Die ungesetzliche Welt, in welcher der Gerechte nicht entlohnt und Übeltäter nicht gerichtet werden, in der Trübsal, Krieg und Desaster zunehmen, geht unweigerlich dem göttlichen Endgericht entgegen. Rechtswidrigkeiten und Unglücke gelten als Anzeichen dieses finalen Gerichts. Der Messias hat Eigenschaften eines ängstigenden Richters, aber auch eines erlösenden Retters. In dem zukünftigen Gottesreich auf Erden werden Friede und Gerechtigkeit herrschen. Der Messias soll aus dem Stamm Juda kommen, das jüdische Königreich, das Haus Davids, wiederherstellen,

DIE 13 GLAUBENSGRUNDSÄTZE DES MOSES MAIMONIDES

Das Judentum kennt keine verbindliche Glaubenslehre. Trotzdem haben jüdische Denker immer wieder versucht, Glaubenssätze zu formulieren. Die berühmtesten sind die „Dreizehn Glaubensgrundsätze" des Moses Maimonides (1135–1204). Mit diesen Formulierungen wollte er den jüdischen Glauben kurz formulieren und diesen zugleich vom Islam und Christentum abgrenzen.

1. Das Dasein des Schöpfers
2. Die Einheit Gottes
3. Die Verneinung der Körperlichkeit Gottes
4. Die Anfangslosigkeit Gottes
5. Gottes Dienst und seine Verherrlichung
6. Die Prophetie
7. Die Prophetie des Mose
8. Die Tora
9. Die Aufhebung der Tora
10. Gottes Kenntnis und Beachtung der menschlichen Werke
11. Gottes Belohnung und Bestrafung
12. Die messianische Zeit
13. Das Wiederaufleben der Toten

den zerstörten Tempel erneuern und Jerusalem zu seiner Hauptstadt machen.

Die utopischen Elemente und die Katastrophenstimmung, die in der Apokalyptik im Hinblick auf ein Ende dieser Welt und das Kommen einer neuen aufbrachen, fanden auch in der späteren Geschichte des Judentums immer wieder Resonanz, zugleich aber auch Kritik. Dort, wo im Judentum der messianische Gedanke personhaft gedacht wird, dürfte der 12. Glaubensartikel des Moses Maimonides die Vorstellungen prägen. In nicht-orthodoxen Kreisen ist von einer „Entmythologisierung und damit Entpersönlichung des Messianismus" die Rede. „Der Messias wird in solcher Konzeption zu einer Chiffre für die Hoffnung. (...) Da der Akzent vom Ursprung her auf dem Reich Gottes, nicht auf dem Messias lag, konnte eine neuere Entwicklung im Judentum auf den personenhaften Messias verzichten" (Schalom Ben-Chorin).

Die Sehnsucht nach einem Erlöser war bei den Juden vor allem in Krisenzeiten so stark, dass mehrmals „falsche" Messiasse auftraten, die sich auserwählt fühlten, das jüdische Volk zu retten. So erhob beim Aufstand der Juden gegen die Römer (132 bis 135) Schimon ben Kosiba, genannt Bar Kochba („Sternensohn"), diesen Anspruch. Er wurde sowohl von den Rabbinen als auch vom Volk anerkannt.

„Es komme dir nicht in den Sinn, dass der König Messias Wunder tun wird oder Neues schaffen oder die Toten lebendig machen wird und ähnliche Dinge, wie die Narren sich erzählen; nichts davon ist zu erwarten. War ja Rabbi Aqiba einer der größten Mischnagelehrten, Waffenträger des Bar Kochba, den er und seine gelehrten Zeitgenossen für den König Messias hielten, bis er durch die Sünden getötet wurde, und erst dann wurde klar, dass es nicht der wahre Messias war.

Die Weisen hatten von ihm kein Zeichen und kein Wunder verlangt. Ein wichtiger Grundsatz aber ist, dass unsere Lehre, ihre Satzungen und Gebote, für ewig bestehen werden, dass nichts hinzugefügt und nichts außer Kraft gesetzt wird; wer das tut oder einen anderen Sinn in die Lehre setzt und die Gebote umdeuten will, der ist als Lügner, Frevler und Gesetzesverächter zu behandeln."
(Moses Maimonides: Über den Messias. Mischne Tora, Hilchat Melachim, Kap. 2)

Die heiligen Schriften

Tora und Talmud

Lernen und Studieren hat für Juden eine sehr große Bedeutung. Vor allem die Knaben sollen ermutigt werden, sich möglichst intensiv mit den religiösen Schriften zu beschäftigen. Dadurch entstand die Tradition, die wichtigen heiligen Bücher zu lesen, sie gemeinsam zu diskutieren und immer wieder neu zu kommentieren. Bereits in der Antike wurde in den jüdischen Akademien – anfangs Lehrhaus und Gerichtshof – der Talmud studiert.

Gliederung der Hebräischen Bibel

Die Hebräische Bibel heißt Tenach. Dies ist eine Abkürzung aus den Anfangsbuchstaben der drei Teile der Bibel: *Tora* (Weisung:

Tora-Behälter oder Tik. Der Tik aus bemaltem Holz wurde in orientalischen Gemeinden anstatt der Tora-Hülle aus Stoff benutzt.

fünf Bücher Mose), *Nebiim* (Propheten) und *Chetubim* (Schriften).

Tora bedeutet auf Hebräisch „Weisung, Unterweisung, Lehre, Gesetz" und bezeichnet die ersten fünf Bücher der Bibel. Nach jüdischem Verständnis hat Gott die fünf Bücher Mose seinem Volk Israel am Sinai offenbart.

Das erste Buch Mose erzählt von der Schöpfung, dem Einbruch der Sünde, der Sintflut und dem Turmbau von Babel. Außerdem enthält es die Erzählungen von Abraham, Jakob und Esau sowie Joseph (sog. Vätergeschichten). Das zweite Buch entfaltet das Thema der Geschichte Gottes mit seinem Volk, handelt von der Unterdrückung und dem Auszug der Israeliten aus Ägypten (Exodus) sowie der Übergabe der Gebotstafeln an Mose auf dem Sinai. Das dritte Buch enthält kultische Bestimmungen und Regeln moralischen Verhaltens. Das vierte Buch berichtet von der Wüstenwanderung und der Eroberung des Ostjordanlandes, das fünfte enthält hauptsächlich Moses letzte Reden an die Israeliten.

Ein weiterer Teil dieser „Offenbarung" ist nach jüdischer Auffassung zunächst nur mündlich weitererzählt worden. Später wurde auch diese „mündliche Tora" aufgeschrieben. In einem erweiterten Sinn kann Tora auch Offenbarung, „Weisheit" und „Weltordnung" bedeuten und damit alles bezeichnen, was Gott den Menschen zukommen lässt.

Zu den „prophetischen Büchern" (Nebiim) gehören: die „früheren Propheten" Josua, Richter, Samuel und die Könige, die „späteren Propheten" Jesaja, Jeremia und Ezechiel und die 12 „kleinen Propheten". Zu den „Schriften" (Chetubim) zählen Psalmen, Sprüche, das Buch Hiob und die „fünf Rollen" (Hohelied, Ruth, Klagelieder, Prediger, Esther), schließlich die „Schriften" Daniel, Esra, Nehemia.

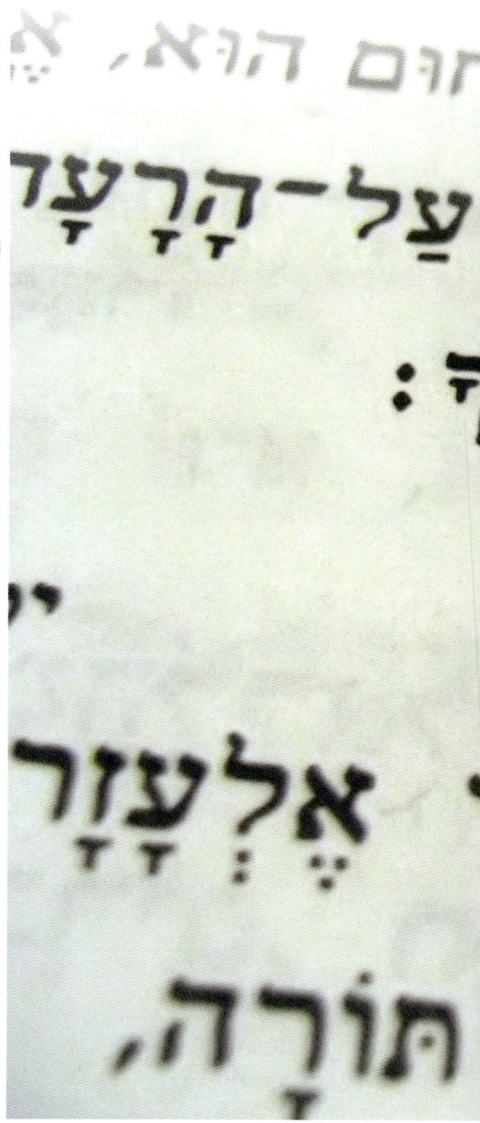

Kommentare zur Bibel

Weil die Hebräische Bibel nicht immer einfach zu verstehen ist, gibt es seit fast zwei Jahrtausenden Auslegungen und Erklärungen. Das hebräische Wort dafür lautet *Midrasch*. Diese überwiegend von Rabbinern verfassten, sich einander zum Teil widersprechenden Kommentare spiegeln die gesellschaftlichen Verhältnisse ihrer Entstehungszeit wider. Die Rabbiner fügten Bibeltexten Einzelheiten und Hintergrundinformationen hinzu. Der Midrasch ist also im Gegensatz zur von Gott offenbarten Bibel eine von Menschen verfasste Auslegung.

In der *Mischna* (Wiederholung, Lernen) finden sich einzelne auf Hebräisch geschriebene Lehrsätze aus der Jahrhunderte langen Diskussion der Rabbiner über die jüdische Lehre. Jehuda ha-Nasi ordnete um 200 die zuerst mündlich überlieferten Lehrsätze und hielt sie schriftlich fest. In gedruckter Form umfasst die Mischna sechs aus 63 großen Ordnungen (Abschnitten) bestehende Bände mit den Themen Saaten, Festzeiten, Ehe- und Familienrecht, Beschädigungen (Zivil- und Strafrecht), Heilige Dinge (Tempel- und Opferriten) und Reinheitsgebote.

Der Talmud

Der von unbekannten Verfassern stammende Talmud ist eine Sammlung von 37 beziehungsweise 39 Büchern und Abhandlungen (Traktaten) mit Kommentaren zur jüdischen Lehre. Der Talmud ist das Ergebnis Jahrhunderte langer Diskussionen unter jüdischen Schriftgelehrten, die zunächst auswendig von Lehrer zu Schüler vermittelt und schließlich aufgeschrieben wurden.

Genau genommen handelt es sich beim Talmud um zwei Büchersammlungen: Man unterscheidet den Palästinischen und den

Die Spitze des metallenen Torazeigers hat oft die Form einer kleinen Hand (hebräisch „Yad"). Er dient zur Unterstützung beim Lesen der Tora, die so heilig ist, dass sie nicht mit bloßen Händen berührt werden darf.

Babylonischen Talmud, denn das Studium der Mischna in Palästina und Babylonien führte zu unterschiedlichen Auslegungen. Stärker durchgesetzt hat sich letztlich der Babylonische Talmud. Obwohl der Text des Talmuds inzwischen endgültig niedergeschrieben ist, werden weiterhin Erklärungen und Kommentare verfasst.

Ein Toraschrein mit Vorhang aus der Altneuschul in Prag/Tschechien

Der ehemalige Vorsitzende des Zentralrats der Juden, Paul Spiegel (1937–2006), trägt die Torarolle bei der Einweihung der Kasseler Synagoge im Jahr 2000.

Kernstück des Talmud bilden die erwähnte Mischna und die *Gemara*. Die Mischna wiederum besteht vorwiegend aus der *Halacha* sowie zu einem geringeren Teil aus der *Haggada*. Während die Halacha religiöse, zivil- und strafrechtliche Gesetze enthält, umfasst die Haggada Erzählungen, Beschreibungen sowie theologische Überlegungen.

Die Gemara (Vollendung) ist die Zusammenfassung der Diskussionen über die Mischna. Schon am Aufbau einer Talmudseite kann man erkennen, dass der Talmud zur Diskussion auffordern will. In der Mitte jeder Seite findet man die Mischna und die Gemara oder nur die Gemara. Am Rand sieht man darüber hinaus auch den Kommentar zu diesem Kommentar und

> *„Freut euch und jubelt an Torafreude*
> *und gebet Ehre der Tora heute.*
> *Besser als aller Erwerb ist's,*
> *sie zu erwerben,*
> *köstlicher ist sie als Gold und Perlen.*
> *Wir jubeln, der Tora freuen wir uns,*
> *denn sie ist Kraft und Licht für uns. "*
> **(Lied über die Tora-Freude)**

den Kommentar zu diesem Kommentarskommentar. An den äußeren Rändern dieses bunten Flickenteppichs stehen die jüngsten Kommentare.

Das Fest der Tora-Freude

Im Laufe des jüdischen Jahres werden die fünf Bücher Mose einmal in der Synagoge vorgetragen. Am so genannten Tag der Tora-Freude, dem letzten Tag des Sukkot-Festes, ist der letzte Abschnitt erreicht. Dieser Tag, Simchat Tora genannt, beendet den Zyklus der jährlichen Toralesung und feiert den Neubeginn. Der Tora-Vorleser wird mit Segenssprüchen begleitet und die festlich geschmückten Torarollen werden singend und tanzend durch die Synagoge getragen. Nicht nur die Männer tanzen, die Torarollen in den Händen, sondern auch die Kinder machen mit, schwenken Fähnchen und stampfen mit den Füßen. Das Fest der Tora-Freude ist der einzige Tag im Jahr, an dem Kinder in der Synagoge lärmen dürfen. Das „Lied über die Tora-Freude" drückt die der Hebräischen Bibel entgegengebrachte Verehrung aus.

GEBET UND GOTTESDIENST
Tägliches Gespräch mit Gott

Das Gebet nimmt im Judentum einen sehr hohen Stellenwert ein. Erst durch das Gebet entsteht der direkte Kontakt mit Gott. Vor allem das gemeinsame Gebet hat eine große Bedeutung.

Was Juden zum Gebet brauchen

Männer der konservativen Richtung tragen in der Synagoge aus Gründen der Ehrfurcht eine *Kippa* (Kappe) beziehungsweise *Yarmulke*. Sie wollen Gott bei ihrem Gebet nicht mit bloßem Haupt gegenüber stehen, da sie es als anmaßend empfinden, barhäuptig vor den heiligen Gott zu treten. Viele tragen ein dunkles Käppchen nur in der Synagoge, wenn man sich zum Gemeindegebet versammelt, die Orthodoxen zu jeder Tages- und Nachtzeit. Allgemein trägt man es beim Gebet, das heißt auch zu Hause, wenn man die häuslichen Gebete spricht. Nicht-Juden erhalten beim Betreten einer Synagoge leihweise eine Kopfbedeckung angeboten.

Zum Gebet bekleidet sich ein Jude mit seinem *Tallit*, einem weißen Gebetsschal mit schwarzen oder blauen Streifen längs der Seitenkanten, und trägt seine *Tefillin*, die Gebetsriemen. Daran sind eckige Lederkapseln befestigt, die am linken Oberarm und an der Stirn angebracht werden. Eine Kapsel enthält die auf Pergament geschriebenen Bibelverse: 5. Mose 6,4–9; 11,13–21; 2. Mose 13,1–10 und 11–16. Sie sollen den Gläubigen an die Gottesoffenbarung und den Exodus aus Ägypten erinnern. Die Gebetsriemen versinnbildlichen den Gedanken, dass der Mensch sich ganz an Gott bindet. Strenggläubige Juden tragen auch Tsitsit, eine Art Fransen oder Quasten an einer Jacke unter dem Hemd, um die Gebote von 3.Mose 15,37–41 und 5. Mose 22,12 zu erfüllen. Weniger orthodoxe Juden tragen diese Fransen nur an den Rändern ihres Gebetsschals.

Orthodoxe Juden tragen Bärte und Haarbüschel an den Schläfen. Bei den Chassidim tragen schon Kinder und Jugendliche lange Schläfenlocken, denn in der Hebräischen Bibel heißt es: „Ihr sollt euer Haar am Haupt nicht rundherum abschneiden noch euren Bart stutzen." (3. Mose 19,27).

Zum Gebet benötigen Juden ein Gebetbuch, den *Siddur* (Reihenfolge). Er enthält Gebete, Lieder, Psalmen, Passagen aus den fünf Büchern Moses, Hymnen und die Ordnung des alltäglichen Gottesdienstes. Für Festtage gibt es ein weiteres Gebetbuch, den *Machsor* (Wiederholung). Siddur und Machsor sind in Hebräisch oder der jeweiligen Landessprache geschrieben.

Das tägliche Gebet gliedert sich in Morgen-, Nachmittags- und Abendgebet. An Sabbat und den Festtagen kommt ein zusätzliches Gebet am Vormittag hinzu.

Die wichtigsten Gebete des Judentums sind das Sch'ma Israel und das Schmone Esre (Achtzehngebet).

Sch'ma Israel, „Höre Israel"

Das Sch'ma-Israel-Gebet („Höre Israel") gehört zu den ältesten gottesdienstlichen Gebeten. Es ist nach seinen beiden Anfangsworten benannt: „Höre, Israel, der Ewige, unser Gott, der Ewige ist einzig!" Das Gebet besteht aus drei Teilen und enthält folgende Abschnitte: 5. Mose 6, 4–9; 11, 13 bis 21; 3. Mose 15, 37–41. Zentrale Themen sind die göttliche Einheit (Monotheismus), die Liebe des Menschen zu Gott und seiner Tora, der Lohn- und Straf-

Ein Junge mit Gebetsriemen und Gebetskapsel liest während einer Bar-Mizwa-Feier in Jerusalem in einem Gebetbuch.

Ein Vater unterweist seinen Sohn in der jüdischen Gebetstradition.

gedanke sowie der Auszug aus Ägypten. Religiöse Juden beten es morgens und abends. In jedem Gottesdienst wird es gesprochen. Jeder Jude soll sich diese Worte „zu Herzen nehmen" und ständig an sie denken, „wenn du dich niederlegst oder aufstehst" (5. Mose 6,8). Das Sch'ma Israel begleitet einen frommen Juden von der Kindheit bis zum Tode: Es ist das erste Gebet, das jüdische Kinder lernen, und es ist Teil des Sterberituals.

Schmone Esre, das Achtzehngebet

Das „Achtzehn(bitten)gebet" ist das wichtigste Gebet im Synagogengottesdienst und wird im Stehen gesprochen. In den ersten drei der ursprünglich 18 Teile preisen die Gläubigen Gott, in den letzten drei sagen sie ihm Dank. Der Mittelteil enthält Bitten für verschiedene Lebenslagen. Jeder der inzwischen neunzehn Teile wird mit

einem Segensspruch abgeschlossen und bekräftigt feierlich eine Eigenschaft Gottes. Am Sabbat und zu Festen werden die

Juden beten in der Synagoge von Melilla, Spanien.

Bitten weggelassen. Niemand soll an diesen Feiertagen an das Leid der Welt erinnert werden.

Sch'ma Israel

„Höre, Israel, der Ewige, unser Gott, der Ewige ist einzig! Gelobt sei der Name der Herrlichkeit seines Reiches immer und ewig.

Du sollst den Ewigen, deinen Gott, lieben und mit deinem ganzen Herzen und deiner ganzen Seele und deinem ganzen Vermögen.

Es seien diese Worte, die ich dir heute befehle, in deinem Herzen. Schärfe sie deinen Kindern ein und sprich von ihnen, wenn du in deinem Hause sitzest und wenn du auf dem Wege gehst, wenn du dich niederlegst und wenn du aufstehst. Binde sie zum Zeichen auf deinen Arm, und sie seien zum Denkband auf deinem Haupte. Schreibe sie auf die Pfosten deines Hauses und deiner Tore!

Und es sei, wenn ihr auf meine Gebote hört, die ich euch gebiete, den ewigen, euren Gott, zu lieben und ihm zu dienen mit eurem ganzen Herzen und eurer ganzen Seele. So werde ich den Regen eures Lan-

des zu seiner Zeit geben, Frühregen und Spätregen, du wirst dein Getreide einsammeln und deinen Most und dein Öl. Ich werde Gras deinem Felde geben für dein Vieh, du wirst essen und satt werden. Hütet euch, dass euer Herz nicht verführt werde und ihr abweichet und fremden Göttern dient und euch vor ihnen bückt. Da würde der Zorn des Ewigen wider euch entbrennen, er würde den Himmel verschließen, dass kein Regen fällt und die Erde ihren Ertrag nicht gibt, und ihr würdet bald zugrunde gehen aus dem guten Lande, das der Ewige euch gibt.

Legt diese meine Worte in euer Herz und in eure Seele, bindet sie zum Zeichen auf euren Arm, und sie seien zum Denkband auf eurem Haupte. Lehret sie eure Kinder, davon zu sprechen, wenn du in deinem Hause sitzest und wenn du auf dem Wege gehst, wenn du dich niederlegst und wenn du aufstehst. Schreibe sie auf die Pfosten deines Hauses und deiner Tore.

Auf dass sich eure Tage vermehren und die Tage eurer Kinder auf dem Erdboden, den der Ewige euren Vätern zugeschworen, ihnen zu geben, wie die Tage des Himmels über der Erde.

Und der Ewige sprach zu Mosche so: Sprich zu den Kindern Israel und sage ihnen, sie sollen sich Schaufäden machen an die Ecke ihrer Kleider für ihre Geschlechter und sollen an den Schaufäden der Ecken einen Faden von himmelblauer Wolle anbringen. Sie seien euch zu Schaufäden, ihr sollt sie sehen und aller Gebote des Ewigen gedenken und sie erfüllen, auf dass ihr nicht eurem Herzen und euren Augen nachspähet, denen ihr nachbuhlet. Auf dass ihr gedenket und alle meine Gebote erfüllet und heilig seiet eurem Gotte.

Ich bin der Ewige, euer Gott, der ich euch aus dem Lande Mizraim (Ägypten) geführt, euch zum Gotte zu sein, ich bin der Ewige, euer Gott".

DER SABBAT
Das Herzstück des Judentums

„Sabbat-Nachmittag" (1860). Gemälde von Moritz Daniel Oppenheim (1800–1882); Los Angeles, Skirball Museum

In der biblischen Schöpfungserzählung (1. Mose 1,1–31) stehen sechs Mal – entsprechend den sechs Arbeitstagen der Woche – die Worte: "Es wurde Abend, es wurde Morgen, ein Tag …" Daher beginnt nach jüdischer Zeitrechnung jeder Tag nicht um Mitternacht, sondern bei Sonnenuntergang. Der Sabbat fängt also bereits am Freitagabend an. In der Hebräischen Bibel heben mehrere Stellen die Bedeutung des Sabbats hervor: An diesem siebten Tag der Woche ruhte Gott nach der Weltschöpfung. Außerdem gilt der Sabbat als "Zeichen des Bundes" zwischen Gott und seinem Volk. Der Sabbat wird auch historisch gedeutet, als Erinnerungstag an den Auszug aus Ägypten.

Nicht-Juden nehmen oft nur die vielen Einschränkungen des Sabbats wahr. Juden dagegen sehen den Sabbat als einen "so wunderbaren und außerordentlichen Tag, dass sein Beschreiben eine nahezu übermenschliche Aufgabe ist – oder vielleicht sogar Gotteslästerung" (The Jewish Catalog). "Nur Mensch zu sein – nichts anderes": So interpretierte der jüdische Soziologe und Psychoanalytiker Erich Fromm (1900–1980) den Sabbat.

Feierlichkeiten zu Hause

Die Mahlzeiten für den Abend sowie für Sabbatmorgen und -mittag werden früher vorbereitet und im Ofen warmgestellt. Vor der häuslichen Feier wird der Sabbat in der Synagoge mit einer Lesung aus der Tora und dem Lied Lecha Dodi ("Komm, mein Freund") wie eine Braut begrüßt. Zum Abschluss des Gottesdienstes wünschen sich die Versammelten "Gut Schabbes" oder "Schabbat Schalom".

Von der Synagoge zurückgekehrt, spricht der Hausherr ein Gebet über den Kidduschbecher. Nach 2. Mose 20,8 soll der Sabbat heilig gehalten werden. Deshalb heißt die Feier zu Sabbatbeginn "Heiligung" oder auch "Segnung". Nach der Segnung des Weins werden die beiden Sabbatbrote auf dem Tisch aufgedeckt. Zusammen mit dem Tuch erinnern sie an eine biblische Geschichte: Auf ihrer Wanderung durch die Wüste wurden die Israeliten durch täglich frisch vom Himmel fallendes Manna versorgt. Nur am Sabbat geschah dies nicht. Stattdessen erhielten sie jeweils am Freitag zwei Rationen. Deshalb liegen auch zwei Brote auf dem Tisch. Die Decke über den Broten ist ein Bild für den morgens über dem Manna liegenden Tau. Die Mutter des Hauses steckt die Kerzen an, legt die Hände vor ihr Gesicht und lobt den ewigen

Der Sabbat in New York

"Der Sabbat hat immer überaus einschneidend in mein eigenes Leben eingegriffen, wenn Proben meiner Stücke stattfanden. Die hochgradige Spannung, unter der diese Proben auf dem Broadway stehen, ist schon Legende und eine wahre obendrein. Während dieser Proben wird es allemal Freitagnachmittag, just wenn die Aufführung vollständig zusammenzubrechen droht. Ich fühlte mich manchmal wie ein Verräter, wenn ich den Sabbat in einer solchen kritischen Situation beging. (…)

Hinter mir habe ich das düstere Theater am Broadway gelassen, die überall herumstehenden Kaffeetassen, den Wust der halbzerfetzten Rollen- und Regiebücher, die überreizten Schauspieler … – und ich bin daheim. Der Wechsel ist verwirrend, fast so, als käme man von der Front auf kurzen Heimaturlaub. Meine Frau und meine beiden Söhne, die ich, während ich mich mit allen Kräften gegen den drohenden Zusammenbruch stemmte, fast vergessen hatte, empfangen mich, alle schon festlich gekleidet und froh gestimmt, und

das Herz geht mir auf bei ihrem Anblick. Wir setzen uns zu einem festlichen Mahl an den mit Blumen und alten Sabbatsymbolen geschmückten Tisch: die brennenden Kerzen, die geflochtenen Weißbrote, der gefüllte Fisch, meines Großvaters Silberpokal, in dem der Wein funkelt. Ich spreche über meine Söhne den uralten Segen, und wir singen die in heiteren Synkopen gehaltenen Tischlieder zum Sabbat. Die Unterhaltung dreht sich nicht etwa um die einem Ende mit Schrecken entgegenwankende Aufführung. Meine Frau und ich holen während der Woche versäumte Unterhaltung nach, die Jungen richten ihre Fragen an uns, denn dazu ist am Sabbat die beste Gelegenheit. Auf dem Tische türmen sich Bibel, Lexikon und Atlas. Wir sprechen vom Judentum und aus dem Munde der Kinder kommen die üblichen verzwickten Fragen nach Gott, die meine Frau und ich unbeholfen genug, aber so gut es eben geht, beantworten. Ich komme mir vor, als ob ich eine Wunderkur mache.

Auf ähnliche Weise verbringen wir auch den Samstag. Die Jungen kennen sich in der Synagoge aus, und es gefällt ihnen dort. Noch besser gefällt ihnen, dass sie nun ihre Eltern ganz für sich haben. (…)

Am Sabbat sind wir immer da, und das wissen sie. Sie wissen auch, dass ich dann nicht arbeite und auch meine Frau Zeit hat. Dieser Tag gehört ihnen. Dieser Tag gehört aber auch mir.

Das Telefon klingelt nicht. Ich habe Zeit zum Nachdenken, zum Lesen, Lernen, Spazierengehen oder zum Nichtstun. Es ist eine Oase der Ruhe. Erst wenn es dunkel wird, kehre ich zurück an den Broadway, und das nervenzerreißende Spiel beginnt von neuem. Gerade dann kommen mir oft meine besten Einfälle für die grässliche literarische Operation, die sich bis zum Premierenabend hinzieht.

Ein Regisseur sagte eines Samstagabends zu mir: ,Ich beneide Sie nicht um Ihre Religion, aber ich beneide Sie um Ihren Sabbat'."

(Herman Wouk: Er ist mein Gott, 1961)

Die Eltern legen ihren Kindern am Sabbatabend die Hände auf und segnen sie.

Gott. Erst, wenn das Sabbatlicht leuchtet, kehrt der Sabbat auch im Haus ein. Der Vater segnet seine Kinder, zuerst die Jungen, dann die Töchter, schließlich seine Frau. Alle Versammelten trinken aus dem Weinpokal, der die Freude versinnbildlicht. Dann beginnt das festliche Sabbatmahl.

Soziale Auswirkungen des Sabbats

Für Juden ist der Sabbat der Höhepunkt ihrer Woche. Er gilt als Geschenk Gottes, als Vorgeschmack der zukünftigen Welt. Niemand darf an diesem Tag arbeiten, weder Mensch noch Tier. Juden sehen in dieser Vorschrift keinen Zwang. Wenigstens einmal in der Woche fühlen sie sich richtig frei und nicht als Opfer der Alltagsroutine. Es ist jüdische Grundüberzeugung: „Wie Israel den Sabbat gehalten hat, so hat der Sabbat Israel am Leben gehalten". Die Pflicht zu strikter Sabbatruhe hat in der

Halte den Tag des Sabbats!

„Halte den Tag des Sabbats! Heilig sollst du ihn halten, so wie es der Herr, dein Gott, befohlen hat. Sechs Tage lang sollst du arbeiten und alle deine Geschäfte verrichten, aber der siebente Tag ist ein Sabbat zu Ehren des Herrn, deines Gottes; du sollst keinerlei Geschäft an ihm verrichten, weder du selbst noch dein Sohn, noch deine Tochter, noch dein Knecht, noch deine Magd, noch dein Ochse oder Esel, noch sonst eins von deinen Tieren, auch der Fremde nicht, der in deinen Toren sich aufhält, damit auch dein Knecht und deine Magd ruhe wie du. Denke daran, dass auch du Knecht im Ägypterland gewesen bist und dich der Herr, dein Gott, mit starker Hand und ausgestrecktem Arm hinweggeführt hat. Darum hat der Herr, dein Gott, dir befohlen, den Sabbat zu heiligen."
(Deuteronomium 5, 12–15)

Welt von heute zu mancherlei Problemen geführt. In Israel wird zum Beispiel darüber diskutiert, ob an diesem Tag Autos und Züge fahren beziehungsweise Flugzeuge fliegen dürfen. Für orthodoxe Juden ist dies eine nicht akzeptable Verletzung des Sabbatgebots. Viele nicht-orthodoxe Juden dagegen halten die traditionellen Sabbatpflichten nicht mehr ein.

Es war ein großer sozialer Fortschritt, dass den Juden vor über 3000 Jahren ein

„Komm, mein Geliebter, entgegen der Braut, lass uns den Sabbat freundlich empfangen. Gedenke des Ruhetags, beobachte ihn … Auf, lass dem Sabbat uns entgegen gehen, denn er ist des Segens Quell, seit Anbeginn, seit früher Zeit geweiht; er ist der Schöpfung Ziel, und lag im Plane anfangs schon.“

(Aus dem Sabbatlied des Salomo Alkabez, um 1505–1576)

Ruhetag befohlen wurde, sogar für Sklaven, Knechte und Tiere.

Auch die Umwelt profitierte von der Sabbatruhe: Denn alle sieben Jahre lagen Felder brach, wurde nichts gepflanzt und beschnitten sowie Früchte geerntet. So konnte sich die Natur erholen. Dass heute Menschen in vielen Ländern ein Sabbatjahr – einen Urlaub vom Beruf – nehmen können, verdanken sie dem Judentum.

Vier silberne Bessomimbüchsen aus dem 19. Jahrhundert; in ihnen wurden die Gewürze zur Feier der Hawdala, des Sabbat-Ausgangs, aufbewahrt.

DIE RELIGIÖSEN FESTE
Wichtige Gedenktage des jüdischen Jahres

Der jüdische Kalender beginnt mit der Erschaffung der Welt, die jüdische Gelehrte nach Aussagen der Bibel auf das Jahr 3761 v. Chr. festgelegt haben.

Das jüdische Kalenderjahr fängt immer im September/Oktober an und hat gewöhnlich zwölf Monate mit 29 oder 30 Tagen. Bei jedem Neumond/Rosch Chodesch („Haupt des Monats") beginnt auch ein neuer Monat. Dadurch bleibt der Mondkalender hinter dem Sonnenkalender zurück. Um dies auszugleichen, wird in 19-jährigem Zyklus jedes 3., 6., 8., 11., 14., 17. und 19. Jahr ein Schaltjahr mit 13 Monaten eingefügt. So werden die jüdischen Feste immer in der gleichen Jahreszeit gefeiert. Das Neue Jahr beginnt mit dem Monat Tischri und endet mit dem Monat Adar oder in Schaltjahren mit Adar II.

Die starke bindende Kraft der jüdischen Feste kommt auch in häufigen Besuchen des Gottesdienstes zum Ausdruck. Die Feste des jüdischen Jahres sind zum einen von der Gewissheit geprägt, dass Gott dem Volk Israel eine besondere Führung zukommen lässt, zum anderen von der jüdischen Geschichte und den Erfahrungen der Menschen im Rhythmus der Jahreszeiten. Die Feste sind in die wöchentliche Ordnung des Sabbats

Ein ultra-orthodoxer Jude bläst den Schofar vor der Westmauer in Alt-Jerusalem im Jahr 2000 aus Protest gegen den amerikanischen Friedensplan.

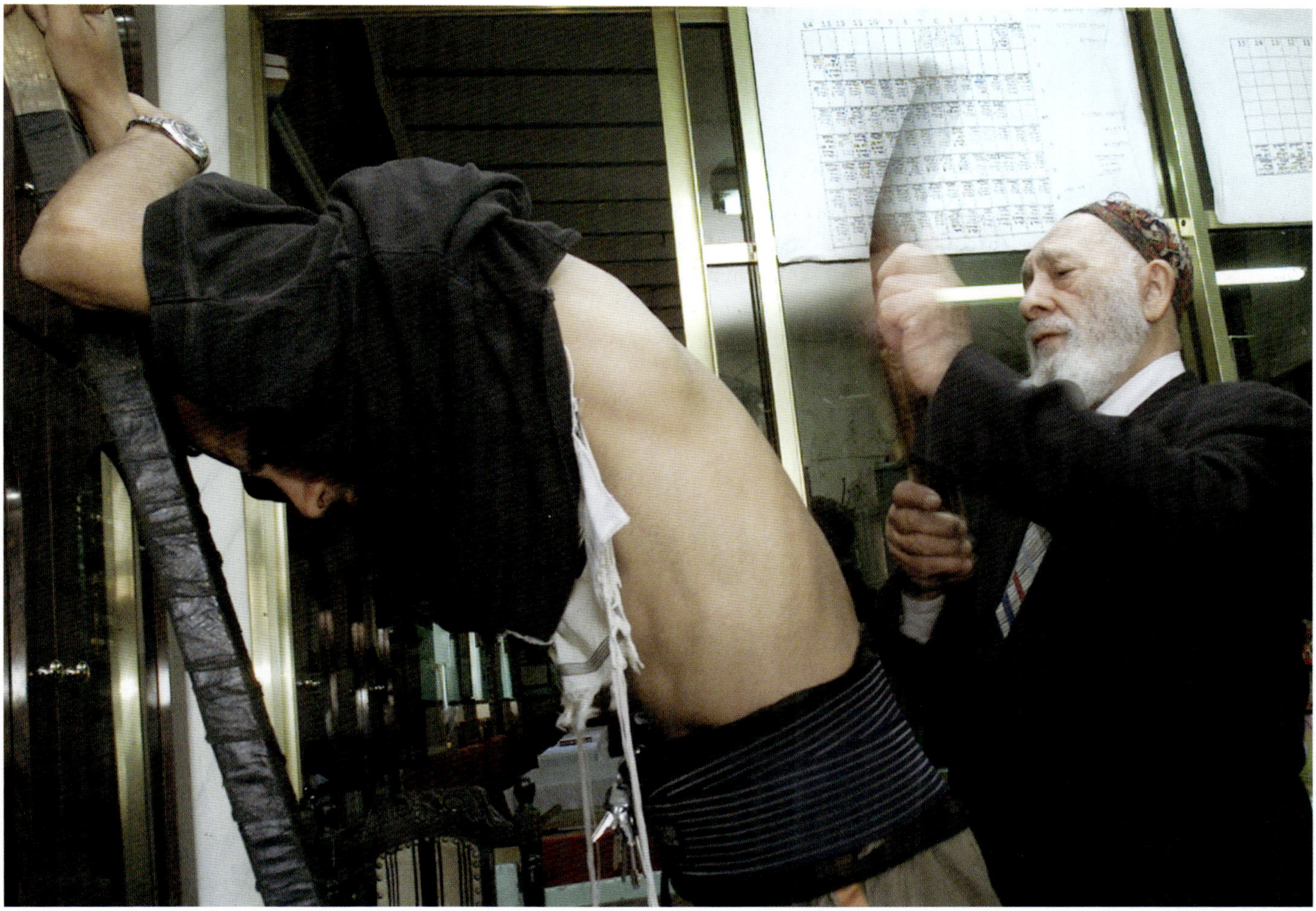

Als Buße für seine Sünden streicht ein Rabbi einem ultra-orthodoxen Juden über den Rücken; Teil der Malkut-Zeremonie („Akt des Bestrafens" [durch Peit-schenhiebe]) kurz vor Jom Kippur.

eingebettet, die das ganze Jahr prägt. Im ers-ten Monat des jüdischen Jahres finden gleich mehrere wichtige Feste statt:

Rosch ha-Schana

Das jüdische Neujahrsfest ist ein Tag der Besinnung und Einkehr. Das zweitägige Fest leitet die Hohen Feiertage ein, die nach zehn Bußtagen mit Jom Kippur, dem „Tag der Versöhnung" enden. Zu Neujahr sitzt Gott über die Taten der Menschen zu Gericht, die im „Buch des Lebens" einge-schrieben sind. Doch er gibt ihnen die Möglichkeit zur Umkehr. In den zehn Buß-tagen denkt man darüber nach, wen man im vergangenen Jahr gekränkt hat und wie man Unrecht gutmachen kann. Am Tag der

Versöhnung fällt Gott sein abschließendes Urteil. Deshalb wünschen sich Juden zu Neujahr: „Zu einem guten Jahr möget ihr eingeschrieben werden."

Kinder tauchen beim jüdischen Neujahrsfest Äp-fel in Honig.

Es ist guter Brauch, einen in Honig ge-tauchten Apfel – Symbol für ein süßes an-genehmes Jahr – zu essen. An Rosch ha-Schana wird der Schofar, ein angeschnitte-nes Widderhorn, geblasen. Diesen Klang verbinden Juden insbesondere mit Abra-ham und der Gabe der Tora am Sinai.

Jom Kippur

Nach dem Neujahrsfest folgen zehn Tage der Buße und Wiedergutmachung, denn ohne Versöhnung unter den Menschen kann es keine Versöhnung mit Gott geben. Jom Kippur beendet diese Zeit der Besin-nung. Er ist der höchste jüdische Feiertag. An ihm entscheidet Gott endgültig über das Schicksal der Menschen. Alle Erwach-

Juden aus Brooklyn, New York, feiern das Sukkot-Fest in einer selbst gebauten Laubhütte.

senen fasten und verbringen den Tag in der Synagoge. Kinder fasten nicht den ganzen Tag, aber gewisse Einschränkungen – zum Beispiel ein späteres Frühstück – gelten auch für sie.

Selbst nicht religiös eingestellte Juden nehmen Jom Kippur sehr ernst. Bevor die Familie das Haus verlässt, wird dort eine hohe Kerze entzündet. Sie soll den ganzen Feiertag lang brennen. Nachdenklichkeit, Gebete und Segenssprüche charakterisieren diesen hohen Festtag. Er endet mit dem Blasen des Schofars und dem Schließen des Toraschreins in der Synagoge.

Sukkot

Vor allem Kinder freuen sich auf dieses neuntägige Laubhüttenfest, eine Art Erntedankfest. Es stellt den Juden sinnenhaft vor Augen, dass ihre Vorfahren während der 40-jährigen Wanderung durch die Wüste in Hütten leben mussten.

Ein israelischer Soldat erhält zu Sukkot vier Symbole: eine Zitrusfrucht, Myrthe, einen Palm- und einen Weidenzweig.

Auch heute baut jede Familie auf dem Balkon, im Garten oder im Hof eine Laubhütte (Sukka). Für Juden, die keine eigene Laubhütte bauen können, stellt oft die Gemeinde eine besondere Sukka zur Verfügung.

Die ganze Familie hilft beim Bau dieser Hütte. Zum Schluss werden grüne Zweige auf das Dach gelegt und die ganze Hütte mit ausgeschnittenen Blumen, Papierobst und Girlanden festlich geschmückt. Am ersten Abend wird ein Leuchter auf den Tisch der Hütte gestellt, und alle versammeln sich zu einem gemütlichen Mahl.

Chanukka

Chanukka ist ein achttägiges, vom 25. Tislev bis zum Tevet dauerndes Lichterfest, das meistens in den Dezember fällt. Das Wort Chanukka kommt aus dem Hebräischen und bedeutet Einweihung. Der Grund für diesen Brauch ist ein historisches Ereignis: Im zweiten Jahrhundert n. Chr. wurden die Juden vom syrisch-hellenischen König Antiochus IV. Epiphanes unterdrückt. Alle Bewohner seines Reiches – die Juden eingeschlossen – sollten die griechischen Götter verehren. Den Juden war verboten, ihre eigene Religion auszuüben. Der König schändete den jüdischen Tempel und ließ viele Kultgegenstände zerstören. Judas Makkabäus (der „Hammerartige") baute daraufhin eine erfolgreiche Widerstandsbewegung gegen den Herrscher auf. Die Juden gelangten wieder in den Besitz ihres Tempels und weihten ihn neu ein (165 n. Chr.). Als sie beim Betreten des Tempels den zertrümmerten Leuchter fanden, schmiedeten sie aus ihren Waffen einen neuen.

Der Legende nach fanden die Juden im entweihten Jerusalemer Tempel ein Fläschchen mit reinem Öl. Eigentlich hätte sein Inhalt nur gereicht, um den Tempelleuchter für einen einzigen Tag brennen zu lassen. Doch ein Wunder geschah: Die Öllichter brannten acht Tage, und der Tempel konnte wieder eingeweiht werden.

In jeder jüdischen Familie gibt es einen oder mehrere Chanukka-Leuchter. Im Unterschied zur siebenarmigen Menora hat der Chanukka-Leuchter acht Arme. Mit einer zusätzlichen Kerze, dem so genannten „dienenden Licht", werden die übrigen Kerzen von links nach rechts angezündet. Beim Anzünden spricht oder singt man fromme Weisen. Der Chanukka-Leuchter, die Chanukkia, wird an den acht Tagen des Festes bei Dunkelheit in das Fenster gestellt, damit er von der Straße aus gesehen werden kann.

Bei dem alten Kaparot-Ritus (Kaparot: „Sühnungen") ultra-orthodoxer Juden vor Jom Kippur überträgt das Familienoberhaupt die Sünden der Familie auf ein Huhn.

Pessach

Das hebräische Wort Pessach bedeutet „Verschonung": Ursprünglich handelte es sich um ein jüdisches Naturfest der ungesäuerten Brote. Es wurde später historisiert und mit dem Gedanken des Auszuges der Israeliten aus der ägyptischen Sklaverei verbunden.

Der Name des Festes erinnert an die „Verschonung" der Israeliten, als der Würgeengel alle Erstgeburten des Landes tötete au-

Aus der Pessach-Haggada

„Sklaven waren wir einst dem Pharao, da führte uns der Ewige, unser Gott, von dort heraus mit starker Hand und ausgestrecktem Arm. Und hätte der Heilige, gelobt sei er, unsere Väter nicht aus Ägypten geführt, dann wären wir und unsere Kinder und Kindeskinder, dem Pharao dienstbar geblieben. Und wären wir alle auch Weise, Verständige, erfahrene Greise und Kenner der Tora, es bliebe dennoch unsere Pflicht, den Auszug aus Ägypten zu erzählen, und jeder, der den Auszug aus Ägypten ausführlich erzählt, ist rühmenswert."

ßer in denjenigen Häusern, die durch Blut als tabu gekennzeichnet waren, weil dort die Israeliten wohnten (1. Mose 12). Das Fest beginnt mit dem Seder-Abend am 15. Nisan, dauert acht Tage bis zum Abend des 21. (beziehungsweise in der Diaspora am 22.). Bei der feierlichen Mahlzeit erinnert man sich an den Auszug aus Ägypten und liest die Pessach-Haggada. Meist hat jedes Familienmitglied ein Exemplar dieses Textes vor sich liegen, um dem Erzählen der wichtigsten Ereignisse folgen zu können. Die beiden ersten Abende heißen Seder-Abende, weil an ihnen ein häuslicher Gottesdienst nach genau festgelegter „Ordnung" (Seder) statt-

Der Rabbiner der Jüdischen Gemeinde in Dresden entzündet im Innenhof der neuen Synagoge die fünfte Kerze der Chanukkia.

Das fröhliche Purimfest ist bei Kindern beliebt: Geschenke, Verkleidungen und Lärm machen gehören dazu.

findet. Letzter Tag des Pessachfestes ist der 1. Omer, der erste in einer Reihe von 49/50 Trauertagen.

Purim

Das hebräische Purim bedeutet so viel wie „Lose". Dieses jüdische Fest wird am 14. Adar II (März) begangen. Es erinnert an die Errettung der Juden aus einer unheilvollen geschichtlichen Lage. Haman, Kanzler und Günstling des Perserkönigs Xerxes (um 519 bis 465 v. Chr.) – in der Hebräischen Bibel Ahasveros genannt –, verfolgte einst die Ju-

den. Er verlangte von allen Untertanen, vor ihm niederzuknien. Der fromme Mordechai, Onkel der zur Königin aufsteigenden Esther, weigerte sich. Daraufhin beschloss Haman die Vernichtung der Juden, deren Zeitpunkt durch „Los" bestimmt wurde.

Esther machte Hamans Plan zur massenhaften Tötung der Juden jedoch zunichte und wurde damit Retterin ihres Volkes. Mordechai kam zu hohen Ehren, Haman dagegen wurde auf so grausame Weise umgebracht, wie er dies für die Juden geplant hatte.

Zu Purim finden ausgelassene Festumzüge statt, bei denen sich viele Menschen verkleiden und Alkohol trinken. Ein Rechtsgelehrter billigte den Juden an diesem Tag zu, so viel zu trinken, bis sie den Unterschied zwischen „Gesegnet sei Mordechai" und „Verflucht sei Haman" nicht mehr kennen. Purimbälle und -parties werden veranstaltet, die ein gesellschaftliches Ereignis im Gemeindeleben darstellen. Häufig wird bei Kinderfesten die Haman-Geschichte als Theaterstück aufgeführt.

Schawuot

50 Tage nach Pessach am sechsten Sivan wird das „Wochenfest" (Schawuot) gefeiert, ursprünglich ein Erntefest. Schon früh erinnerte man sich an diesem Tag an Mose und seinen Empfang der Gesetzestafeln. Bei diesem Freudenfest werden die Torarollen sowie der Toraschrank und die Wohnungen mit Früchten und Blumen prachtvoll geschmückt. Die Juden gedenken auch ihrer Erwählung durch Gott. Das zweite jüdische Wallfahrtsfest ist charakterisiert durch zahlreiche Bräuche: Man nimmt nur Milchprodukte zu sich sowie Obst und Gemüse, weil es vor der Offenbarung noch keine Bestimmungen über koschere Ernährung gab. Beliebt sind Wallfahrten zum Grab Davids in Jerusalem.

Tu bi Schewat („15. Schewat")

Wie sehr Juden Fruchtbäume schätzen, macht der „Neujahrstag der Bäume" sichtbar. Er ist heute in Israel ein Festtag. Hintergrund ist das Gebot 3. Mose 19, 23–25, die Früchte von neu gepflanzten Bäumen drei Jahre nicht zu genießen, sie im vierten Jahr im Tempel zu verzehnten und erst im fünften Jahr zu essen. Zur Zeit des Talmud war der „15. Schewat" Stichtag für die Fruchtabgabe, weil er das Ende der Regenzeit und den Beginn der Pflanzperiode markierte. In Israel pflanzt man heutzutage an diesem Tag bevorzugt Bäume. In der Diaspora ist es üblich, möglichst 15 Früchte zusammenzustellen.

Israel feiert sein Erntedankfest Schawuot. Menschen versammeln sich in einer Ernte-Station in Maskeret Batia. Hier können auch Stadtkinder etwas über die landwirtschaftlichen Arbeiten lernen.

FESTE AM LEBENSWEG
Besondere Tage im jüdischen Leben

Acht Tage alter jüdischer Junge nach seiner Beschneidung am Grab König Davids in Jerusalem

Das Judentum hat charakteristische Bräuche, mit denen die lebensbegleitenden Feste gefeiert werden. Geburt, Beschneidung, Bar-Mizwa beziehungsweise Bat-Mizwa, Hochzeit und Begräbnis sind Ereignisse im jüdischen Lebenskreis, die mit bestimmten Ritualen begangen werden.

Geburt

Von jüdischen Eltern wird erwartet, dass sie ihren Nachwuchs liebevoll großziehen. Sie sollen die moralische Verantwortung für sein Wohlergehen und seine Erziehung tragen. Ein jüdischer Junge erhält bei der Beschneidungsfeier seinen Namen. Mädchen bekommen ihren Namen während des synagogalen Gottesdienstes in der Woche nach ihrer Geburt. Dann wird der Vater zum Lesen der Tora aufgerufen, und ein Gebet für die Gesundheit von Mutter und Kind gesprochen.

Beschneidung

Ein jüdischer Junge muss bis zum achten Tag nach der Geburt beschnitten sein. Die Beschneidung soll unbedingt an diesem achten Tag stattfinden, selbst wenn er auf einen Sabbat oder Feiertag fällt. Nur wenn ein Kind krank ist oder zu früh geboren wurde, ist eine Verschiebung erlaubt. Ein *Mohel* (Beschneider) durchtrennt nach einem Gebet die Vorhaut des Gliedes in Anwesenheit von zehn religionsmündigen Männern. Danach gibt er dem Jungen seinen Namen und segnet ihn. Bei der Beschneidung wird ein besonderer Segen gesprochen. Juden haben stets versucht, das Gebot zur Beschneidung ihrer männlichen Nachkommen einzuhalten – jahrtausendelang.

Aber auch Unbeschnittene (zum Beispiel Bluter und solche, bei denen besondere medizinische Gründe vorliegen) gelten als Juden, wenn sie eine jüdische Mutter haben.

Einander widersprechende Traditionen führen die Beschneidung auf Mose oder Abraham zurück. Ursprünglich war das Beschneidungsgebot nur eine unter vielen anderen Vorschriften. Im Laufe der Zeit erhielt es aber eine die übrigen Bibelgebote überragende Bedeutung. Es gilt als „Bundeszeichen" zwischen Gott und seinem erwählten Volk (1. Mose 17,10–14). Diesen „Bund der Beschneidung" nennt man *Brit Milah*.

NAMEN

Jüdische Namen, die auch bei uns gebräuchlich sind, erinnern an bedeutende Persönlichkeiten und mit ihnen verknüpfte Ereignisse aus der Geschichte des alten Israel: Mirjam, die „Widerspenstige/die Schöne"; Sara, die „Fürstin"; Ruth, die „Freundin"; Rebekka, die „Wohlgenährte"; Daniel, „Gott ist mein Richter"; David, der „Geliebte" und andere.

Als „Beschneidung des Herzens" (5. Mose 10, 16; Jer 4, 4) wurde der Brauch vergeistigt. Viele der aus der Gemeinschaft Unabhängiger Staaten (GUS) nach Deutschland eingewanderten Juden sind nicht beschnitten, da sie in der ehemaligen Sowjetunion ihre Religion nicht ausüben durften. Abgesehen von ihrer Bedeutung als Zeichen des Bundes sehen viele Juden in der Beschneidung auch eine wichtige hygienische Maßnahme.

Bar-Mizwa und Bat-Mizwa

Jüdische Jungen feiern mit 13 Jahren ihre Bar-Mizwa. Damit werden sie „Sohn der

Pflicht", also vollwertige, religionsmündige Mitglieder der Gemeinde. Vorher haben sie Unterricht in Hebräisch. Bei der Bar-Mizwa-Feier tragen die Knaben einen Abschnitt aus der Tora auf Hebräisch vor. Am darauf folgenden Sabbat dürfen sie in der Synagoge aus der Tora vorlesen und werden beim *Minjan* (Zahl) dazugezählt. Bei jeder wichtigen religiösen Handlung im Judentum müssen mindestens zehn erwachsene Männer beteiligt sein.

Jüdische Mädchen werden mit zwölf Jahren Bat-Mizwa, „Tochter der Pflicht". Sie dürfen nach ihrer Feier zu Hause das Sabbatlicht anzünden und den Segen sprechen. Reformierte Gemeinden veranstalten für die Mädchen eine der Bar-Mizwa vergleichbare Feier in der Synagoge.

Hochzeit

Die Eheauffassung des Judentums charakterisiert der folgende Satz aus der Schöpfungserzählung: „Es ist nicht gut, dass der Mensch allein sei; ich will ihm eine Gehilfin machen, die um ihn sei" (1. Mose 2,18). Rabbinische Gelehrte haben formuliert: „Wer keine Frau hat, ist ohne Freude,

Bat-Mizwa-Zeremonie in der Berliner Synagoge an der Oranienburger Straße

ohne Segen, ohne Gutes, ohne Tora, ohne Schutzwall, ohne Frieden, ohne Leben." Jedes Brautpaar wird seit der Zeit des Talmud mit den ersten Menschen verglichen: „Lasse diesen liebenden Freunden große Freude zuteil werden, wie du einst deinem Geschöpf im Garten Eden Freude gabst. Gepriesen bist du Ewiger, der Bräutigam und Braut erfreut. Gepriesen bist du Ewiger, unser Gott, König der Welt, der erschaffen hat Freude und Jubel, Jauchzen und Singen, Bräutigam und Braut, Liebe und Eintracht, Frieden und Freundschaft." Jedes neue Paar wird so zu einem Abbild der Schöpfung. Ehelose Menschen gelten als unvollkommen. Außerdem verstößt ein sich bewusst für Ehelosigkeit entscheidender Mensch gegen das göttliche Gebot, durch Nachkommen den Fortbestand der Menschheit zu sichern. Singles werden in Bibel und Talmud kaum erwähnt.

Jüdische Mädchen zünden anlässlich der Bat-Mizwa-Feier gemeinsam die Kerzen an.

Die Ehepartner sollen in der Ehe sexuelle Erfüllung finden – auch dann, wenn keine Nachkommen daraus entstehen. Bei einer jüdischen Eheschließung rezitiert der Rabbiner zwei Segenssprüche über einem Glas Wein. Das Brautpaar unterschreibt vor der Eheschließung eine *Ketubba* (von hebr. katav, schreiben: Ehevertrag), in welchem der Bräutigam die Absicht kundtut,

seine Frau zu ernähren, zu kleiden, ganz allgemein für sie zu sorgen. Im Ehevertrag versprechen sich die Partner gegenseitig, sich umeinander zu kümmern. Die Ketubba war vor allem in früheren Zeiten wichtig, denn sie legte fest, dass der Mann seine Frau angemessen versorgen musste. Ein solcher Vertrag erschwerte auch die Scheidung und sorgte dafür, dass die Frau nach

dem Tod ihres Mannes nicht völlig verarmte.

Die Zeremonie der Eheschließung findet unter einer *Chuppa* (Baldachin) statt. Vor der Hochzeitsfeier fastet das Brautpaar, um auch innerlich für die wichtige Zeremonie gerüstet zu sein. Mit folgenden Worten streift der Bräutigam seiner Braut einen goldenen Ring über den Finger: „Mit diesem Ring bist du für mich gesegnet nach dem Gesetz Moses und Israels." Das Brautpaar geht sieben Schritte, und der Rabbiner spricht sieben Hochzeitsgebete. Während er das Paar segnet, zertritt der Bräutigam in den meisten Gemeinden ein Weinglas mit seinem Fuß. Das soll an die Zerstörung des Tempels in Jerusalem erinnern und zugleich Glück bringen.

Ein Junge trägt zu seiner Bar-Mizwa-Feier die Torarolle durch die Altstadt von Jerusalem.

Begräbnis

Es ist die Pflicht der nächsten Generation, für ältere Menschen bis zu deren Tod zu sorgen, ihnen Fürsorge entgegen zu bringen und sie nicht aus der Gesellschaft abzuschieben.

Das Judentum ist sowohl eine auf das Diesseits wie auch auf das Jenseits bezogene Religion: „Eine Stunde Reue und gute Taten in dieser Welt sind besser als das ganze Leben im Jenseits. Aber noch besser ist eine Stunde der geistlichen Wonne im Jenseits als das gesamte Leben in dieser Welt."

Der Körper, einst Gefäß des göttlichen Geistes, verdient Ehrung. Darum soll er in seiner Ganzheit beerdigt werden. Jüdische Gemeinden besitzen einen oft außerhalb der Stadt liegenden Friedhof: das „Haus des Lebens". Nach jüdischem Verständnis ist der „Tod wie die Nacht, die zwischen zwei Tagen liegt: dem Tag auf dieser Welt und

Anlässlich seiner Bar-Mizwa liest der Junge in der Basler Synagoge in einer Torarolle, er benutzt dabei einen Torazeiger.

dem Tag des Ewigen Lebens". Der Friedhof gilt auch als „Haus der Ewigkeit". Wenn Juden den Friedhof betreten, sprechen sie ein kurzes Gebet:

Rechtfertigung des Gerichts (Ziduk ha-Din)

„Gelobt seiest Du, Ewiger, unser Gott, König der Welt, der euch in Gerechtigkeit erschaffen hat (…) und euch in Gerechtigkeit hat sterben lassen. Er weiß, wie viele ihr seid und wird euch wieder zum Leben zurückrufen in Gerechtigkeit. Gelobt seiest Du, Ewiger, der Du die Toten wieder belebst."

Männer sollen beim Besuch des Friedhofs eine *Kippa* oder andere angemessene Kopfbedeckung tragen. Eine so genannte „Beerdigungsbruderschaft" übernimmt die Bestattung des Toten, die üblicherweise sehr schnell erfolgen soll. Freunde waschen den Leichnam, kleiden ihn in ein Leinengewand und tragen ihn in einem Sarg aus

Jüdische Hochzeitszeremonie. Das Brautpaar steht unter der Chuppa, dem Baldachin oder „Brauthimmel".

Bevor Grabsteine üblich wurden, wollte man vermutlich mit dem Steinhaufen den Grabplatz kennzeichnen. Eine Anhäufung von Steinen konnte auch verhindern, dass Tiere den Verstorbenen ausgruben oder der Wind die trockene Erde wegblies und das Grab aufdeckte.

Es ist ein religiöses Gebot, den Verstorbenen zu seiner letzten Ruhestätte zu begleiten. Die nächsten Verwandten reißen als Zeichen der Trauer ihr Obergewand in Brusthöhe ein. Für die Eltern ist es die linke Seite, weil Eltern dem Herzen des Kindes am nächsten stehen. Für einen Sohn, eine Tochter, Schwester oder Gattin ist es

Der „Heilige Sand" in Worms wurde im 11. Jahrhundert angelegt und ist damit der älteste erhaltene jüdische Friedhof in Europa.

Holz, begleitet von seiner Familie, zu seiner letzten Ruhestätte.

Der Grabstein wird *Mazewa* (Kennzeichen) genannt, denn Verstorbene sollen nicht vergessen werden. Der Grabstein am Kopfende zeigt nach Westen. Die Füße und das Gesicht des Verstorbenen sind nach Osten in Richtung Jerusalem gerichtet. Bei östlich von Jerusalem gelegenen Friedhöfen wird genau umgekehrt verfahren. Da zeigen Füße und Gesicht des Verstorbenen nach Westen, und der Grabstein befindet sich am östlichen Kopfende.

Kaddisch

Kaddisch ist ein Gebet zur Heiligung des göttlichen Namens in aramäischer Sprache:

„Möge sein großer Name verherrlicht und geheiligt werden in der Welt, die er erschaffen hat nach seinem Willen, und möge er sein Reich zur Herrschaft bringen bei eurem Leben und in euren Tagen und beim Leben des gesamten Hauses Israels, bald und in kurzer Zeit; und erwidert darauf: Amen! Sein großer Name sei gelobt in Ewigkeit und in aller Ewigkeiten Ewigkeit…"

Auf älteren jüdischen Friedhöfen sind die Grabsteine meistens hebräisch beschriftet. Seit etwa der Mitte des 19. Jahrhunderts gibt es auch zweisprachige Inschriften. Oben auf dem Stein befinden sich die beiden hebräischen Buchstaben Pe-Nun, eine Abkürzung für: „Hier ist begraben". Der Text enthält den Namen des oder der Verstorbenen, einen Lobpreis und das Sterbedatum. Auf neueren Grabsteinen wird auch das Geburtsdatum angegeben. Am Ende der Inschrift steht häufig ein Segenswunsch. Auf vielen Grabsteinen sind typische jüdische Symbole abgebildet. Zwei Hände stehen für den Kohen (Priester), den Abkömmling des Aaron. Ein Krug versinnbildlicht den Leviten. Eine Lampe beziehungsweise ein Kronleuchter deuten darauf hin, dass es sich bei dem Verstorbenen um eine Frau handelt, wohingegen der Magen David auf einen Mann verweist. Ein gebrochener Zweig/Baum steht für einen im jungen Alter Gestorbenen.

Es ist es beim Begräbnis oder Besuch des Grabes üblich, einen kleinen Stein zurückzulassen und dem Toten so Respekt zu erweisen. Der Ursprung dieses Brauches ist unklar. Vielleicht spielte das heiße Klima im Orient eine Rolle – Blumen wären wegen der großen Hitze zu schnell verwelkt.

die rechte Seite. Dabei dankt man Gott als gerechten Richter; denn Gott muss für die schlechten wie für die guten Dinge im Leben gepriesen werden.

Nachdem der Sarg herabgelassen wurde, werfen alle Versammelten dreimal Erde in das Grab und sprechen die Worte: „Möge der Verstorbene zu seinem Ort des Friedens gelangen." Dann wird das *Kaddisch*, das Gebet zur Heiligung des göttlichen Namens, gesprochen.

Die ersten sieben Tage nach einem Todesfall hält man die Familie nicht für fähig, am normalen Leben teilzunehmen. Sie soll eine Auszeit nehmen, zu Hause bleiben und

sieben Tage *Schiwa* (Trauerzeit) einhalten. Die Trauernden sitzen auf niedrigen Schemeln. Damit sie sich in Frieden in die Trauer versenken können, werden sie von allen sozialen Pflichten befreit, müssen sich weder waschen noch rasieren. Verwandte und Nachbarn helfen ihnen, Alltagsdinge für sie zu erledigen, kaufen ein und bringen ihnen fertig zubereitetes Essen.

Das Judentum lehrt sowohl die Auferstehung nach dem Tode als auch die Unsterblichkeit der Seele. Nach der ursprünglichen Auferstehungslehre stirbt die Seele mit dem Körper. Im messianischen Zeitalter wird sie dann mit dem Körper, wenn dieser aus dem

Grab erweckt wird, wieder vereint. Nach der Lehre der Unsterblichkeit der Seele besteht diese nach dem Tod des Körpers im Himmel bis zum Tag der Auferstehung weiter. Orthodoxe Juden akzeptieren bis heute beide Vorstellungen nebeneinander. Das Reformjudentum lehrt den Gedanken der Unsterblichkeit der Seele. Einige moderne jüdische Denker akzeptieren die Auferstehungslehre in modifizierter Form: Das, was aufersteht, ist die ganze Persönlichkeit des Menschen. Von einer körperlichen Auferstehung ist dagegen nicht die Rede. Das liberale Judentum gestattet Einäscherung, das orthodoxe führt Argumente dagegen an.

Chassidische Juden aus USA und Israel beten am Grab eines bedeutenden Rabbis aus der Ukraine.

DIE SYNAGOGE
Das Zentrum der jüdischen Gemeinde

Der griechische Begriff Synagoge bezeichnet den Versammlungsort der Juden zum Gebet und Gottesdienst, wo man aber auch gemeinsam feiert, diskutiert, lehrt und lernt. Das Hebräische kennt drei Bezeichnungen für das Gotteshaus: Versammlungs-, Gebets- und Lehrhaus. Daneben gibt es Gemeindezentren mit Klassenzim-

Die Synagoge im spanischen Toledo wurde um 1360 erbaut.

mern, Versammlungsräumen, Bücherei, Jugendtreff und Küche. Mitglieder der Synagogengemeinde können die verschiedenen religiösen und kulturellen Angebote nutzen. Auch werden sie bei persönlichen Problemen betreut und in Bildungsfragen beraten.

Gottesdienst und Tora-Lesung

Immer sind die Synagogen nach Jerusalem, dem biblischen Zion, ausgerichtet. Zu jeder Synagoge gehört ein Lesepult: *Bima*

oder *Almemor* genannt. Von dort aus liest der Vorbeter den Wochenabschnitt am Montag, Donnerstag, am Sabbat und an Festtagen aus der Tora vor. Die gesamte Tora wird im Gottesdienst von einem Vorbeter (Baal Kore) kunstvoll in festgelegter Melodieführung (Kantillation) vorgetragen.

Der Toraschrein, wichtigster Gegenstand der Synagoge, ist eine Art Schrank mit einem Vorhang, der immer in der nach Jerusalem ausgerichteten Wand eingelassen ist. In ihm haben die Torarollen mit Gottes Botschaft ihren Ehrenplatz. Sie enthalten die Tora, die fünf Bücher Moses, nicht als Buch, sondern auf großem, handgeschriebenem Pergament. Die Schrift ist auf zwei Stäbe aufgerollt. Zieht man die Griffe an den Rollen auseinander, wird die hebräische Schrift lesbar. Juden behandeln die Tora sehr respektvoll und benutzen einen Zeigestock beim Lesen, um die Schrift nicht zu berühren. Die Tora ist die „Königin der Gemeinde". Daher sind die Rollen mit einem gestickten Kleid, zwei Kronen und einem Schild geschmückt. Alte Torarollen erhalten sogar eine eigene Grabstätte auf dem Friedhof.

Am Sabbat tragen sieben Gemeindemitglieder am Lesepult nacheinander einen Text aus der Tora vor, ein weiteres Gemeindemitglied liest aus den Prophetenbüchern. Dazu wird die Tora vorher mit Gebeten und Lobpreisungen aus dem Schrein „gehoben". Der ungefähr zweistündige Gottesdienst beginnt mit dem Segen des Morgens. Es folgen Psalmen, Lieder und Gebete, wie das Sch'ma Israel sowie Teile des Achtzehngebets (Schmone-Esre). Es wird auch *Amida* (Stehen) genannt, weil sich die Gläubigen dazu erheben.

Zehn religiös mündige, männliche Personen – ein *Minjan* (Zahl) – sind nötig, damit

Die Kölner Synagoge an der Roonstraße, gegründet 1899, wurde 1959 wieder errichtet.

sen ihn dafür, versprechen, nach seinen Weisungen zu leben, bitten um seinen Beistand und um die Erlösung der Welt.

In der Synagoge befinden sich keine Bilder; denn es gibt ein strenges Verbot, Gott bildlich darzustellen oder Bilder religiös zu verehren.

Früher nahmen die Frauen auf der Empore oder in einem Nebenraum am Gottesdienst teil. Bei den orthodoxen Juden ist das noch heute so.

Besondere Plätze für besondere Aufgaben

Viele Synagogen besitzen drei besondere Sitzplätze. Einer davon ist immer für den Rabbiner *(Raw)* bestimmt. Jahrhunderte lang war dieses Amt Männern vorbehalten. Heute wird das nur noch in orthodoxen Gemeinden so praktiziert. Ab 1974 wurden vor allem in den USA Frauen in reformierten und konservativen Gemeinden als Rabbiner eingesetzt.

Der Rabbiner hält an bestimmten Tagen die Predigt und legt die Tora aus. Er ist der Religionslehrer der Gemeinde, unterrichtet die Schüler, entscheidet in Fragen des religiösen Rechts. Außerdem ist er bei Hochzeiten anwesend und leitet Beerdigungsgottesdienste. Heutzutage wirkt er immer öfter auch als Seelsorger.

Der zweite Sitzplatz ist für den Kantor *(Chasan)* der Gemeinde bestimmt. Seine Aufgabe ist es, Gebete und Gesänge auf Hebräisch vorzutragen und den Gottesdienst zu leiten. Nicht alle Synagogen haben einen ausgebildeten Kantor. In kleineren Synagogen übernimmt diese Aufgabe ein erfahrenes Gemeindemitglied.

„Beim Eintritt in die Synagoge empfängt einen der Lärm von Gebet und Geschwätz. Eine Unterhaltung zwischen Nachbarn mischt sich mit dem Gemurmel eines sich wiegenden Beters. Der Rabbi liest still für sich auf der Estrade, zwei Vertreter der Gemeinde neben ihm besprechen die Einzelheiten des Gottesdienstes. Ständig kommen und gehen Leute. Dort hört man ein unterdrücktes Gelächter über einen jüdischen Witz. (…) Die Synagoge ist (…) nicht das Höchste oder das Heiligste, aber sie ist sicherlich der geschäftigste Mittelpunkt des religiösen Lebens."
(Lionel Blue: Wie kommt ein Jude in den Himmel? München, 1976, S. 55 f.)

Der dritte Platz muss leer bleiben, denn er ist für Elia reserviert, einen biblischen Propheten aus dem neunten Jahrhundert vor Christus. Elia wird zu vielen jüdischen Festlichkeiten symbolisch eingeladen. Es heißt, dass er wiederkommen wird und das Erscheinen des Messias (des „Gesalbten") ankündigt. Nach jüdischem Glauben ist dieser der König eines zukünftigen Gottesreiches auf Erden, in dem Friede und Gerechtigkeit herrschen.

Die Altneusynagoge in der Prager Josefstadt – dem ehemaligen Ghetto – zählt zu den ältesten Synagogen Europas.

ein Gottesdienst überhaupt stattfinden kann. In liberalen Synagogen wird diese Mindestzahl manchmal auch unterschritten, auch zählt man dort heutzutage Frauen hinzu. Mehrere Gottesdienstteilnehmer – ihre Zahl variiert entsprechend der Art des Gottesdienstes – werden „aufgerufen", um die Tora absatzweise vorzutragen. Durchgesetzt hat sich in der jüdischen Welt ein Zyklus aus 54 Wochenabschnitten. Er beginnt am Sabbat nach dem Sukkot-Fest und endet an Simchat Tora, dem „Fest der Torafreude". Vor und nach jeder Lesung wird ein Lobspruch über die Tora gesprochen.

Während des Gottesdienstes halten die Gläubigen gemeinschaftlich Zwiesprache mit Gott, bekennen, dass Gott, der die Israeliten aus ägyptischer Sklaverei befreit hat, der einzige Gott ist. Sie lobprei-

Funktion der Lehrhäuser

In der Nähe von Synagogen befanden sich häufig Lehrhäuser, in der Antike wichtige Orte des Lernens. In diesen Akademien höherer rabbinischer Gelehrsamkeit wurde der Talmud studiert. Darüber hinaus gab es weitere der Synagoge angegliederte Lehrhäuser, in die jüdische Schüler nach Beendigung ihrer Schule mit 12 bis 15 Jahren wechselten. Dort wurde auch dem einfachen Volk die Grundlage der religiösen Gebote unter Anleitung eines Rabbiners vermittelt. Oft hatten diese Lehrhäuser eine Bibliothek und wurden von einer Gemeinde oder Privatleuten finanziert.

Die Synagoge La Ghriba auf der tunesischen Insel Djerba ist die älteste Synagoge Afrikas. Der orientalisch ausgeschmückte Altarraum stammt allerdings aus dem Jahr 1920. 2002 wurde ein Anschlag auf die Synagoge verübt, bei dem 16 Menschen ums Leben kamen.

DIE HEILIGEN STÄTTEN

Die Heiligkeit Jerusalems übertrifft alles

Das „Land Israel" (Erez Israel) ist heilig, weil es Gott als sein Eigentum auserwählte, um mitten „unter den Kindern Israels" zu wohnen (4. Mose 35,34). Erez Israel gilt als Land der *Schekhina*, der „Gegenwart Gottes". Nur dort konnte der Tempel gebaut werden. Mit Erez Israel verbindet sich die auch von anderen Religionen her bekannte Mittelpunktstellung: Nach jüdischer Überzeugung liegt Israel im Zentrum der Welt, Jerusalem ist die Mitte des Landes, der Tempel in der Mitte des Heiligtums, die Lade im Mittelpunkt des Tempels, darunter der aus Zeiten der Schöpfung stammende Grundstein.

Die Hebräische Bibel beschreibt Erez Israel wiederholt als „ein gutes und weites Land, (…) darin Milch und Honig fließen" (1. Mose 3,8; 4. Mose 13,27; 14,7; 5. Mo-

Ein Jude mit Gebetsriemen und Gebetsschal betet an der Westmauer.

se 6,3). Auch als ein Geschenk Gottes an die Erzväter wird Israel betrachtet. So sprach Gott zu Mose, dass er „in das Land (ziehen soll), von dem ich Abraham, Isaak und Jakob geschworen habe: Deinen Nachkommen will ich's geben". (2. Mose 33, 1)

Israel ist auch deswegen heilig, weil Juden bestimmte, mit dem Land verbundene „Pflichten" (Mizwot) erfüllen müssen. Da es Pflicht ist, in Israel zu wohnen, siedeln in die Jahre gekommene fromme Juden oft nach Israel über. Zumindest aber wollen sie dort bestattet werden.

Bei Beerdigungen in der Diaspora ist es guter Brauch, ein wenig Erde aus Israel in den Sarg zu legen.

Jerusalem – „Stadt Gottes"

Die jüdische Tradition kennt vier heilige Städte: Jerusalem, Hebron, Safed und Tiberias. Aber Jerusalem übertrifft die anderen bei weitem an Heiligkeit, weil sie als die „Stadt Gottes" gilt und auf seinem heiligen Berg Zion thront. Jerusalem ist die Stadt König Davids, in die er die Lade Gottes brachte.

Eine Pilgererfahrung in Jerusalem

„Isaak ging sehr langsam auf die Mauer zu und blieb dann an der Barriere stehen, die die Betenden von den Passanten trennte.

Hier hatten in der Vergangenheit Tausende von Juden geweint und vor einem stumm gewordenen Gott ihre Klagen vorgebracht. Hier an den riesigen verwitterten Steinen hatte auch er vor sechs Jahren nach dem Sechs-Tage-Krieg gebetet, und obwohl er wenig von Religion hielt, hatte er an der Mauer eine seltsame innere Befriedigung empfunden, die ihm sagte, dass der Gott, zu dem er gebetet hatte, doch nicht ganz stumm war. Isaak betrat den Teil, der für Männer zum Beten reserviert war.

Die Frauen durften am anderen Ende der Mauer beten. Fromme Juden und Rabbiner in schwarzen Kaftans beteten in

geradezu ekstatischer Begeisterung. Wie Perpendikel einer Uhr schwangen ihre Oberkörper vor und zurück, da sie sich beim Gebet pausenlos verneigten, denn sie wollten Gott nicht nur mit den Lippen, sondern mit dem ganzen Körper ehren.

Wie unbequem mussten die langen schwarzen Gewänder und die schwarzen Hüte an heißen Tagen sein, dachte Isaak. Es kamen Menschen zur Mauer, die stopften Zettel in die Spalten und Ritzen, murmelten ein paar Worte und gingen wieder. Sie hatten ihre Gebete auf diese Zettel geschrieben und zwischen die Steine gesteckt, denn vielleicht würde Gott sie lesen und ihre Wünsche erfüllen.

Ich will auch diesen Krieg vergessen, dachte Isaak, so wie ich den 67er Krieg vergessen will. Auch damals hatte er die Mauer hinaufgeblickt und für die toten

Männer gebetet und gehofft, dass ihre Seelen ihn nicht verfluchen mochten. (…) Das Leben war für seine Leute schon immer schwer gewesen und sie hatten gearbeitet, ohne zu klagen. Hier aber, an der Mauer, durften sie klagen, und vielleicht kehrten sie deshalb immer wieder hierher zurück.

Das Gesicht an die Steine gelegt, begann Isaak zu beten: ,Gott unserer Väter, Gott Abrahams, Gott Isaaks, Gott Jakobs, wir beten nicht für die Toten, sondern für die Lebenden, nicht für die Bequemlichkeit, sondern für die Wunden, nicht für das Land, sondern für die Menschen'."

(Aus: Die Welt er… Die Welt der Religionen… Buc… bu…

Juden strömen zum Gebet an der Westmauer, volkstümlich auch Klagemauer genannt, zusammen.

Blick auf Jerusalem; im Zentrum der achteckige Felsendom mit seiner vergoldeten Kupferkuppel

Die Stadt Tiberias am Westufer des Sees Genezareth ist neben Jerusalem, Safed und Hebron eine der vier heiligen Städte des Judentums.

Aufgrund der überragenden Bedeutung des Tempels übertrifft die Heiligkeit Jerusalems noch die des Landes Israel. Heiliger als die Stadt ist der Tempelberg – wiederum übertroffen vom „Allerheiligsten" des Tempels, das nur vom Hohenpriester an Jom Kippur betreten wurde. Heute ist die Westmauer (Kotel) das rituelle Zentrum. Sie heißt volkstümlich „Klagemauer" und

ist eine Stützmauer des Tempelbergs. Sie blieb erhalten, wohingegen die Ruinen des Tempels verschwanden. Nach der Balfour-Erklärung von 1917 über die Errichtung einer jüdischen Heimstätte in Palästina wurde die Westmauer auch zum Nationalsymbol. Den Muslimen ist die Mauer ebenfalls heilig, weil Mohammed einst sein Reittier, den Buraq, an ihr festgebunden hatte. Zwi-

schen 1947 und 1967 war die Westmauer Juden nicht zugänglich. Die israelische Einnahme der Altstadt Jerusalems (7. Juni 1967) brachte es schließlich mit sich, dass die Mauer dem Oberrabbinat unterstellt und Jerusalem am 29. Juni desselben Jahres wiedervereinigt wurde.

Eine sehr beliebte Zeit für Pilgerfahrten sind die „zehn Tage der Umkehr" zwischen

Rosch ha-Schana und Jom Kippur, die den Juden auf das große Ereignis der Versöhnung vorbereiten. Auch an Sukkot und Pessach zieht es viele Juden zu den alten heiligen Stätten.

Wallfahrten und Gräberkult

Das wichtigste Erzvätergrab ist die Höhle von Machpela in Hebron. Der Patriarch Abraham erwarb diese, um seine Frau Sara darin zu begraben (1. Mose. 23,17–20). Die Machpela wurde so zur Grabstätte der jüdischen Stammväter Abraham, Isaak und Jakob sowie ihrer Frauen Sara, Rifka, Lea und Rebekka. Die Byzantiner bauten über der Höhle eine Kirche, die nicht von Juden betreten werden durfte. Nachdem die Araber Palästina erobert hatten, übergaben die Sieger den Juden die Aufsicht über die Stätte, in deren Nähe sie sich gerne beerdigen ließen. Der Mamluken-Sultan Baibar

(reg. 1260–1270) verbot 1267 den Christen den Zugang. Auch die Juden durften nur bis zur siebten Stufe der äußeren Treppe der Grabhöhle steigen. Schließlich errichteten die Muslime über der Machpela eine Moschee, in der sie zu ihrem Patriarchen Ibrahim beteten. Nach dem Sechstagekrieg wurde das Heiligtum der israelischen Militärverwaltung unterstellt, damit Juden es wieder betreten konnten.

Ein beliebtes Pilgerziel ist auch das Grab Davids. Dieser nach Saul zweite König schuf das Gesamtreich aus Juda und Israel (um 1010–970 v. Chr.) und machte Jerusalem zu seiner Hauptstadt. Da nach der Verheißung des Propheten Natan (2. Sam 7,16) den Nachkommen Davids die ewige Thronfolge zugesichert wird, verbinden sich mit David messianische Hoffnungen. So wird zum Beispiel der „Friedensfürst" nach Jesaja 9,5f. „auf dem Thron Davids" sitzen.

Zu den populärsten Fruchtbarkeitsschreinen in Israel zählt das Grab Rachels, das im vierten Jahrhundert erstmals erwähnt wurde. An der Straße von Jerusalem nach Bethlehem, kurz vor der nördlichen Stadtgrenze, fand die Stammmutter Rachel ihre letzte Ruhestätte. Diese Lieblingsfrau des Patriarchen Jakob schenkte ihrem Mann nach langer Unfruchtbarkeit den Sohn Benjamin, nach dessen Geburt sie jedoch verstarb (1. Mose 35,16–22). Früher war das Rachelgrab ein ökumenisches Heiligtum von Juden, Christen und Muslimen. In den 1940er Jahren entwickelte es sich zur bedeutenden jüdischen Pilgerstätte. Ab 1945 stieg Rachel zur Heiligen für die Opfer der Shoa auf; denn sie galt als Überwinderin des Todes. In den 1970er und 1980er Jahren wurde aus dem Rachelgrab schließlich ein Fruchtbarkeitsschrein für Frauen.

Moschee über der Grabhöhle von Machpela in Hebron. Hier liegen die jüdischen Stammväter und ihre Frauen begraben.

JUDEN IN ALLER WELT
Jüdische Gemeinschaft und persönliche Glaubenserfahrung

Judentum ist nicht nur die Bezeichnung für eine Religion, sondern zugleich für ein Volk. In der Hebräischen Bibel wird dieses Volk *Beth Israel* (Haus Israel) genannt – damit sind dieses Volk, seine Geschichte, Kultur und Wertvorstellungen gemeint. Das Volk weiß sich von seinem Gott zu einem besonderen Dienst erwählt.

Das Judentum kennt traditionell keine Trennung der Welt in einen säkularen und religiösen Bereich. Erst in der Neuzeit löste sich die Einheit von Religion und Volk zum Teil auf. Im Unterschied zu dem hebräischen Begriff Gola beziehungsweise griechisch *Diaspora* (Zerstreuung) im Sinne einer unter Andersdenkenden zerstreut lebenden nationalen, ethnischen, religiösen Minderheit bilden heute nur in Israel Religions-, Volksgemeinschaft und Nation eine Einheit.

GEMEINSCHAFT

Neben dem Vorgang des Zerstreutwerdens beziehungsweise des Zerstreutseins der Juden unter nicht-jüdischen Majoritäten bezeichnet der Begriff auch die Gemeinschaft und den Ort der Zerstreutlebenden. In der Hebräischen Bibel wird das Diaspora-Sein einerseits als göttliches Strafgericht gedeutet (Jer 17,1–4; Hes 12,15), andererseits auch im Sinne von „Aussendung und missionarische Aktivität unter Nicht-Juden" verstanden (Jes 60; Hag 2,7; Sach 8,20–23).

Viele Juden in den USA und Europa haben sich „assimiliert", sich an die sie umgebende Kultur angeglichen. Diese Juden empfinden sich als eine „Konfession" neben anderen.

Von den weltweit ca. 14 Millionen Juden leben heute mehr als fünf Millionen in Israel. Fast sechs Millionen haben in den USA eine Heimat gefunden, in der ehemaligen Sowjetunion sind es 2,6 Millionen. Große jüdische Bevölkerungsteile gibt es in Mittel- und Osteuropa und Süd-

amerika, zum Beispiel in Argentinien. Deutschland, einst weltweites Zentrum dieser Religion, ist heute Heimat von über 200 000 Juden. Hier gibt es vorwiegend selbständige Einheitsgemeinden, in denen

linke Seite: Rabbi Sholomo Ben Levy leitet die Beth Elohim Gemeinde, eine Vereinigung schwarzer Juden in Queens, New York, USA.

rechte Seite: Jüdischer Silberschmied mit seiner Familie in seinem Haus in Sadah, Jemen

orthodoxe, konservative und liberale Juden zusammenleben.

Aschkenasen und Sepharden

Man unterscheidet zwischen aschkenasischen und sephardischen Juden. Aschkenas war nach Genesis 10 der dritte Enkel Japhets, Sohn Gomers. Nach Jeremia 51,27 bezeichnete Aschkenas das Land am oberen Euphrat. Bereits im sechsten Jahrhundert wurde Aschkenas mit Skandinavien gleichgesetzt. Im Mittelalter war Aschkenas die Bezeichnung für Deutschland. Spätestens seit dem 13./14. Jahrhundert galt dieser Name auch für die aus Frankreich, Britannien und Norditalien stammenden Juden. Für die von der iberischen Halbinsel im Jahr 1492 vertriebenen Juden wurde die Bezeichnung Sepharden gebraucht.

Im Lauf der Zeit wuchsen die religiösen, kulturellen und sprachlichen Unterschiede zwischen Aschkenasen und Sepharden. Im neuzeitlichen Polen-Litauen brachten die Aschkenasen eine eigene Kultur hervor. Anfang des 19. Jahrhunderts bestand das Judentum aus etwa 90 Prozent Aschkenasen. In den fünf zionistischen Einwanderungswellen nach Palästina vor 1940 waren die weitaus meisten Juden Aschkenasen. Inzwischen wandern weitaus mehr sephardische Juden nach Israel ein. War 1950 noch die Hälfte der jüdischen Bevölkerung Israels aschkenasischer Herkunft, so ist dies seit den 1990er Jahren nur noch ein Drittel.

Ein besonderer Feiertag – eine jüdische Glaubenserfahrung

„Ein Erlebnis braucht kein welterschütterndes Ereignis zu sein, keine Begebenheit großen Ausmaßes, oft ist es nur ein Blick, ein Wort, das die Seele in ihrem Tiefsten aufhorchen lässt. In welcher Stunde meines Lebens ich am stärksten das Glück des Judeseins gefühlt habe, will ich berichten; es ist unlösbar mit dem Gedanken an meinen Vater verknüpft. Ich war jung verheiratet, als mich völlig unerwartet die Nachricht vom Tode meines 24-jährigen Bruders ins Elternhaus rief.

Der Bruder hatte eben seine Studien beendet, als eine plötzlich notwendig gewordene Operation ihn binnen weniger Tage aus unserem Kreise riss. In unserem Geschwisterkreis war er einer der Begabtesten, bestimmt aber der Bescheidenste, der Gütigste und Anspruchloseste und daher meinem Vater besonders ans Herz gewachsen. So jung der verstorbene Bruder noch war, so bekannt und geachtet war sein Name schon in der jüdischen Welt, und gerade diese Tatsache erhöhte und steigerte den Schmerz um ihn, besonders bei meinem Vater.

Die Beerdigung war am Donnerstag, und am Tage darauf waren wir Kinder wieder einmal alle versammelt zum Sabbat im Elternhaus. Der Freitag-Abendtisch war gedeckt, wie immer festlich und schön, viel zu festlich, wie es mir schien, für unser trauriges Gemüt. Es störte mich, es war doch erst ein Tag seit der Beerdigung vergangen; mir schien es unrecht – wenn auch Sabbat war –, am festlich gedeckten Tisch zu sitzen; es passte doch gar nicht zu unserer Stimmung. Und in all dem widerstrebenden Empfinden war es mit meiner Beherrschung zu Ende, und ich fing laut an zu weinen. Plötzlich ertönte die Stimme meines Vaters streng und gebieterisch: ‚Heute weint man nicht, heut' ist Sabbat'. (…)

Ich war erstarrt, ich sah meinen Vater an, ich wollte etwas sagen, so etwa, als wäre mein Schmerz heute nicht weniger als gestern und ließe sich auf Kommando nicht wegzwingen; es sei doch alles noch so frisch und so weiter …; aber ich sagte nichts. Ich sah meinen Vater dasitzen, groß, aufrecht und stark und ganz der Weihe des Sabbats hingegeben, ganz Diener des göttlichen Gebotes ‚Sochaur es jaum haschabbos lekadschau' (Gedenke des Sabbattages, ihn zu heiligen!). (…)

Keine Miene verriet mehr den Schmerz, der sein Herz kurz zuvor so schwer getroffen hatte; wie immer wurden die Sabbat-Lieder gesungen, wie immer saßen wir Kinder – alles erwachsene Menschen – um den Tisch herum, ganz unter dem Eindruck des Augenblicks, der uns den Vater in überragender jüdischer Größe zeigte. In Ehrfurcht verstummte mein Mund; keiner von uns weinte mehr, selbst meine Mutter saß am Tisch und beherrschte ihren Schmerz, dem Sabbat zu Ehren. Woher kann einem so viel Kraft kommen? ‚Heute ist Sabbat', und jüdisches Sein wird so tief empfunden, dass alles Leid der Woche ausgelöscht scheint, ja wirklich ausgelöscht ist? (…)

Seit diesem Freitagabend verstehe ich die Begnadung, die in dem Verpflichtetsein an das jüdische Ideal liegt, diese unerhörte Kraftquelle, die wir nur nicht immer verstehen, uns zu eigen zu machen.

Seit diesem Freitagabend weiß ich, dass jüdisches Sein stärker sein kann als das ‚Ich', dass Judesein den Menschen beugt und erhebt zu gleicher Zeit, so erhebt, dass er im Leid die Kraft findet, nicht gegen das Schicksal zu murren, sondern zu sprechen: ‚Jisgadall wejiskaddasch' – gepriesen und geheiligt sei der Name des Ewigen' (…).

‚Heute ist Sabbat, heute weint man nicht', so müsste man gerade jetzt sich und anderen jüdischen Menschen zurufen.

Horcht einmal jede Woche auf eine Melodie des jüdischen Lebens, eine alte, immer gleiche Melodie, die immer wieder neu ertönt, um uns Kraft zu bringen für unsere Seele, für das jüdische Leid; die aus der Vergangenheit zu uns spricht und uns über die Gegenwart emporhebt."
(Cilly Neuhaus, zitiert in: F. Thieberger: Jüdisches Fest, jüdischer Brauch, 1985)

Orthodoxe Juden mit Bart und Hut in der Fifth Avenue in New York

RELIGIÖSE ÄMTER IM JUDENTUM

Beerdigungsbruderschaft: Zum traditionellen Judentum gehört die Beerdigungsbruderschaft. Früher kümmerte sich diese „heilige Gemeinschaft" immer um die Beerdigung. Auch heute gibt es trotz staatlicher Bestattungsunternehmen immer noch solche Bruderschaften. Die Mitglieder arbeiten ehrenamtlich. Sie betreuen Sterbende und kümmern sich um eine Bestattung nach jüdischen Vorschriften. Außerdem spenden sie den Hinterbliebenen Trost: So wie Gott die Menschen tröstet, so sollen sie den Trauernden beistehen. Das ist ein Gebot.

Gemeinderat: Viele Synagogen besitzen einen Gemeinderat. Das sind von der Gemeinde gewählte Vertreter. Sie kümmern sich darum, dass die verschiedenen Aktivitäten der Gemeinde störungsfrei ablaufen. Die Mitglieder des Gemeindevorstands beraten sich mit dem Rabbiner über die Organisation der Gottesdienste, die Anschaffung von Büchern, Möbeln und rituellen Gegenständen.

Kantor: In der rabbinischen Zeit gab es keinen festen Kantor (Chasan) in der Synagoge. Jedes Gemeindemitglied war befugt, als Zibbur das Gebet zu leiten und die Tora vorzutragen.

Chasan war damals die Bezeichnung für verschiedene Ämter. Als die Liturgie komplizierter wurde und die Bevölkerung das Hebräische nicht immer gut beherrschte, entstand der Wunsch nach einem Vorbeter mit schöner Stimme. Im Mittelalter wuchs das Ansehen des Chasan, der über eine schöne Stimme verfügen, mit der Liturgie vertraut und von untadeligem Lebenswandel sein sollte.

Heute besitzt jede größere Gemeinde einen Chasan. Seine Aufgabe ist es, Gebete und Gesänge nach festen Melodienformen auf Hebräisch vorzutragen und den Gottesdienst zu leiten. Viele Kantoren haben eine spezielle Gesangsausbildung. Mit ihrem Gesang wollen die Kantoren Gefühle der Andacht bei den Betenden hervorrufen. Nicht alle Synagogen haben einen ausgebildeten Kantor. In kleineren Synagogen übernimmt die Aufgabe ein erfahrenes Gemeindemitglied.

Leviten: Levi war der dritte Sohn Jakobs und Leas und gilt als Stammvater der Leviten. Die Leviten erfüllten ursprünglich die Aufgaben von Priestern und versahen später bestimmte Dienste im Jerusalemer Tempel. Da sie den Priestern beim Segen die Hände wuschen, wurde der Wasserkrug (die Kanne) zum Symbol der Leviten und findet sich noch heute bisweilen auf Grabsteinen.

Organisationen und Ämter in einzelnen Ländern: Organisatorisch gesehen ist die autonome, lokale Kultusgemeinde (Kahal) die Norm. Die orthodoxen, konservativen, liberalen bzw. reformierten Gemeinden haben sich zu nationalen Laienorganisationen zusammengeschlossen, denen nationale Rabbinervereinigungen entsprechen. Außerdem gibt es internationale Zusammenschlüsse. In Ländern mit überwiegend orthodoxen Gemeinden – etwa Belgien, Frankreich, Großbritannien und Italien – ist ein Chief Rabbi nominelles Oberhaupt und offizieller Vertreter der jüdischen Ge-

„Der Disput der Rabbiner"; Gemälde des niederländischen Malers und Radierers Jacob Toorenvliet (1635–1719)

meinschaften beim Staat. In Israel dagegen gibt es Ansätze zu einer Rangordnung, denn über den lokalen beamteten Rabbinern steht das Oberrabbinat. In Deutschland ist die autonome Einheitsgemeinde bisher noch die Regel. Faktisch haben sie sich zu orthodoxen Gemeinden entwickelt. Inzwischen gibt es aber bereits verschiedene nicht-orthodoxe Gruppierungen.

Priester: Die Priester im alten Israel kamen aus dem Stamm Levi oder waren direkte Nachkommen Aarons. Sie genossen hohes Ansehen. Zu ihren Aufgaben gehörte es, richterliche Entscheidungen zu treffen und die Opfer im Tempel darzubringen. Dazu mussten sie bestimmte Ehe- und Reinheitsvorschriften beachten. Durch die Zerstörung des Tempels 70 n. Chr. verloren die Priester diese Hauptaufgaben. Doch in Erinnerung an ihre ursprüngliche Funktion besitzen sie in der Synagoge Vorrechte bei der Toralesung und dem Sprechen des Priestersegens. Ihre Nachfahren müssen nach wie vor besondere Gebote beachten: Sie dürfen nicht mit einem Leichnam in Berührung kommen oder einen Friedhof besuchen und keine geschiedene oder zum Judentum übergetretene Frau heiraten.

Rabbi (von hebr. raw: mächtig, erhaben, Meister, Mein Meister; Plural Rabbinen): Es handelte sich um den Titel jüdischer Gelehrter der tannaitischen und amoräischen Zeit. Damit ist der Zeitraum der Entstehung der Mischna gemeint sowie die Phase vom Abschluss der Mischna bis zum Entstehen des babylonischen Talmuds (1.–5. Jh.). Die Rabbinen waren die autorisierten Ausleger der Tora in Halacha und Haggada. Sie lehrten in den Akademien, gingen unabhängig davon einer Erwerbstätigkeit nach.

Der Chasan (Kantor) Arieh Rudolph ordnet in der neuen Synagoge in Bamberg die Tora-Schriftrollen des Gebetshauses; 2005.

Rabbiner (hebr. Meister, Mein Meister): Das Amt des Rabbiners entstand im Mittelalter. Bei dem Rabbiner handelte es sich ursprünglich um den Titel autorisierter jüdischer Gelehrter und Vorsteher von Lehrhäusern, in denen die Toraschüler in der Auslegung der Heiligen Schrift unterrichtet wurden. Der Rabbiner arbeitete zunächst unentgeltlich, erhielt aber später eine Entschädigung für seinen Zeitverlust. Heute ist der Rabbiner Gemeindeangestellter und die höchste Autorität in Fragen von Kultus und Erziehung. Er ist bei Hochzeiten anwesend, leitet Beerdigungsgottesdienste und wirkt immer mehr als Seelsorger. Ein Rabbiner muss nicht unbedingt im Gottesdienst anwesend sein, denn dieser wird meist vom Kantor gelei-

tet. Der Rabbiner hält nur an bestimmten Tagen die Predigt. Die Auslegung der Tora ist seine eigentliche Aufgabe. Außerdem ist er der Religionslehrer der Gemeinde. Er unterrichtet die Schüler und entscheidet in Fragen des religiösen Rechts.

Jahrhunderte lang war das Amt des Rabbiners Männern vorbehalten. In orthodoxen Gemeinden ist das heute noch so. Der allererste weibliche Rabbiner war die liberale Jüdin Regina Jonas in Deutschland. Ab 1974 wurden dann vor allem in den USA Frauen in reformierten und konservativen Gemeinden als Rabbiner eingesetzt. Weibliche Rabbiner legen Wert auf die Anrede: „Frau Rabbiner", nicht Rabbinerin.

Sanhedrin und Patriarchen: Der Sanhedrin war ein Rat und ein Gerichtshof. Er bildete die oberste politische, juristische und religiöse Instanz in Palästina während der römischen und griechischen Besatzung bis zur Aufhebung des Patriarchats (425 n.Chr.). Die Patriarchen vertraten die Juden im Römischen Reich. Im inneren jüdischen Bereich fungierten die Patriarchen als Gesetzgeber, Richter und Verwaltungsbeamte. Die Patriarchen waren meistens gut gestellt. Im 3. Jahrhundert erhielten sie vom römischen Kaiser eine Art Leibgarde.

Schammes: Der Schammes als Diener der Synagoge übt mehrere Ämter aus. Er überwacht das Synagogengebäude und steht dem Vorsteher bei der Leitung des Gottesdienstes zur Seite.

Gelegentlich erfüllt er auch die Aufgabe eines Vollstreckungsbeamten am Gericht. Oft übten angesehene Männer das Amt des Schammes aus. Aber der Begriff wird auch abfällig im Sinne von Lakai verwandt.

DIE JÜDISCHE MYSTIK
Kabbala und Chassidismus

Die früheste Epoche der jüdischen Mystik, die Merkaba-Mystik, reichte vom zweiten Jahrhundert v. Chr. bis in das zehnte Jahrhundert n. Chr. Mittelpunkt dieser mystischen Strömung war die Schau der göttlichen Erscheinung auf dem „Thronwagen", wovon der Prophet Ezechiel (1,26) erzählt. Die „Hechaloth-Bücher" (etwa Ende viertes Jahrhundert bis zum Auftreten des Islam) erzählen, wie die Mystiker die Himmelshallen und -paläste *(Hechaloth)* betreten, wo sich der bereits vor aller Schöpfung existierende Gottesthron

befindet. Ein besonderes Kennzeichen dieser jüdischen Mystik ist die durch Askese vorbereitete Himmelsreise der Seele in die göttliche Lichtwelt. Ein bedeutendes mystisches Werk aus dem dritten/vierten Jahrhundert ist Sefer Yezira („Buch der Schöpfung" beziehungsweise „Formung").

Gottessuche mit der Kabbala

In Gestalt der *Kabbala* (Tradition) erlebte die jüdische Mystik im 12. bis 14. Jahrhundert vor allem in Spanien, Südfrankreich und Deutschland einen neuen Aufschwung. Von großer Bedeutung war die Idee einer

Emanation, eines Ausfließens alles Seienden aus dem Göttlichen. In allem Irdischen sind also auf ihre Befreiung wartende Gottesfunken enthalten. Das Ziel der Kabbala ist die Schau Gottes. Auch bemühten sich die Kabbalisten um einen tieferen Sinn der Tora. Danach erschließt sich dieser aus dem Zahlenwert der hebräischen Buchstaben. Zu den Hauptvertretern der Kabbala gehörten neben dem Kreis um Mose ben Nachman (Nachmanides: 1194 bis 1270), Abraham Abulafia (1240–1291) und dem unbekannten Verfasser des einflussreichen Buches Sefer ha-Zohar („Das Buch des

MARTIN BUBER – RELIGIONSPHILOSOPH UND BIBELÜBERSETZER

Martin Buber wurde am 8. Februar 1878 in Wien geboren und lernte den ostjüdisch-mystischen Chassidismus aus nächster Nähe kennen. Durch seinen Großvater machte er Bekanntschaft mit der jüdischen „Aufklärung". Schon frühzeitig (1898) trat er der zionistischen Bewegung bei, eine im 19. Jahrhundert beginnende politische und nationale Bewegung zur Errichtung eines jüdischen Staates in Palästina. Buber gab seine Parteitätigkeit 1921 ganz auf, nachdem er offen für die rechtzeitige Verständigung mit den Arabern geworben hatte. Ab 1925 übersetzte Buber mit dem deutschen Historiker und Philosophen Franz Rosenzweig (1886 bis 1929) die Hebräische Bibel ins Deut-

sche. 1938 musste er emigrieren und ging als Professor an die Hebräische Universität nach Jerusalem, wo er bis 1951 wirkte. Nach der Staatsgründung Israels trat Buber beharrlich für einen arabisch-jüdischen Ausgleich ein.

Das Ostjudentum war ihm eine wichtige Quelle religiöser Erneuerung. Seine ausgewählten Nacherzählungen der (frühen)

chassidischen Überlieferungen trugen entscheidend zur Entdeckung der ostjüdischen Spiritualität im Westen bei. (Die Erzählungen der Chassidim, 1939). Nach dem Zweiten Weltkrieg engagierte sich Buber für die Aussöhnung von Juden und Christen. Ihm wurden viele Ehrungen zuteil, unter anderem erhielt er 1952 den Friedenspreis des Deutschen Buchhandels.

Große Zustimmung unter Christen hat Bubers Wort vom Juden Jesus gefunden, den er „meinen großen Bruder" nannte. „Jesus habe ich von Jugend auf als meinen großen Bruder empfunden. Dass die Christenheit ihn als Gott und Erlöser angesehen hat und ansieht, ist mir immer als eine Tatsache von höchstem Ernst erschienen, die ich seinet- und meinetwegen zu begreifen suchen muss. (…) Gewisser als je ist es mir, dass ihm ein großer Platz in der Glaubensgeschichte Israels zukommt und dass dieser Platz durch keine der üblichen Kategorien beschrieben werden kann" (Zwei Glaubensweisen, 1959). Buber starb am 13. Juni 1965 in Jerusalem.

![Holzstich: Portae Lucis mit sefirotischem Baum und Kabbalist]

Ein jüdischer Kabbalist hält den sefirotischen Baum, das kabbalistische Symbol der göttlichen Kräfte, welche die Welt bestimmen.
Nach dem Buch Yezira ist die Zahl 10 die Grundlage des Weltgebäudes; Holzstich von 1516.

im Talmud ist der chassidische Mystiker kein intellektueller, sondern ein einfacher, sanftmütiger, religiöser Mensch. Von der Welt hält er sich fern, und er zeichnet sich durch seelischen Gleichmut sowie große Mildtätigkeit aus. Der Sefer Chassidim („Buch der Frommen") ist das wichtigste Werk dieser aschkenasischen Mystik. Es enthält die Lehren dieser mittelalterlichen Frömmigkeitsbewegung und beleuchtet das jüdische Alltagsleben.

Im polnischen und ukrainischen Chassidismus des 18. und 19. Jahrhunderts standen nicht Gottesgelehrsamkeit, sondern „innige Gottesfreude, ausgedrückt im religiös-ekstatischen Tanz und Gesang der ergriffenen Männer, inbrünstiges, spontanes Gebet, Dienst am Nächsten" im Mittelpunkt (so Salcia Landmann, jüdische Autorin 1911–2002).

Von dem Gründer des ostgalizischen Chassidismus, dem Wanderprediger Israel ben Elieser (geb. vermutlich 1698 in Okup an der galizisch-rumänischen Grenze, gest. 1760) erzählt die Legende, dass er Kinder gern hatte, ihnen eigene neue Gebetsmelodien beibrachte und die mystischen Texte der Kabbala studierte. Mit 36 Jahren wurde der volkstümliche, durch Wundertaten berühmt ge-

Rabbi Israel ben Elieser, auch Baal Schem Tow genannt, gilt als der Begründer der chassidischen Bewegung im ostgalizischen Judentum des 18. Jahrhunderts; der volkstümliche Prediger scharte eine große Jüngergemeinde um sich.

Glanzes") auch der „heilige Löwe" Isaak Luria (1534 bis 1572) und seine Schule. Ein Jude aus Smyrna (heute Izmir) namens Sabbatai Zewi (1626–1676) machte sich diese lurianische Kabbala für seine Aktionen als (Pseudo-)Messias zunutze.

Die Kabbala wirkte auch in das Christentum hinüber. Hier kreierten vor allem die Humanisten Pico della Mirandola (1463 bis 1494) und Johannes Reuchlin (1455–1522) eine christliche Kabbala, die wiederum auf die christliche Theosophie und Anthroposophie ausstrahlte.

Der Chassidismus

Das während der Zeit der Kreuzzüge leidgeprüfte deutsche Judentum brachte im 12./13. Jahrhundert den aschkenasischen Chassidismus hervor, zu dessen Hauptvertretern Samuel der Chassid (Speyer, um 1150) und Juda der Chassid (Regensburg, um ca. 1150–1217) sowie Eleasar ben Juda (Worms, gest. um 1230) zählten. Im Unterschied zur Bedeutung des Wortes *chassid* (Frommer)

Blick in die Abuhav-Synagoge in Safed. Die Synagoge wurde nach dem Kabbalisten Rabbi Isaak Abuhav benannt, der im 15. Jahrhundert in Toledo (Spanien) lebte und eine Tora-Rolle schrieb, die heute noch in Gebrauch ist.

Chassidische Pilger beten in der ukrainischen Stadt Uman am Grab von Rabbi Nachman (1772–1810), dem Gründer des Bratslav Chassidismus.

wordene Prediger sesshaft und scharte eine große Jüngergemeinde um sich. Seine Anhänger nannten ihn Baal Schem Tow („Herr des guten Namens"), abgekürzt: „Bescht". Seine drei von ihm nicht nur verkündeten, sondern auch vorgelebten Grundsätze waren: Demut, Freude und religiöse Entflammung. Der *Zaddik* (Gerechter), der osteuropäische „Wunderrabbi", stand als Mittler zwischen den oberen und unteren Welten im Mittelpunkt. Die Heiligung des Alltags war das Ziel des osteuropäischen Chassidismus. Martin Bubers „Schriften zum Chassidismus" (1963) zeichnen von ben Elieser einseitig das Bild des „reinen, rührigen Heiligen" und blenden den wundertätigen Rabbi aus.

Der bedeutendste Mystiker des 19./20. Jahrhunderts war Rabbi Abraham Isaak Kook, auch Raw Kuk genannt. Dieser Philosoph und Mystiker wurde 1865 im lettischen Griva geboren und starb 1935 in Jerusalem. Die gegenseitige Befruchtung von Judentum und moderner Kultur war eines seiner großen Anliegen: „Das Heilige wird sich erneuern und das Neue geheiligt werden". Das profane Siedlungswerk der Zionisten in Israel betrachtete Raw Kuk – im Gegensatz zu den meisten orthodoxen Rabbinern – als „Beginn der Erlösung". 1919 berief man ihn zum ersten aschkenasischen Oberrabbiner in Palästina. Tolerant war Raw Kuk nicht nur gegen die sozialistisch-areligiösen Anschauungen der Pioniere, sondern auch gegenüber anderen Religionen.

Der israelische Ministerpräsident Benjamin Netanjahu weiht am 21.10.1997, seinem 48. Geburtstag, bei einem Besuch in der Synagoge des Rabbiners Izchak Kaddouri (2. v.r.) in Jerusalem eine neue Torarolle ein, die sich in einem kunstvollen, mit bunten Tüchern geschmückten Toraschrein befindet. Der bereits über 100-jährige Kaddouri, der höchste Rabbiner der Kabbalisten, feiert ebenfalls an diesem Tag Geburtstag.

DAS JÜDISCHE MENSCHENBILD
Schöpfung, Sünde und soziale Verantwortung

Armenspeisung für ältere jüdische Mitbürger durch die Chesed Chama („warmherzige Gunst") Wohltätigkeitsorganisation in Moskau

Die gesamte Schöpfung (Kosmos, himmlische Wesen, Tiere, Pflanzen, Menschen) ist nach jüdischem Glauben das Werk des mächtigen und gütigen Gottes. Vom Ursprung und von ihrem Wesen her ist diese Schöpfung gut, ja sogar sehr gut (1. Mose 1,1–2,4). Die Psalmen (u.a. 33, 93, 96, 104) werden nicht müde, diesen Gedanken zu formulieren.

Es gehört zur Grundüberzeugung des Judentums, dass die Schöpfung für den Menschen gemacht worden ist. Sie hat eine vom Schöpfer gewollte Sinn- und Zielrichtung. Die Menschen sind als Mann und Frau „nach dem Bilde Gottes" geschaffen (1. Mose 1,26f.; 9,6). Sie sind Gottes beste Geschöpfe. Als „Krone der Schöpfung" hat der Mensch von Gott einen Herrschaftsauftrag über die Schöpfung verliehen bekommen.

Mit seinen Nachkommen soll er die Erde bevölkern, sie bebauen und bewahren, verbessern und zur Vollendung führen. Zerstören und verderben jedoch darf er sie nicht. Der *Dekalog*, die „Zehn Gebote", zeigt, wie der Mensch ein Gott wohlgefälliges, auf Vergebung angewiesenes Leben führen kann.

Der Begriff der Sünde

Der Mensch soll Gott nachahmen, ihm immer ähnlicher werden. Juden und Christen kommen sich in der Hochschätzung des Menschen als ein Gott ebenbildliches Wesen beziehungsweise als ein *Khalifa* (Stellvertreter) Gottes, wie im Islam, nahe. Sie unterscheiden sich jedoch in ihrer Antwort auf die Frage nach dem Bösen: Der Gedanke der Sünde hat große Bedeutung in der Bibel. Mit diesem Begriff wird erklärt, dass die alltägliche Erfahrung des Menschseins nicht nur durch Heil, Glück, Liebe gekennzeichnet ist, sondern auch durch Unheil und Leid. Sünde bedeutet in der Hebräischen Bibel „Verfehlung": „sich auflehnen, sich gegen jemanden empören", also gegen Gott rebellieren. Die Hebräische Bibel kennt keine Erbsündenlehre. Sünde ist nicht Bestandteil der guten Schöpfung Gottes, sondern bricht dämonisch aus verborgenen Tiefen des Menschen hervor. Auf die Frage nach dem Bösen antwortet das Judentum mit der Lehre vom guten und bösen Trieb: Der Mensch besitzt den freien Willen, kann also zwischen Gut und Böse

---

„Herr, unser Herrscher, wie herrlich ist dein Name in allen Landen, der du zeigst deine Hoheit am Himmel! Aus dem Munde der jungen Kinder und Säuglinge hast du eine Macht zugerichtet um deiner Feinde willen, dass du vertilgest den Feind und den Rachgierigen.

Wenn ich sehe die Himmel, deiner Finger Werk, den Mond und die Sterne, die du bereitet hast: was ist der Mensch, dass du seiner gedenkst, und des Menschen Kind, dass du dich seiner annimmst? Du hast ihn wenig niedriger gemacht als Gott, mit Ehre und Herrlichkeit hast du ihn gekrönt.

Du hast ihn zum Herrn gemacht über deiner Hände Werk, alles hast du unter seine Füße getan: Schafe und Rinder allzumal, dazu auch die wilden Tiere, die Vögel unter dem Himmel und die Fische im Meer und alles, was die Meere durchzieht.

Herr, unser Herrscher, wie herrlich ist dein Name in allen Landen!"
(Psalm 8,1–10)

Hiob auf dem Mist wird von seinen Freunden verspottet; Buchmalerei um 1455.

*B. Panchernikowa (*1914), Opfer der Nationalsozialisten, wird von der jüdischen Minsker Wohltätigkeitsorganisation Chesed („Gunst, Gnade, Gefallen")
betreut.*

BIOETHIK UND JÜDISCHER GLAUBE

Die Schöpfung gilt als ein kontinuierlicher Prozess. Dem Menschen werden dabei Kräfte verliehen, die Welt zu verbessern. Die in der Halacha, dem Religionsgesetz, verankerte Pflicht zu heilen, hat die „Erhaltung des Lebens" zum Ziel. In diesem Sinn gelten Gendiagnostik, Gentherapie, Präimplantationsdiagnose, Stammzellenforschung und Stammzellentherapie als erlaubt, sofern sie dem Wohl des Menschen dienen. Israel ist führend auf dem Gebiet von Gentests und pränataler Diagnostik. Drei Prozent aller Kinder in Israel entstehen durch In-Vitro-Fertilisation. Diese ist nach jüdischer Vorstellung gestattet, wenn es sich bei dem Samenspender um den Ehemann handelt und andere Möglichkeiten der Empfängnis ausgeschlossen sind.

Bezüglich der überzähligen Embryonen, die bei der künstlichen Befruchtung entstehen, überwiegt die Meinung, dass man erst mit der Geburt von einer Person sprechen kann. Da Embryonen außerhalb des Mutterleibs nicht überleben können, ist embryonale Stammzellenforschung nach jüdischem Gesetz erlaubt. Man soll biomedizinische Entwicklungen nicht verhindern, denn sie können geeignet sein, Leben zu retten und Kranke zu heilen. Gegen medizinisch vertretbare Transplantationen erhebt das Judentum keine Einwände. Selbst Transplantationen von Schweineherzen in menschliche Körper sind gestattet, obwohl Juden der Verzehr von Schweinefleisch verboten ist.

Auch gegen das Klonen erheben jüdische Gelehrte keine prinzipiellen Bedenken. Rabbi Michael Broyde interpretierte das Gebot, die Welt zu erobern (1. Mose 1,28) folgendermaßen: „Klonieren ist nur ein Beispiel dieser Eroberung, das – wenn angewandt, um die Menschen weiter voran zu bringen – kein theologisches Problem für die jüdische Tradition ist."
(Nach Heinz-Jürgen Loth, in: Michael Klöcker/Udo Tworuschka [Hg.]: Ethik der Weltreligionen. Ein Handbuch, Darmstadt 2005, S. 117–119).

unterscheiden. Nach 1. Mose 8,21 und Psalm 51,7 hat der Mensch einen „guten" und einen „bösen" Trieb. Trotz seiner angeborenen Neigung zum Bösen kann er Gutes vollbringen und das Schlechte neutralisieren. Gott allein vergibt die Sünden, und er hat in der Geschichte immer wieder Zeichen seines Willens zur unverdienten Vergebung gesetzt. Der Mensch soll sich daher zu besonderen Zeiten (Neujahr, Versöhnungstag) durch „Umkehr" für die Vergebung vorbereiten.

Soziale Verantwortung

Ein bereits in der Hebräischen Bibel erwähntes wichtiges jüdisches Prinzip ist *Zedaka* (Wohltätigkeit). Zedaka erschöpft sich jedoch nicht darin, Almosen zu spenden, sondern meint Gerechtigkeit und ist eine wesentliche Eigenschaft Gottes. Für den Reichen ist es nicht nur Pflicht, sondern auch Gnade, bis zu einem Fünftel seines

Die 10 Gebote

1. Ich bin der Herr, dein Gott. Du sollst keine anderen Götter neben mir haben.
2. Fertige kein Bild von Gott an.
3. Missbrauche nicht den Namen deines Herrn.
4. Halte den Ruhetag ein.
5. Ehre Vater und Mutter.
6. Du sollst nicht töten.
7. Zerstöre keine Ehe.
8. Du sollst nicht stehlen.
9. Lüge nicht.
10. Bringe nicht an dich, was einem anderen gehört.

Vermögens für die Armen zu geben. Geber und Empfänger sind dabei gleichberechtigt. Höchstes Ziel ist es, dem Verarmten so zu helfen, dass er für sich selbst sorgen kann.

Soziale Gerechtigkeit durch das Spenden für wohltätige Zwecke zu fördern nimmt im Judentum einen hohen Rang ein. Auch die Fürsorge gegenüber älteren Menschen ist ein wichtiges Anliegen: „Vor einem grauen Haupt sollst du aufstehen und die Alten ehren" (3. Mose 19,32). Die Jüngeren sollen dafür sorgen, dass der Lebensstandard der älteren Menschen gewahrt bleibt und sie nicht aus der Gesellschaft abgeschoben werden.

Nach einem bekannten Spruch besteht die Welt aus drei Säulen: Studium der Tora, Gottesdienst und Wohltaten. Die Aufforderung, Menschen in allen Lebenslagen zu helfen, hat zu einer Reihe von sozialen Initiativen geführt. Zu ihnen gehören beispielsweise: Bewirtung von Fremden, Fürsorge für Kranke und Flüchtlinge, Unterstützung von Brautpaaren, Gewähren zinsloser Darlehen, Trösten von Trauernden, Begleitung von Sterbenden und Toten.

Juden beim Talmudstudium in einem Altersheim in Wilna, Polen. Aufnahme aus dem Jahr 1937

DIE STELLUNG DER FRAU
Traditionelle Rollen und Streben nach Gleichberechtigung

Eine jüdische Hausfrau bereitet das Sabbatmahl mit Brot und Wein vor.

Nach traditionellem jüdischen Verständnis sind die Aufgaben der Frau in Familie und Gesellschaft ganz klar definiert. So gilt die Frau als „Krone des Mannes" (Spr. 12,4) und „Priesterin des Hauses". Sie leitet den Sabbat und die Festtage ein, indem sie die Lichter entzündet und sie segnet. Um den vielfachen Ansprüchen des jüdischen Lebens in Heim und Gesellschaft gerecht zu werden, erwartete man von der Frau unterschiedliche Fähigkeiten: Kenntnisse der Hygiene und der Heilmethoden, auch das Lesen biblischer und rabbinischer Kommentare auf Hebräisch und in der jeweiligen Landessprache. Jüdische Mädchen lernten bereits in der Antike im Gegensatz zu ihren Brüdern die Sprache der nichtjüdischen Umwelt. Zu den religiös-kultischen Tätigkeiten der Frau gehörten die Mitgliedschaft in der „Beerdigungsbruderschaft", das Knüpfen von Schaufäden an Gebetsmänteln, das Zusammennähen von Torarollen, das Besticken der Torabänder und die Herstellung der Toravorhänge. Als Frau konnte man sogar „Beschneiderin" oder „Schächterin für Geflügel" werden.

Frauen mit kaufmännischem Wissen waren in Geld- und Bankgeschäften tätig. Sie leiteten auch Stiftungen für Krankenhäuser und Altenheime. Außerdem waren sie als Setzerinnen hebräischer Bücher in bekannten Familienverlagen beschäftigt. Das moderne jüdische Verlagswesen wurde größtenteils von Frauen aufgebaut.

Daneben gab es überwiegend männlich dominierte Bereiche, wie zum Beispiel das Tragen von Schaufäden, des Gebetsmantels und der Gebetskapseln. Ausgeschlossen waren Frauen weitgehend vom Tora-Vortrag in der Gemeinde der Männer, von der Zugehörigkeit zum *Minjan*, der Gruppe von zehn Männern als Mindestgemeinde, und von der Teilnahme als dritte Person bei der Liturgie des Tischgebets. Manche dieser Funktionen wurden jedoch zeitweilig auch von Frauen übernommen. Jüdinnen in Orient und Okzident leiteten oft selber ihre eigenen Gebete, und es gab auch Vorbeterinnen in Frauensynagogen.

Diese Ausnahmen spielten eine wichtige Rolle, als jüdische Frauen zu Beginn des 20. Jahrhunderts begannen, ihre Rollen neu zu definieren. Seit dieser Zeit gibt es Tora-Talmudstudien für Frauen, und auch die Orthodoxen errichteten eigene Institute für Frauen.

Ehe und Scheidung

Das Judentum bewertet Sexualität und Ehe positiv. Die Ehe gilt in der Hebräischen Bibel als Garant für den Fortbestand der Familie. Die Kinder sollen ihre Eltern „ehren". Diese sorgen ihrerseits für das Wohl ihrer Nachkommen und erziehen sie im jüdischen Geist.

Der hebräische Ausdruck *Kidduschin* (Heiligungen) weist darauf hin, dass die Ehe als etwas Geheiligtes gilt. Beide Partner sollen in der Ehe sexuelle Erfüllung finden. Daher hat die Frau ein Recht auf sexuelle Befriedigung auch unabhängig von der Fortpflanzung. Vergewaltigung in der Ehe ist dagegen strikt verboten. Eine legitime Ehe beruht auf ganz bestimmten Vor-

BERTHA PAPPENHEIM – KÄMPFERIN FÜR DIE RECHTE DER FRAUEN

Bertha Pappenheim wurde am 27.2. 1859 als Tochter einer begüterten Familie in Wien geboren. Sie engagierte sich in der deutschen Frauenbewegung, übertrug deren Forderungen nach gleichen Bildungs- und Berufschancen sowie nach politischer Gleichberechtigung der Frauen auf das Judentum. In diesem Zusammenhang trat sie für eine bessere religiöse Ausbildung der Frau und deren Gleichstellung in jüdischen Einrichtungen ein.

1904 gründete Pappenheim mit Gleichgesinnten den Jüdischen Frauenbund und leitete ihn bis 1924. Vor allem ging es ihr darum, das Rollenverständnis von Männern und Frauen im jüdischen Gemeindeleben zu modernisieren. Eine Enttabuisierung heikler Fragen, wie zum Beispiel Zuhälterei, Prostitution und Verelendung, aber auch Mischehen und Taufe aus gesellschaftlicher Anpassung lagen ihr besonders am Herzen. Ihrer unermüdlichen Energie ist es zu verdanken, dass 1917 die „Zentralwohlfahrtsstelle der Juden in Deutschland" gegründet wurde.

Von 1907 bis fast zu ihrem Tode war Bertha Pappenheim ehrenamtliche Hausmutter im Mädchen- und Waisenheim Neu-Isenburg bei Frankfurt/Main. Neu-Isenburg war zunächst als Frauenhaus

für ledige jüdische Mütter und ihre Kinder gedacht. Später kamen Kinder aus zerrütteten Familien dazu. Nach der Machtübernahme der Nationalsozialisten gelang es Bertha Pappenheim, noch einige der ihr anvertrauten Schützlinge nach England zu bringen. Lange Zeit (bis 1934) hatte sie geglaubt, dass der Naziwahnsinn sich legen würde, doch noch 1936 wurde sie auf ihrem Sterbebett von der Gestapo verhört.

Bereits 1890 hatte sie begonnen, schriftstellerisch tätig zu werden. Unter dem Namen Paul Berthold verfasste sie den Novellenband „In der Trödlerbude". 1890 schrieb sie auch das Theaterstück „Frauenrechte" und eine Übersetzung von Mary Wollstonecrafts Schrift „A Vindication of the Rights of Women". Ebenso verfasste sie die Schrift „Zur Judenfrage in Galizien" (1900). Mit dem Problem des zunehmenden Glaubensübertritts deutscher Juden zum Christentum setzte sie sich in ihrer Novelle „Der Schwächling" (1902) auseinander. 1930 erschien ihr bekanntestes Werk „Sisyphus-Arbeit", in dem sie nach einer Studienreise über Prostitution und Mädchenhandel in Osteuropa und im Vorderen Orient berichtete.

Als Patientin des Wiener Arztes und Kollegen von Sigmund Freud, Dr. Breuer, ging Bertha Pappenheim als die an Hysterie erkrankte „Anna O." in die Geschichte der Psychoanalyse ein. Bertha Pappenheim starb am 28.5.1936 in Neu-Isenburg.

aussetzungen. 3. Mose 18,6–18 beschreibt zum Beispiel detailliert das Verbot der Heirat mit nahen Blutsverwandten.

Das jüdische Recht verurteilt jede sexuelle Beziehung einer Frau mit einem Mann, der nicht ihr Ehemann ist, als Ehebruch. Falls es Zeugen vor einem Gerichtshof gibt, setzt die Hebräische Bibel die Todesstrafe für beide Ehebrecher fest – eine Abrechnung, die jedoch selten praktiziert wurde. War die Frau des Ehebruchs überführt, so verlangte das rabbinische Recht die Auflösung der Ehe. Eine Heirat mit dem Ehebrecher war nicht gestattet.

Da Bibel und Talmud Polygamie gestatteten, gab es keine gesetzliche Definition des Ehebruchs für den Mann. Jedoch war ihm Sexualverkehr mit einer anderen als seiner eigenen Frau verboten. Sogar das Alleinsein mit Frauen außerhalb der eigenen Familie war nicht gestattet.

Ein Großvater hilft seiner Enkelin beim Anzünden der achten Kerze der Chanukkia während des Chanukka-Festes.

Avitall Gerstetter, die erste regelmäßig in der Gemeinde amtierende jüdische Kantorin Deutschlands, bei einem Gottesdienst in der Synagoge Oranienburger Straße in Berlin

Eine Ehe zu scheiden wird im Talmud negativ bewertet. Unter bestimmten Umständen ist jedoch eine Ehescheidung möglich. Das Gesetz schreibt dazu eine Prüfungszeit, eine „Abkühlungsfrist", vor, nach der überlegt werden soll, ob die Ehe nicht vielleicht doch fortgeführt werden kann. Wenn alle diese Mittel nicht dazu führen konnten, dass das Paar die Ehe aufrechterhalten will, übergibt ein orthodoxer Jude vor dem Rabbinatsgericht seiner Frau den „Scheidungsbrief", ein religiöses Dokument, das den Ehevertrag aufhebt und ohne das die Frau nicht wieder heiraten könnte. Der Scheidungsbrief (auch „Scheidebrief") legt den Unterhalt und die Entschädigung fest. Nach orthodoxer Auffassung kann nur der Ehemann die Scheidung einreichen. Selbst wenn die Frau hinreichende Gründe zur Klage anführen kann, darf sie die Ehe nicht auflösen.

Im reformierten Judentum gibt man dagegen der Frau ein Dokument, das sie aus einer unzumutbaren Ehe befreit und eine Wiederverheiratung ermöglicht. Die Situation der *Aguna* (angekettete Frau) gilt bei liberalen Juden als unwürdig, dem Prinzip der Gleichberechtigung widersprechend.

Der jüdische Scheidebrief (Get) ist kein vorgefertigtes Formular. Er muss handgeschrieben sein und genau 12 Zeilen umfassen. In der 13. Zeile erscheinen die Namen der Zeugen.

Regina Jonas (1902–1944) war die erste Rabbinerin in Deutschland. Bis zu ihrer Ermordung im KZ Theresienstadt arbeitete sie als Seelsorgerin, Predigerin und Lehrerin in Berlin.

Die jüdische Haltung zur Sexualität
Basis der Bindung zwischen Mann und Frau

Gott hat dem Menschen als „Krone der Schöpfung" Körper, Geist, Seele, Einsicht und Entscheidungskraft geschenkt. Weil der menschliche Trieb aber „böse von Jugend an" ist (1. Mose 6,5; 8,21), sind göttliche Gebote notwendig. Weil der Trieb das Leben erhält, gilt er nicht als verwerflich. „Böse" bedeutet, verantwortungslos zu handeln, nicht aber, dass der Mensch zwangsläufig so handeln muss. Der ebenfalls vorhandene gute Trieb soll die Möglichkeit zum Bösen verhindern. Die zweite Schöpfungserzählung unterstreicht die männlich-weibliche Partnerschaft: „Es ist nicht gut, dass der Mensch allein sei. Ich will ihm eine Gehilfin machen, die um ihn sei" (1. Mose 2,18). Auch ist von sexueller Verbundenheit die Rede, wenn Adam ausruft: „Dies ist Knochen von meinem Knochen und Fleisch von meinem Fleisch, diese soll ‚Männin' (Ischa) heißen, denn vom ‚Mann' (Isch) ist sie genommen" (1. Mose 2,21).

Erfüllung und Freude – aber vorrangig in der Ehe

Die Sexualität dient nicht nur der Fortpflanzung, sondern gilt als Fundament des Bindungsprozesses zwischen Mann und Frau. Die Hebräische Bibel beschreibt den Sexualakt als ein „Wissen" (vgl. Gen 4,1). Der Geschlechtsverkehr dient der physischen und psychischen Interaktion. Im Kontext der Ehe ist Sexualität „positiv, notwendig und gut", da sie die physische und psychische Erfüllung von Mann und Frau unterstützt. Schon früh wurde Frauen das Recht auf Orgasmus zugesprochen.

Jede sexuelle Ausbeutung von Abhängigen ist verboten. Zu den sexuellen Gräueltaten der „heidnischen" Völker (3. Mose 19ff.) zählen neben Inzest der Verkehr während der Menstruation, Schwängerung der Frau des Nächsten, männliche Homosexualität, Geschlechtsverkehr mit Tieren sowie orgiastische Ausschweifungen. Gewarnt wird auch vor der Tempelprostitution bei den benachbarten Völkern.

Wichtig ist der Gedanke der Keuschheit, die Zurückhaltung in Kleidung und Sprache. Frauen sollten lange Röcke und hoch-

Die Abbildung zeigt das „Hohe Lied" aus der „Gutenberg-Bibel", die um 1455 von Johannes Gutenberg (1397–1468) gedruckt wurde.

geschlossene Blusen tragen sowie ihr Haar nicht offen zeigen. Jungen und Männer sollten ein Viereck-Gewand tragen. Auch die Beschneidung diente sexueller Selbstdisziplin. Die Ehepartner sollen sich keusch verhalten, vor Dritten und Kindern keine anzüglichen Worte benutzen. Die Keuschheitsregeln sollen in der Ehe aber nicht die gegenseitige Freude mindern.

Obwohl nach orthodoxer Auffassung beide Partner bei der Eheschließung jungfräulich sein sollten, entspricht dies vielerorts nicht mehr den Gegebenheiten. Jeder Samenerguss außerhalb des ehelichen Beischlafs galt in der Tradition als unter Strafe gestellte Vergeudung schöpferischer Lebenskraft. In ultraorthodoxen Talmudhochschulen herrscht diese Ansicht auch heute noch vor. Liberale prangern die damit verbundenen Schuldgefühle und Ängste an. Auch die traditionelle Brandmarkung von Homosexualität schafft Probleme. Jüdische Zeitschriften diskutieren darüber, ob Homosexuelle religiöse Ämter ausüben dürfen. Neuere Diskussionen beschäftigen sich auch mit dem Phänomen von Singles als Massenerscheinung.

Sadomasochismus ist wegen der Anwendung von Gewalt nicht erlaubt. Gegen

Ein jüdisches Hochzeitspaar steht bei seiner Trauung vor dem Rabbi unter einer Chuppa, einem Baldachin.

Masturbation wird der Einwand erhoben, dass er den Wunsch nach Sex mit einem Partner verringere. Im Fall der männlichen Masturbation gilt zudem das Verbot, Samenzellen zu vernichten. Koitus interrup-

tus und Oralsex werden von liberalen Juden gutgeheißen, wenn sie dem Partner sexuelle Freude verschaffen. Diese Kreise erlauben unter gewissen Umständen die Masturbation. Der Sexualakt zwischen einem ledigen Mann und einer ledigen Frau – dies gilt auch für den vorehelichen Verkehr – wird in der Tora dagegen nicht verboten. Traditionell ordnen ihn aber viele in die Kategorie *zenut* (Unzucht) ein.

Standpunkte zur Homosexualität

Nach 3. Mose 18,22 ist der homosexuelle Beischlaf verboten und wird mit dem Tode bestraft. Das Thema wird in der Gesetzgebung jedoch kaum erwähnt. Erst seit Anfang des 20. Jahrhunderts taucht das Thema wieder auf. Die sexuelle Liebe zwischen Frauen wird in der Tora nicht thematisiert. Der Talmud bezeichnet diese – unter Bezugnahme auf die Sitten Ägyptens und Kanaans (3. Mose 18, 3) – als „Obszönität", ohne sie unter Verbot zu stellen. Orthodoxe Gruppen betrachten lesbische Liebe als Übertretung eines Verbots, männliche Ho-

Liebespaar in einer Jerusalemer Disco: Eher ungezwungen und locker sehen viele israelische Jugendliche wie in anderen westlich geprägten Ländern das Thema Liebe und Sexualität.

Eine orthodoxe Jüdin beim Gebet

mosexualität jedoch als „sexuelle Schand-
tat" (Rabbiner Hochwald).

Der britische Rabbiner Chaim Rapoport
hat für die Orthodoxie eine neue Bewer-
tung der sexuell aktiven Homosexuellen
vorgenommen: Sie werden nicht mehr der

*Die Stadträtin von Tel Aviv, Michal Eden, hat
sich als erste Politikerin in Israel offen zu ihrer
Homosexualität bekannt.*

Talmudkategorie Mumar le-hach'is (Apos-
tat, der im Geist der Rebellion eine Mizwa
übertritt) zugeordnet, sondern gelten als
Tinok schänischba (gefangen genommenes
Kind). Wie jeder andere Jude verdient der
Homosexuelle Liebe und Mitgefühl. Er soll
die Tora studieren und am jüdischen Leben teilnehmen. Wünschenswert bleiben
jedoch die Kontrolle und Disziplin der eigenen Veranlagung. In den USA gibt es in-

zwischen Synagogen für Homosexuelle, die den Organisationen der Reformjuden und des Rekonstruktionismus angeschlossen sind. Seit 1988 ist Homosexualität in Israel erlaubt, und seit 2006 werden auch im Ausland geschlossene gleichgeschlechtliche Ehen anerkannt.

Inzwischen gibt es auch schwul-lesbische Kidduschin („Anheiligung", Verlobung), die von Rabbinern der genannten Gruppen, vereinzelt auch von konservativen Rabbinern, vorgenommen werden. Die konservative Bewegung akzeptiert zwar Homosexuelle, lehnt jedoch homosexuelle Rabbiner ab – wie auch die Orthodoxen –, während Reformjuden und Rekonstruktionisten diese anerkennen. Für Schwule und Lesben ist Gen 2,23 von besonderer Bedeutung: Der hebräische Text – Isch für den Mann und Ischa für die Frau – unterstreicht die Ähnlichkeit zwischen beiden Geschlechtern, während Gen 1,27 eher die Bipolarität hervorhebt.

Die Teilnehmer der Gay Pride Parade von 2003 in Jerusalem schwenken ihre regenbogenfarbenen Fahnen und bekennen sich offen zu ihrer Homosexualität.

LIEBESLEBEN IN ISRAEL

Israel ist ein Land der sexuellen Gegensätze mit sehr strengen Regeln für orthodoxe Juden auf der einen, einem ausschweifenden Nachtleben und ausgelebter Sexualität auf der anderen Seite.

Die israelische Armee spielt eine wichtige Rolle bei der Partnervermittlung. Vor allem Mädchen aus konservativen Familien machen ihre ersten sexuellen Erfahrungen während der Wehrdienstzeit. Israelinnen heiraten relativ spät, im Durchschnitt mit 24, Männer mit 27 Jahren. Viele Ehen werden im Ausland geschlossen, da es in Israel keine Zivilehe gibt und das orthodoxe Rabbinat in einigen Fällen – zum Beispiel wenn ein Partner Nichtjude ist – die Zustimmung verweigert.

Die Geburtenrate liegt mit 2,8 Kindern pro Frau relativ hoch. Die Scheidungsrate liegt in Israel bei 1,6 Prozent pro 1000 Einwohner im Jahr, ist damit niedriger als in vielen Ländern Europas.

Schwangerschaftsabbruch ist bei Frauen unter 17 und über 40 Jahren sowie bei gesundheitlichen Problemen und Verdacht auf Missbildung erlaubt.

Von entscheidender Bedeutung ist für das jüdische Recht das genetische Geschlecht. Wenn der genetische Status nicht mit der physiologischen Erscheinung übereinstimmt, ist die operative Umwandlung erlaubt. Der aus der Sexualmedizin bekannte genetische Status der Intersexualität, also der Tatsache, dass manche Menschen mit nicht eindeutig weiblichen oder männlichen körperlichen Geschlechtsmerkmalen ausgestattet sind (so genannte Hermaphroditen) wird offenbar nicht zur Kenntnis genommen. Mehrheitlich wird die transsexuelle Chirurgie – offensichtlich schon bekannt seit dem spanisch-jüdischen Dichter, Linguisten und Philosophen Mose ben Jakob ibn Esra (1070–1139) – abgelehnt, da der einmal festgestellte sexuelle Status von Mann und Frau nicht geändert werden darf (5. Mose 22,5). Damit wird auch eine Eheschließung für die Betroffenen ausgeschlossen.

Mit dem Lied der Lieder, dem „Hohen Lied", schuf das Judentum ein herausragendes Werk der erotischen Weltliteratur. Freizügig wird die Liebe zwischen einer erotisch aktiven Frau und ihrem Geliebten geschildert. Diese erotische Lyrik wurde durch den großen Lehrer und ersten Ordner der mündlichen Lehre, Rabbi Akiba (gest. ca. 50 bis 135 n. Chr.), allegorisch umgedeutet als Symbol für die Liebe und den Bund zwischen Gott und – „alle Schriften sind heilig, aber das Lied der Lieder ist das allerheiligste" (Jadajim III,5).

FAMILIENPLANUNG IM JUDENTUM
Standpunkte zu Verhütung und Abtreibung

Die Ein-Kind-Familie ist mittlerweile auch in Israel weit verbreitet.

Nach klassischer jüdischer Vorstellung soll jedes Ehepaar mindestens einen Sohn und eine Tochter zur Welt bringen. In einem Kommentar zu 1. Mose 9 wird drastisch formuliert: „Wer keine Kinder zeugt, gleicht einem Mörder". Ein solcher Mensch mindert gleichsam das göttliche Ebenbild.

Kindersegen erwünscht

Männer dürfen im Gegensatz zu Frauen nicht ehelos bleiben. Auch dürfen Männer keine unfruchtbaren Frauen heiraten, denn sie sind zur Fortpflanzung verpflichtet. Kinder gelten als Segen und Glück für die jüdische Gemeinschaft. Angesichts der Verfolgungen war Kindersegen oft die einzige Möglichkeit für das Judentum zu überleben. In Ländern mit erlaubter Mehrehe heiratete der Mann im Fall der Kinderlosigkeit eine weitere Frau. Nachdem die Polygamie im westlichen Judentum seit dem 11. Jahrhundert untersagt wurde, ist es üblich, eine Ehe nach zehnjähriger Kinderlosigkeit zu scheiden, um beiden Partnern eine neue Chance zu geben. In neuerer Zeit gelten Adoption und

nach Ansicht einiger Autoritäten sogar künstliche Befruchtung als legitime Möglichkeiten, Kinder zu bekommen.

Erlaubte Verhütungsmethoden

Verhütungsmittel sind erlaubt, wenn das Leben und die Gesundheit der Frau auf dem Spiel stehen. Daher gilt die Verhütung als Aufgabe der Frau. In Ausnahmefällen wird dem Mann die Benutzung eines Kondoms gestattet. In den Quellenschriften gilt die „Vergeudung" von Sperma als schweres Vergehen. Der Koitus interruptus, als Sünde Onans, ist nicht erlaubt. Streng verboten ist die Kastration des Mannes, es sei denn, sein Leben würde durch einen solchen Eingriff gerettet. Durchweg erlaubt das Judentum die Einnahme von oralen und intravaginalen Verhütungsmitteln. Deren willkürliche Anwendung, besonders außerhalb der Ehe, halten die religiösen Autoritäten jedoch für anstößig.

Bereits im Talmud wird der Moch, ein in die Scheide eingeführter Bausch aus Wolle oder Baumwolle, als Verhütungsmittel erwähnt. Als mit dem Moch vergleichbar gelten Pessar oder Diaphragma, Kondom, chemische Spermizide und die postkoitale Dusche. Wichtig ist, dass durch die Empfängnisverhütung keine Samenzellen vernichtet werden. Ein schon seit der Antike benutztes, auch im Talmud erwähntes Mittel aus Pflanzenextrakten wird als Vorläufer der Pille betrachtet und gilt daher aus gesundheitlichen

Bei orthodoxen jüdischen Siedlerfamilien ist die Kinderzahl in der Regel höher als bei liberaler eingestellten Familien.

„Adam und Eva im Paradies",
Darstellung auf einem im 19. Jahrhundert hergestellten Sederhandtuch

Kinder gelten bei orthodoxen Familien als Segen und Glück für die jüdische Gemeinschaft.

Gründen als erlaubt. Wenn ein Mann ein solches Mittel einnähme, würde es jedoch eine verbotene Kastration darstellen.

Die Beobachtung von „sicheren Tagen" ist eine Form der Enthaltsamkeit und lässt sich nicht mit dem Gebot der ehelichen Pflicht vereinbaren. Trotzdem war im frühen Judentum das Berechnen fruchtbarer und unfruchtbarer Tage bekannt, galt

aber als eine nur bedingt zuverlässige Methode.

Der Talmud nennt drei Fälle, die eine solche Vorkehrung erlauben: eine Minderjährige, weil sie schwanger werden und sterben könnte; eine Schwangere, weil ihr Fötus zu schaden kommen könnte; eine Stillende, weil ihre Milch versiegen und ihr Kind sterben könnte.

Seit dem 19. Jahrhundert beriefen sich Pessar-Befürworter auf diesen Text.

Positionen zur Abtreibung

Das Religionsgesetz (Halacha) bietet zu vielen Fragen keine eindeutige Rechtsvorschrift, sondern eine Mehrzahl möglicher Auffassungen. Das gilt auch für die Abtreibung, die gemäß den Noachidischen Geboten (1. Mose 9, 6) verboten ist. Die hebräische Formulierung „Mensch im Menschen" wurde auf den Fötus im Mutterleib bezogen. Und da nach rabbinischer Auffassung den Juden nicht erlaubt ist, was den Söhnen Noahs, d.h. den Nichtjuden, verboten ist, gelten diese Noachidischen Gebote für alle Menschen. Jedes menschliche Leben ist demnach heilig.

Neben religiösen Erwägungen spielten stets ärztliche Gutachten eine Rolle. Abtreibung wird auf der Basis von 2. Mose 21,22 bewertet: „Wenn Männer streiten und eine schwangere Frau verletzen, so dass ihre Frucht abgeht, ihr aber kein Unheil geschieht, so wird er mit einer Geldbuße belegt, wie der Ehemann es berechnet; es komme vor die Richter. Aber wenn ein Unheil geschieht, dann sollst du Leben um Leben geben (Nefesch tachat nefesch)". Bis zur Geburt ist der Fötus nicht Nefesch, also kein eigenständiges Leben, sondern Teil der Mutter. Bedroht das Ungeborene das Leben der Mutter, so hat ihr Leben Vorrang. Das gilt auch für den Vorgang der Geburt.

Ein Fötus darf also abgetrieben werden, wenn das Leben der Mutter in Gefahr ist. Diese Erlaubnis gilt aber nicht, wenn bereits der größere Teil des Kindes zum Vorschein gekommen ist, weil das Kind dann ein selbständiges Lebewesen darstellt und kein Leben prinzipiell Vorrang vor dem anderen hat. Aber dennoch gilt eine solche Abtreibung als Blutvergießen. Dass überhaupt eine Abtreibung zu Beginn der Schwangerschaft diskutiert wird, hängt damit zusammen, dass der Embryo bis zum 40. Tag als reines Wasser gilt. Erst ab dem dritten Monat spricht man von Schwangerschaft. Doch auch dann haben das Leben der Mutter und eventuelle Ängste des Ehegatten um die Gesundheit der Frau Vorrang gegenüber dem Leben des Fötus.

Weitere Gründe können zur Erwägung eines Schwangerschaftsabbruchs führen: Sorge um den häuslichen Frieden, Würde der Personen, Vergewaltigung und schwere Erbschäden, bei einer reumütigen Ehebrecherin, bei gewissen Krankheiten und wenn die seelische Gesundheit der Frau auf dem Spiel steht. Abtreibung gilt auch weitgehend als erlaubt, wenn eine starke Behinderung des Kindes wahrscheinlich ist. Wirtschaftliche Gründe für eine Abtreibung erkennt das Judentum nicht an.

Der für die Entscheidung zuständige Rabbiner muss im Religionsgesetz die beste Lösung für das Problem finden. Entscheidet man sich unter Abwägung der Situation für eine Abtreibung, so kann diese auch ohne Zustimmung des Ehemanns erfolgen.

Abtreibungsgegner: Rabbi Yisrael David Weiss auf dem Pro-Life-Protestmarsch am 22.1.2003 in New York, am 30. Jahrestag der Legalisierung der Abtreibung in den USA

ERZIEHUNG UND BILDUNG
Bedeutung des Lernens im Judentum

„Und ihr sollt sie lehren euren Kindern" – so lautet die Aufforderung im 5. Buch Mose 11,19. Traditionell bezog man diese Anweisung ausschließlich auf die Söhne. Es war Aufgabe der Mutter, ihre Söhne zum religiösen Studium anzuleiten.

Der Gedanke des lebenslangen Lernens hat für das Judentum einen hohen Stellenwert. Der Vater ist zum Beispiel verpflichtet, seinen Jungen den Exodus des jüdischen Volkes aus Ägypten zu erzählen. Der Talmud unterstreicht an zahlreichen Stellen die Wichtigkeit des Lernens: „Die Welt hat nur Bestand wegen des Hauches der Schulkinder" (Schabbath 119b). Oder an anderer Stelle: „Man halte Schulkinder nicht vom Unterricht zurück – auch nicht zum Zweck des Tempelbaus" (Jeb 1b). Es wird sogar für möglich gehalten, durch das Lernen die Ankunft des Messias zu beschleunigen (Sanhedrin 99b).

Zu den wichtigen jüdischen Erziehungszielen gehören die Gebote, die Eltern zu ehren (2. Mose 20,12) und sich ihnen gegenüber ehrfürchtig zu verhalten (3. Mose 19,39). Mit dem Lernen soll bereits im Säuglingsalter begonnen werden. Schon vor der Beschneidung wird dem Kleinkind das Sch'ma Israel („Höre, Israel") vorgetragen. Bei seiner Beschneidung weist ein Segensspruch auf die Einführung in den Bund und die Lehre hin. Mit Beginn des

In der östlich von Tel Aviv gelegenen Stadt Bnei Berak werden junge Männer in der Talmudhochschule Ponevezh von einem Rabbiner in den Lehren des Judentums unterwiesen.

משברי מות נחל בליעל יבעתני: חבלי שאול סבבו קדמוני
מיקשי מות: בצר לי אקרא ואל להי אקרא וישמע מקולי

Sprechens, also im Alter von etwa drei Jahren, setzt traditionellerweise die jüdische Erziehung ein.

Zu den Kernelementen der religiösen Erziehung, die dem Sohn vom Vater vermittelt werden, gehören nach 5. Buch Mose 33,4: Tora ziwa lanu Mosche, morascha qehillat Jaakov („Tora hat uns Mose geboten als Erbteil der Gemeinde Jakobs") sowie das Sch'ma Israel.

Die Mischna enthält folgendes Curriculum: „Mit fünf Jahren zur Bibel, mit 10 zur Mischna, mit 13 zu den Geboten und mit 15 zum Talmud" (Abot V,24). Die Lernbedingungen waren günstig, denn die Klassen sollten aus höchstens 25 Schülern bestehen. Die Lehrer durften die Schüler körperlich leicht bestrafen. In seiner Ausbildungszeit arbeitete ein jüdischer Junge die Hebräische Bibel durch, studierte Mischna und Talmud. Wer nach Vollendung des 13. Lebensjahres weiter sein Studium fortsetzen wollte, trat in eine Jeschiwa ein, um dort bei einem angesehenen Rabbi die Kommentare zu studieren. Eine Jeschiwa (Mehrzahl: Jeschiwot) ist eine Talmudhochschule, in der vor allem der Talmud studiert wird. Jeschiwot gab es bereits zur Zeit des Zweiten Tempels, als man die Lehrinhalte des Talmuds noch mündlich weitergab. Für rund 1000 Jahre waren die Jeschiwot in Palästina und Babylonien die Lehrstätten für die höhere Bildung.

Tora-Texten begegnen jüdische Kinder u.a. im Kontext familiärer Festlichkeiten, zum Beispiel bei der Bar-Mizwa-Feier. Der Knabe trägt einen Abschnitt aus der Tora auf Hebräisch vor, anschließend meistens einen Prophetenabschnitt. Eine neue, in den USA auftretende Entwicklung besteht darin, Jungen und Mädchen über die Erreichung ihrer Religionsmündigkeit hinaus noch weiter jüdisch zu bilden. Beide Geschlechter begehen im Alter von 15 Jahren einen entsprechenden Ritus. Einen beson-

Bildseite einer Pessach-Haggada mit einer Toraschule; spanisch-jüdische Buchmalerei aus dem 14. Jahrhundert

קמיל ... באזני ירתגעש ... מוסדית השמים
ירגזו ... כי חרה ... עשן כאפו ואש מפי יתא אכ ...
... כבד ... ממנו ... שמים וירד וערפל תחת רג ...

deren Stellenwert haben die Worte der Schrift insbesondere bei der Sederfeier des Pessachfestes. Die volkstümliche Pessach-Haggada (von hebräisch higgid „erzählt") ist eine Schriftauslegung. Es geht darum, die Geschichte des Auszugs aus Ägypten mit dem eigenen Leben in Beziehung zu setzen, sich mit den damals Fliehenden zu identifizieren.

Beim jüdischen Lehrer-Schüler-Verhältnis steht die unentgeltliche Unterweisung in der Tora im Mittelpunkt. „Von tausend Menschen, welche in der Schrift unterrichtet werden, gelangen gewöhnlich nur hundert zur Mischna, von diesen zehn zum Talmud, und von diesen wiederum gelangt nur einer zum Lehramt". Ein Talmudabschnitt nennt „48 Bedingungen", durch die man die Tora erwirbt. Zu ihnen gehören u.a.: Studium, aufmerksames Hinhören, geordnetes Aufsagen, Einsicht des Herzens,

Erzieherinnen in einem Jerusalemer Kindergarten feiern mit den Kindern das Wochenfest Schawuot, das als letztes der Frühlingsfeste sieben Wochen oder fünfzig Tage nach dem Pessachfest ausgerichtet wird.

Verstand des Herzens, Ehrfurcht, Gottes-
furcht, Demut, Freudigkeit, „Bedienung"
der Gelehrten, das heißt dem Lehrer als
Schüler zur Hand zu gehen, häusliche Arbeiten zu verrichten, Besprechung mit Kollegen, Disputieren, Überlegung, Schriftlesung, Mischna-Studium. Der Studierende
muss eine Reihe charakterlicher Vorzüge
besitzen, zum Beispiel Gott, die Menschen
und gerechte Taten lieben, nicht stolz sein,
dem Nächsten helfen usw.

Wesentliches Merkmal rabbinischen Leh-
rens und Lernens war das mindestens vier-
malige Wiederholen des Stoffes, das Diskutieren und die Frage-Antwort-Methode.
Der intensive Umgang von Lehrer und
Schüler war von einer bestimmten Etikette
geprägt: aufstehen vor dem Lehrer; nicht
seinen Sitz einnehmen; ihn nur „Rabbi"
nennen, nicht jedoch seinen Namen benutzen, wenn man mit ihm oder über ihn
sprach.

Das im Rahmen der deutschen Volksbil-
dungsbewegung entstandene „Freie jüdische
Lehrhaus", das seinen Lehrbetrieb am
17.10.1920 in Frankfurt/Main aufnahm
und dessen Devise „Bildung und kein Ende" lautete, verband Konzepte der Erwach-
senenbildung mit den Lehrmethoden des
traditionellen Jüdischen Lehrhauses. Die
klassische jüdische Tradition wurde einem
bürgerlich-großbürgerlichen Publikum
ebenso vermittelt wie moderne jüdische Geschichte, hebräische und jiddische Literatur

Ein Mädchen liest während ihrer Bat-Mizwa-Feier aus der Tora vor.

sowie Zionismus. Ähnliche Einrichtungen
bestanden in Stuttgart, Köln, Mannheim,
Wiesbaden, München, Breslau und Berlin.
Das Ende des Frankfurter Lehrhauses besie-
gelte die Reichspogromnacht am 9./10. November 1938. Ab 1932 wurden ähnliche
Einrichtungen in Palästina, um 1940 in
New York, 1951 in Zürich gegründet. Seit
den 1950er Jahren existiert in den Niederlanden die Leerhuis-Bewegung.

Eine Lernerfahrung

„Mit 7 Jahren kam ich an die jüdische
Schule an der Freigutstrasse in Zürich.
Hier werden die Kinder neben den Fä-
chern der öffentlichen Schulen intensiv in
das Lernen der Tora eingeführt. Schon in
der ersten Klasse lernten wir an sieben Wo-
chenstunden den Chumasch, d. h. die fünf
Bücher Mose, übersetzen. Später, von der
vierten Klasse an, kam der Kommentar
von Raschi dazu, der in jeder jüdischen Bi-
belausgabe dem Bibeltext beigefügt ist.

,Chumasch mit Raschi' ist das Grundwis-
sen, das ein religiös erzogenes jüdisches
Kind als Rüstzeug für alles spätere Lernen
und natürlich für das Leben mitbekommt.
Ab etwa elf Jahren begannen wir Mischna,
die Grundschrift unserer mündlichen Tradition, zu lernen, und schon bald folgte
auch die Gemara, die zusammen mit der
Mischna den Talmud bildet. Wir lernten
die schwierigen talmudischen Klärungs-
prozesse im typisch jeschiwischen ,Tropp',

d. h. in einem bestimmten Singsang, der jedem, der einmal Talmud gelernt hat, in
Fleisch und Blut übergeht. Melodien mit
bestimmten Wortwendungen verbunden
sind starke mnemotechnische und emotio-
nale Strukturen oder Leitplanken, ohne die
ich mir das Lernen kaum vorstellen kann."
*(Raphael Pifko: Lernen als jüdische Le-
bensform. In: Schtetl Zürich: Von orthodoxen jüdischen Nachbarn, Zürich
1997, S. 163–166)*

DIE HALTUNG ZU BESITZ UND ARMUT

Sozialvorschriften und Wohlfahrtsinstitutionen

I
n der Gesellschaft Israels herrschte anfangs die tribale Ordnung nach Stäm-
men, bei denen Besitztum eine kol-
lektive Angelegenheit war. Da noch
keine Klassenbildung vorhanden war, kann
man nicht von Arm und Reich sprechen.

*Moses Montefiore (1784–1885); der wohlha-
bende und zu den zwölf Jewish Brokers von London zählende Unternehmer war ein bedeutender
sephardisch-jüdischer Philanthrop.*

Historische soziale Regelungen

Bedeutende Sozialvorschriften enthält das
„Bundesbuch" (2. Mose 20,22–23,33). Es
entstand im Anschluss an die Zerstörung
des Nordreiches durch die Assyrer (722
v. Chr.). Das Bundesbuch führt mehrere
Siebenerregelungen sowie sozialrechtliche
Wirtschaftsgesetze ein: Bauern sollen am
siebten Tag ruhen und auch ihre Tiere,

Landwirtschaft im Beit Netofa Tal in Galiläa im Norden Israels

Sklaven und den Fremden Ruhe gewähren,
damit diese „zu Atem kommen" können.
Sklaven sollen im siebten Jahr ohne Löse-
summe freigelassen werden. Die Felder sollen brachliegen, um Armen und Tieren
Nahrung zu geben. Fremde, Witwen und
Waisen sollen nicht wie die hebräischen
Sklaven früher in Ägypten gewaltsam aus-
genutzt werden. Das älteste Wirtschaftsge-
setz der Welt (2. Mose 22, 24–26) ist auf
dem Hintergrund der dem Alten Orient eigenen Wirtschaftsweise des Rentenkapita-
lismus zu verstehen. Die verschuldete Bevölkerung lebte in ständiger Armut und am
Rande der Sklaverei. Daher waren die Armen gezwungen zu leihen, um überleben
zu können. Wer aus einer Notsituation heraus leihen musste, hatte hohe Zinsen zu be-
zahlen. Durch zwei Vorschriften will das
Gesetz aus dieser Notlage ausbrechen: Man
darf gegenüber Volksgenossen keinen Wu-

cherzins erheben. Außerdem darf man kein
zum Überleben notwendiges Gut wie zum
Beispiel einen Mantel über Nacht als Pfand
zurückbehalten.

Die sozialen Vorschriften im 5. Buch
Mose aus dem 7. Jahrhundert v. Chr. (tägliche Bezahlung des bedürftigen Lohnarbei-
ters, Zugang zu Weinberg und Kornfeld des
Nachbarn zum Stillen des Hungers, Schuld-
erlass im Sabbatjahr) bezeugen eine Zunah-
me der Armut. Seit dem 8. Jahrhundert v.
Chr. gab es wohl Spannungen zwischen
den religiösen Werten und der sozialökono-
mischen Entwicklung, was auch durch die
Sozialkritik der Propheten Amos, Jesaja,
Micha und Hesekiel verdeutlicht wird.
Dennoch wird Reichtum nicht als grundsätzlich schlecht und Armut nicht als Ideal
betrachtet. In den Psalmen wird der Arme
jedoch als der Fromme bezeichnet, der von
Gott erhöht werden wird.

Etablierung der Wohlfahrt

Die Aufstände gegen Rom ließen die Armut vor allem in den Städten anwachsen. Sozialer Aufstieg war nur über das Torastudium möglich. Armut einzudämmen galt als religiös verdienstvoll. *Zedaka* (Wohltätigkeit) bedeutet auch Gerechtigkeit, stellt ein Attribut Gottes dar. Institutionalisiert wurde die Zedaka durch die Entrichtung einer Armensteuer, die nach oben hin auf ein Fünftel des Vermögens begrenzt war. Zedaka, die nur an Lebenden mit Geld ausgeübt werden kann, wird von *Chesed* (Gunst, Gnade, Gefallen), der allgemeinen Mildtätigkeit, in den Gemilut Chassidim (Liebeswerken) abgegrenzt.

Die Wohlfahrtsinstitutionen lebten im Mittelalter weiter. Moses Maimonides (1135–1204) schätzte Zedaka höher als andere Gebote. Eigentum ist nur ein anvertrautes Gut, das der Besitzer verwalten und von dem er gegebenenfalls den Armen etwas abgeben muss. Die staatliche Ordnung soll Eigentum schützen und zugleich soziale Solidarität schaffen. Der Arme hat aber auch eine gewisse Eigenverantwortlichkeit. Schon bei Maimonides, der acht Arten von Wohltätigkeit unterschied, stand an oberster Stelle die Hilfe, die den Bedürftigen in

In der Hesdei Yosef Suppenküche, einer von zahlreichen mit Unterstützung der International Fellowship of Christians and Jews in Jerusalem betriebenen Wohlfahrtseinrichtungen, nehmen Bedürftige eine warme Mahlzeit ein.

die Lage versetzt, zukünftig ohne Hilfe auszukommen. Ähnlich argumentierten Gelehrte wie zum Beispiel Jakob ben Ascher (um 1280–1340) oder Joseph Caro (1488 bis 1575). Eine andere Position nahm der Sefer Chassidim („Buch der Frommen") ein. Dieses Hauptwerk des deutschen Chassidismus lehrt, Armut im Geist frommer Resignation zu akzeptieren, weil sie als Folge von Sünde auftreten kann. Die deutschen Gemeinden des 13. Jahrhunderts betrachteten jedoch den „Zehnten" als fromme Pflicht. Damals entstanden fromme Gesellschaften zur Ausübung der Gemilut Chassidim: Beerdigungsbruderschaften, Vereinigungen für Waisenfürsorge und Befreiung von Gefangenen.

Während in den vergangenen 150 Jahren die osteuropäischen Juden aufgrund der Massenverarmung zur Auswanderung gezwungen waren, führten Sozialgesetze in Westeuropa zur Eingliederung in das Sozialsystem. Bedeutsam waren die großen jüdischen Philanthropen, Sir Moses Montefiore (1784–1885), Edmond de Rothschild (1845–1935), Baron Maurice de Hirsch (1831–1896). Sie setzten sich dafür ein, „Einzelwesen zu arbeitenden Menschen zu machen, die sonst Almosenempfänger werden müssten".

Israel hat sich nach 1953 bemüht, ein Sozial- und Wohlfahrtssystem aufzubauen. Vor allem in benachteiligten Stadtteilen gibt es dennoch Armut. Rund 250 Freiwilligenorganisationen leisten Gemilut Chassidim im klassischen Sinn. Es besteht auch die Möglichkeit, Eigentum in eine Stiftung zum Zweck der Armenhilfe umzuwandeln.

Aus Russland oder anderen Nachfolgestaaten der Sowjetunion in Israel eintreffende Kontingentflüchtlinge erhalten in Einrichtungen der Gemeinden Unterstützung bei der Erledigung der Aufenthaltsformalitäten.

JÜDISCHE KLEIDERVORSCHRIFTEN
Tallit, Tefillin und Kippa

Schon in biblischen Zeiten erfüllte die Kleidung nicht nur die Aufgabe, den Körper zu bedecken. Sie gab auch Aufschluss über die soziale Stellung der Menschen. Erwähnt werden zum Beispiel Witwenkleider (1. Mose 38, 14), das Königsgewand (Est 6, 8), „heilige Gewänder" für die Priester (1. Mose 28, 2), der „härene Mantel" (Sach 13, 4) der Asketen. Es war verboten, Wolle und Leinen zu mischen, da wie bei den Speisegeboten tierische und pflanzliche Produkte getrennt werden sollten. Später entwickelte sich die Vorschrift, dass Kleidung soviel Haut wie möglich bedecken sollte. Am Sabbat sollen sich Juden festlich kleiden.

Bestimmte Kleidungsstücke wurden benutzt, um Juden zu stigmatisieren und auszugrenzen, wie der mittelalterliche Judenhut und der von den Nationalsozialisten zur Pflicht gemachte gelbe Stern mit der Aufschrift „Jude". Dieser Stern wurde 849/850 vom Kalifen al-Mutawakkil im islamischen Raum eingeführt, später von Innozenz III. auf dem IV. Laterankonzil (1215) in Europa zur Pflicht gemacht.

Gebetsmantel

Aus dem Kleidungsstück mit Fransen entwickelte sich der große Tallit oder Gebetsschal beziehungsweise Gebetsmantel, mit dem sich jüdische Männer beim Morgengebet und an Jom Kippur bedecken. Der Gebetsmantel besteht aus weißer Wolle, Baumwolle oder Seide und hat blaue oder schwarze Streifen an den Rändern. An allen vier Ecken sind Schaufäden (Zizit), eine Art Fransen, angebracht. Sie gehen auf eine biblische Anweisung zurück und sollen ihre Träger ständig an Gottes Wort erinnern.

In einigen orthodoxen Synagogen tragen nur verheiratete Männer diesen Gebetsmantel. Die Frauen müssen keinen Tallit tragen, da sie nach traditioneller Auffassung für

Diese um 1300 entstandene Buchmalerei des Regensburger Pentateuchs zeigt Mose bei der Entgegennahme der Gesetzestafeln. Deutlich zu erkennen sind die spitzen Judenhüte, die im Mittelalter alle Juden in Folge der Judengesetzgebung außerhalb ihres Ghettos zu tragen hatten.

Drei Frauen der Gemeinde tunesischer Juden im Hof der Gribha-Synagoge in Djerba. Die älteste der Frauen trägt das traditionelle, aus rotem Samt gefertig-te Tuch der jüdischen Frauen von Djerba.

Heim und Familie zuständig und von religiösen Pflichten ausgenommen sind. Zahlreiche konservative und liberale Jüdinnen tragen jedoch einen Gebetsmantel, weil sie die orthodoxe Auffassung der Frauenrolle nicht teilen. Viele fromme Juden tragen kleine viereckige Gebetsmäntel mit einer Öffnung für den Kopf ständig unter ihrer Kleidung.

Gebetsriemen

Zur Gebetskleidung gehören auch die Tefillin (tefilla = „Gebet") oder Gebetsriemen an Stirn und Arm (5. Mose 6,8). Auf den Riemen sind kleine Kapseln angebracht, in denen sich Verse aus der Hebräischen Bibel befinden (2. Mose 13, 1–10; 13, 11–16; 5. Mose 6, 4–9 und 11, 13–21). Sie erinnern an zwei entscheidende Ereignisse aus der jüdischen Geschichte: den Auszug der Israeliten aus Ägypten und die Gottesoffenbarung, als Moses auf dem Sinai die

zehn Gebote für sein Volk erhielt. Die Gebetsriemen werden so gebunden, dass sich die Kapseln in Herznähe am linken Oberarm und auf der Stirn befinden. So binden sich Juden mit Herz und Verstand an Gott.

Erwachsene Juden tragen die Tefillin traditionellerweise beim Morgengebet in der Synagoge, nicht jedoch an Sabbat- und Festtagen. Zunehmend tragen auch Reformjuden wieder die Gebetskapseln, die in der Vergangenheit meist nur von Orthodoxen und Konservativen angelegt wurden. Frauen hingegen müssen keine Gebetsriemen tragen, da sie von einer Reihe von religiösen Pflichten ausgenommen sind. Wie im Fall des Gebetsmantels gibt es jedoch in der Geschichte auch Belege dafür, dass auch Frauen Gebetsriemen angelegt haben. Heute tragen daher zahlreiche Frauen der modernen Orthodoxie sowie der konservativen und liberalen Richtung die Tefillin.

Israel Lau (rechts), der israelische Oberrabbiner der osteuropäischen Juden, unterhält sich am 8. Juni 1997 in Jerusalem mit Eliahu Bakschi-Doron, dem Oberrabbiner der orientalischen Juden.

DIE SYMBOLIK DER JÜDISCHEN KLEIDUNG

Eine Besonderheit der Fransen des Gebetsmantels besteht darin, dass das hebräische Wort *Zizit* dem numerischen Wert von 600 entspricht, zu dem die acht Fäden und fünf Knoten in jeder der Quasten hinzugezählt werden. So gelangt man zu der Zahl 613 (= *Tarjag Mizwot*). Des weiteren ergeben die 39 Windungen, die die Schaufäden haben müssen, den Zahlenwert für hebräisch *JHWH* ‚ächad, d.h. „Der Ewige ist einzig". Dies ist die zentrale Aussage des Glaubensbekenntnisses Sch'ma Israel (5. Mose 6 4).

Nach der Tora soll ein blauer Faden den Fransen hinzugefügt werden (4. Mose 15,38). Im Talmud vergleicht Rabbi Meïr das Blau mit der Farbe des Meeres, die dem Himmel ähnelt und dann wiederum einem Saphir und dessen Farbe wiederum dem Thron der Herrlichkeit, wie die Bibel in 2. Mose 24,10 und Ez 1,26 berichtet (Chullin 89a). Der blaue Faden verweist somit auf den Allmächtigen und ist zugleich ein Symbol dafür, dass es eine untrennbare Verbindung zwischen dem Materiellen und dem Spiritu-

ellen gibt. Da aber die Herstellung der blauen Farbe nicht mehr bekannt ist, fehlt heute in der Regel die „blaue Schnur". (…) Auch die Art des Anlegens der *Tefillin* ist wieder zuhöchst symbolträchtig, insofern sich die Buchstaben Schin, Dalet und Jod ergeben, zusammen gelesen dann der Gottesname *Schaddaj* („Allmächtiger").
(Zitiert aus Heinz-Jürgen Loth, in: Michael Klöcker/Udo Tworuschka [Hg.]: Ethik der Weltreligionen. Ein Handbuch, Darmstadt 2005, S. 52)

Kippa

Zur rituellen Kleidung gehört auch die Kopfbedeckung für Männer, die in der Hebräischen Bibel aber noch nicht erwähnt wird. Nach einer Belegstelle im Talmud berichtet Rabbi Huna ben Joshua (gest. 410), dass er niemals vier Ellen weit mit unbedecktem Kopf gegangen sei. Die Kopfbedeckung entwickelte sich zu einem Zeichen der Ehrfurcht angesichts der Allgegenwart Gottes. Diese babylonische Sitte setzte sich mit dem wachsenden Einfluss des Babylonischen Talmuds durch. Seit dem frühen 18. Jahrhundert begannen aschkenasische Juden, beim Gebet ein Käppchen zu tragen. Dieses wird Kippa oder jiddisch Jarmulke genannt. Eine noch konservativere Einstellung verrät der schwarze Hut oder der Streimel in polnischen Kreisen.

Männliche Juden bedecken ehrfurchtsvoll ihren Kopf, wenn sie eine Synagoge betreten oder die Tora lesen. Viele setzen beim Essen die Kippa auf, weil das Essen mit den Gebeten davor und danach als religiöse Handlung gilt. Streng orthodoxe Juden setzen die Kippa auch zu Hause und auf der Straße auf. Konservative und liberale Juden tragen im Alltag selten eine Kippa. Wenn sie aber eine Synagoge oder den Friedhof besuchen, setzen sie die Kopfbedeckung auf. Sie tragen sie auch im Gottesdienst bei den großen Festen Neujahr, Versöhnungstag und Pessach. Konservative Juden haben die Kippa beim Gebet und Studium auf. Liberale Jüdinnen tragen sie als Zeichen der Gleichberechtigung.

Kleidervorschriften für Frauen

Nach Aussagen des Talmuds hatten verheiratete Frauen ihren Kopf stets bedeckt. Das jüdische Gesetz verbietet Frauen, das Haar offen zu zeigen. Ein Verstoß gegen dieses Gebot konnte sogar ein Scheidungsgrund sein. Orthodoxe Frauen setzen daher eine Perücke (Scheitel) auf, wenn sie das Haus verlassen. Manche tragen ein Kopftuch; denn nach orthodoxer Auffassung soll eine verheiratete Frau stets ihr Haar bedecken. Dahinter verbirgt sich der Gedanke, dass

Im New Yorker Stadtteil Brooklyn zeigt ein orthodoxer Jude einem gerade in der Gemeinde angekommenen russischen Immigranten das Anlegen der Tefillin. Mit einem Lederriemen wird ein Teil an der Stirn befestigt, während ein anderer siebenmal um den Arm gewickelt wird, wobei der Riemen den auf Schaddaj, den allmächtigen Gott, verweisenden Buchstaben Schin bildet.

Haar eine besondere Verführungsmacht und sexuelle Ausstrahlung besitzt. Unbedecktes Haar gilt daher als aufreizend und unsittlich. Orthodoxe jüdische Frauen bedecken in der Öffentlichkeit nicht nur ihr Haar, sondern den ganzen Körper.

Nach jüdischer Auffassung dürfen sich Männer außerdem nicht in Frauengewänder kleiden. Ebenso ist es Frauen untersagt, Männerkleidung anzuziehen. Im orthodoxen Judentum ist es Frauen daher nicht gestattet, Hosen zu tragen.

Auf dem ehemaligen jüdischen Friedhof von Frankfurt (Oder) im heutigen polnischen Slubice lesen Yitshak Ehrenberg (links), der Rabbiner der jüdischen Gemeinde zu Berlin, und Rabbi Berel Polatsek (rechts) gemeinsam aus Anlass des 210. Todestages des Rabbiners Josef Theomin das jüdische Todesgebet.

JÜDISCHE SPEISEVORSCHRIFTEN
Merkmale der koscheren Küche

Ein zur Feier des Sabbats feierlich mit zwei Kerzen geschmückter Tisch. Im Vordergrund die für den jüdischen Ruhetag typischen Challah-Brote.

Grundsätzlich haben Juden zum Essen und Trinken eine positive Einstellung. Gleichwohl sind bestimmte Vorschriften zu beachten; denn Speisen müssen koscher (kascher), also „rein, tauglich, geeignet" sein.

Jüdische Speisegebote

Die Speisevorschriften (Kaschrut) haben keine hygienischen Gründe und sagen auch nichts über die Qualität der Speisen aus. Juden befolgen die Kaschrut, weil sie zu den Geboten der Halacha gehören.

Die Tora verwendet im Zusammenhang mit Tieren, deren Genuss erlaubt oder verboten ist, nicht den Begriff kascher, sondern das Begriffspaar tahor (rein) – tame (unrein). Die Speisegebote werden aus den fünf Büchern Mose und dem Talmud abgeleitet.

3. Mose 11 enthält eine längere Aufzählung essbarer und nicht-essbarer Tiere. Die biblischen Quellen unterscheiden vier Kategorien: Tiere, Vögel, Fische und Insekten. Von den Säugetieren gelten nur solche als rein und erlaubt, die gespaltene Hufe haben und Wiederkäuer sind. Erfüllen Tiere nur eine der beiden Bedingungen, so gelten sie als unrein, wie zum Beispiel Kamel, Hase, Kaninchen und Schwein. Rein und unrein ist nicht im alltäglichen, sondern im kultischen Sinne zu verstehen. Unreine Dinge enthalten negative Macht und machen kultunfähig.

Die Herkunft des auch im Koran bekannten Schweinefleischverbotes ist nicht eindeutig geklärt. So könnte die Vorschrift ihren Ursprung darin haben, dass das Schwein in der frühen Umwelt Israels eine positive kultische Bedeutung hatte, die Juden sich also von derartigen religiösen Praktiken abgrenzen wollten. Da Gelatine aus gekochten Knochen gewonnen wird, also ein Produkt des Schweins ist, essen Juden nur aus Pflanzen hergestellte Gummibärchen.

Von den Fischen gelten nur solche mit Flossen und Schuppen als „tauglich", während alle anderen wie zum Beispiel Aale, Krebse, Austern, Garnelen und Krabben

---

REZEPT: DER TSCHOLENT (EIN TYPISCHES SABBATGERICHT)

Zutaten: 1 kg fettes Rindfleisch, eine Tasse fein geschnittene Zwiebeln, 2 Esslöffel Geflügelfett, 1 Markbein, 1 Kalbsfuß in Stücke geschnitten, 1 Tasse getrocknete Bohnenkerne (über Nacht eingeweicht), 1 Tasse Graupen sowie Salz und Pfeffer. Die Zwiebeln bräunen, dann das Fleisch und die übrigen Zutaten hinzufügen. Mit reichlich kochendem Wasser bedecken und mindestens vier Stunden bei schwacher Hitze schmoren lassen.
(Salcia Landmann: Die koschere Küche, 1976, S. 122)

---

nicht erlaubt sind. Die „Orthodoxe Union" hat eine Liste von koscheren und nicht-koscheren Fischen veröffentlicht. Beim Geflügel sind Huhn, Ente, Gans und Taube erlaubt. Auch alle von unkoscheren Tieren stammenden Produkte sind verboten, wie zum Beispiel Eier von nicht-koscheren Vögeln, Milch und Fette von unkoscheren Tieren. Lediglich Bienenhonig ist eine Ausnahme. Außerdem ist in der koscheren Küche der Genuss von Talg und einer besonderen Hüftsehne verboten. Dies wird mit einem Bibelzitat (1. Mose 32,26) begründet, nach dem Jakob von einem Engel überfallen und an dieser Sehne verletzt wurde.

Die Tabuisierung bestimmter Nahrungsmittel beruht auf folgenden Gründen: Abgesehen von der Assoziation von heiliger und reiner Kost werden heutzutage oft Hygiene und Gesundheitsgebote genannt. Soziologen weisen darauf hin, dass die Speisegebote die Jahrhunderte lang die in der Diaspora lebenden Juden als Lebensgemeinschaft zusammengehalten hätten. Kritiker halten dem entgegen, dass gerade die Speisegebote mit ein Grund für die Absonderung gewesen sind.

Der Eigentümer eines Berliner Geschäfts für koschere Lebensmittel füllt ein Regal mit Wein auf.

Einkauf in dem koscheren Supermarkt von Wheaton, Maryland, USA

Umgekehrt ist es jedoch erlaubt, Fleisch unmittelbar nach „milchigen" Speisen zu verzehren, sofern man den Mund ausspült und etwas Brot isst. Die Forderung, Milchiges und Fleischiges zu trennen, stützt sich auf die in der Tora dreimal vorkommende Bestimmung: „Du sollst das Böcklein nicht in der Milch seiner Mutter bereiten" (2. Mose 23,19; 4,26; 5. Mose 14,21). Wenn auch der Ursprung dieser Vorschrift (Tierschutz, Verbot des Verzehrs ganz junger Tiere?) unklar ist, so wird sie in der koscheren Küche eingehalten. Getrenntes Ge-

Für das Purim-Fest werden Hamantaschen zubereitet, ein dreieckiges Gebäck, das mit Mohnsamen, Marmelade oder Obst gefüllt wird.

Vorschriftsmäßiges Schlachten

Wichtigste Voraussetzung der koscheren Küche ist die vorschriftsmäßige Schlachtung: die Schächtung. Dem Tier werden mit einem sehr scharfen Messer die Halsschlagader sowie Luft- und Speiseröhre durchtrennt, so dass das Blut auslaufen kann. Nach der Schächtung lässt man das geschlachtete Tier vollständig ausbluten, denn Blut in jeder Form zu genießen, ist dem gläubigen Juden untersagt.

Weiterhin wird nach dem Schächten geprüft, ob dem Tier Glieder oder Organe fehlen. Ein auf der Grundlage des Talmuds ausgebildeter Fachmann untersucht die Innereien des Tieres auf Krankheiten. Durch die Einweich-und-Salz-Methode soll das letzte Blut entzogen werden. Anschließend wird das Fett im Bereich der inneren Organe entfernt, weil auch dieses für den

menschlichen Genuss verboten ist (3. Mose 3, 17; 7, 23–25).

Strenggläubige Juden als Befürworter des Schächtens halten diese Praxis für schonender als das übliche Schlachten. Gegner des Schächtens halten diese Tötungsart dagegen für besonders grausam.

Trennung von Milchigem und Fleischigem

„Milchige" und „fleischige" Speisen dürfen nicht vermischt werden. Wer also Fleisch gegessen hat, darf erst nach einigen Stunden wieder Milchprodukte zu sich nehmen. Strenggläubige Juden verlangen einen zeitlichen Abstand von sechs Stunden, während sonst in Westeuropa eine Wartezeit von drei Stunden üblich ist, gemäß niederländischem Brauch sogar nur eine Stunde.

schirr, Besteck und Küchengeräte sowie getrennte Spülbecken und Geschirrtücher für „Milchiges" und „Fleischiges" sind in orthodoxen Haushalten selbstverständlich.

Der Umgang mit Alkohol

Beim Alkohol schlägt das Judentum einen mittleren Weg ein: Prinzipiell ist der Genuss erlaubt. Als Zeichen der Freude ist der Wein Bestandteil des Kiddusch, der Hawdala, der Pessachfeier, beim Seder, am Vorabend des Neujahrsfestes der Bäume, bei

Hochzeiten und Beschneidungen. Wein wird auch für Purim und das Tora-Freudenfest empfohlen. Von exzessivem Trinken und Trunkenheit soll sich der Gläubige jedoch fern halten.

Für Pessach gilt, dass alle Getränke und Speisen durch ein Zertifikat als „koscher für Pessach" ausgezeichnet sein müssen, also nichts Gesäuertes enthalten dürfen. Während viele nichtalkoholische Getränke koscher sind, brauchen andere mit Zusatzstoffen – zum Beispiel Bier – ein Koscherzertifikat. Biere, die nach dem deutschen Reinheitsgebot nur aus Gerste, Malz und Hopfen hergestellt sind, gelten für Juden als unproblematisch. Viele Juden achten darauf, dass Saft und Wein aus einer jüdischen Mosterei stammen. Sie kaufen solche Artikel deshalb nicht im Supermarkt, weil der Saft dort wahrscheinlich von Nichtjuden hergestellt wurde. Wein wurde in der Antike oft bei Kultfeiern verwendet, die der Verehrung anderer Götter und nicht des einzig wahren israelitischen Gottes dienten. An derartigen „Götzendiensten" sollten Juden auf keinen Fall teilnehmen. Deshalb dürfen sie bis heute nur Wein und Traubensaft aus jüdischer Produktion genießen.

Verschiedene koschere Schüsseln dienen in orthodoxen Haushalten zur Trennung von Fleischigem und Milchigem

Eine Familie hat sich am Tisch zu dem traditionellen Seder-Essen versammelt.

MEDIZIN UND GESUNDHEIT
Hygienevorschriften im jüdischen Schrifttum

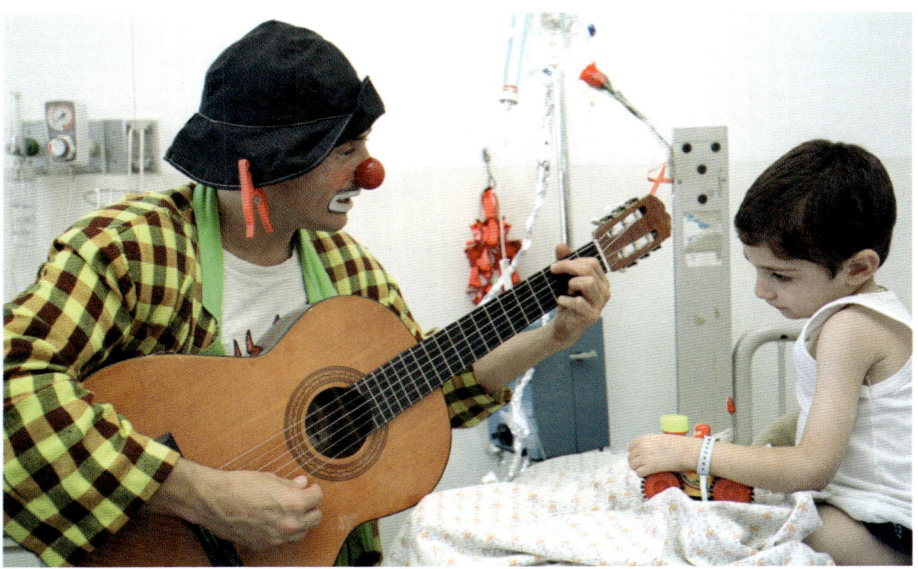

Zur Unterhaltung und Erleichterung des Krankenhausaufenthalts singt Clown Pepe Viuyela im Makassed-Krankenhaus in Ost-Jerusalem für einen kleinen Patienten.

Die Tora hebt die Heiligkeit des menschlichen Lebens hervor. Gott hat Verbote und Gebote erteilt, damit der Mensch „in ihnen leben soll." Bei Lebensgefahr darf man sich jedoch über viele Gebote und Verbote hinwegsetzen.

Hygienevorschriften

Für das rabbinische Schrifttum stellt der Mensch eine untrennbare körperlich-seelische Einheit dar. Er soll daher Körper und Seele angemessen pflegen, und es werden verschiedene Anforderungen zur Aufrechterhaltung der Gesundheit gelehrt. Zahlreiche Hygienevorschriften begleiten Geburt, Säuglingspflege und Beschneidung. Zu den wichtigsten Gesundheitsvorschriften gehört die Reinheitslehre, die auch das Tabu des Blutes enthält: Eine Frau muss sich während der Menstruation absondern und gilt erst nach einem Tauchbad in einer Mikwe, das heißt einem Becken oder Brunnen mit fließendem Wasser, wieder als rein. Es ist religiöse Pflicht, nach dem Aufstehen, vor einer Mahlzeit, nach dem Verlassen einer Toilette, sogar nach dem Nägelschneiden, die Hände zu waschen. Das Verbot,

Schweinefleisch zu verzehren, gilt ebenso als besonders gesundheitsförderlich wie die anderen zahlreichen Speisegebote. Mitglieder bestimmter jüdischer Gemeinden (Bikkur Cholim) „sorgen sich um das Wohl der Kranken".

Ein besonderer Lebensrhythmus gilt als entscheidend für die seelische Gesundheit. Seit alters hat dabei der Sabbat eine besondere Bedeutung. Er ist nicht einfach nur Ruhetag; vielmehr ermöglicht er Besinnung, dient der Verwirklichung von körperlichem und seelischem Wohlbefinden, lässt für kurze Zeit den Menschen die öde Alltagsroutine vergessen.

Stellenwert der körperlichen Ertüchtigung

Auch wenn die Beschäftigung mit Büchern einen durchaus herausragenden Stellenwert einnimmt, so spielte auch die körperliche Erziehung im alten Israel eine wichtige Rolle. Im Talmud wird vom Vater gefordert, dass er seinem Sohn das Schwimmen bei-

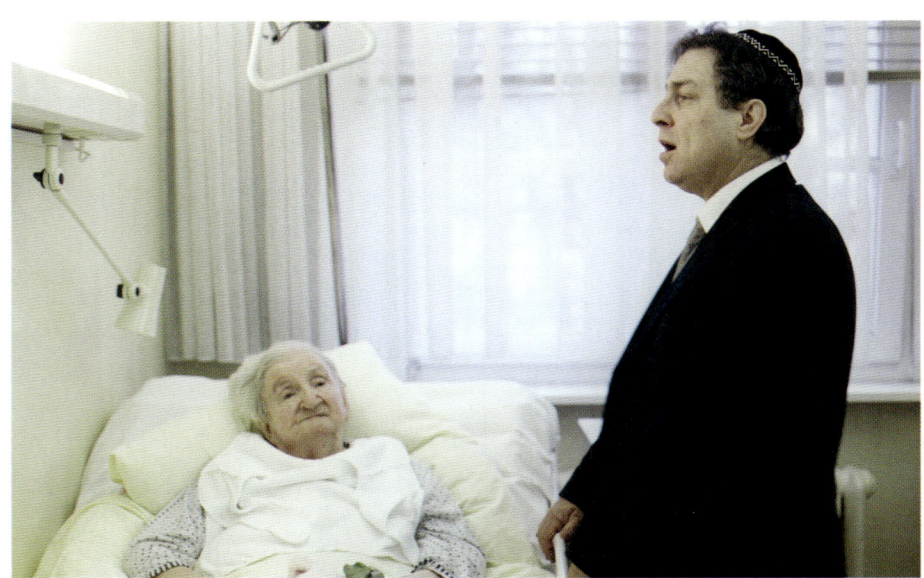

Chanukka-Feier in einem jüdischen Alten- und Pflegeheim in Berlin. Ein Kantor singt am Bett einer alten Frau.

Frauen im rituellen Tauchbad jüdischer Gemeinden, der Mikwe, auf einem Kupferstich von Johann Georg Puschner (1680–1749). Nach orthodoxer Tradition ist Frauen das Untertauchen in der Mikwe u. a. nach ihrer Menstruation oder einer Entbindung vorgeschrieben.

bringt und ein Handwerk erlernen lässt. Besondere Aufmerksamkeit wurde dem Bogenschießen und Tanzen zuteil. Als körperliche Betätigung kann Tanzen sogar als Ausdruck von Gotteslob verstanden werden.

Aus der Hebräischen Bibel lassen sich nur wenige Hinweise über die Ausübung der damaligen Medizin entnehmen. Die Hohenpriester besaßen wohl gewisse medizinische Kenntnisse, weil sie zum Beispiel Umgang mit Leprakranken hatten. Der Talmud spricht mehreren, in der Volksmedizin kundigen Autoritäten den Titel Arzt zu. In rabbinischer Zeit vertraten manche Gelehrte die Auffassung, dass der Mensch nicht in Gottes Heilsplan eingreifen dürfe.

Gerühmt wurde Assaf Ha-Rophe, der im 6./7. Jahrhundert in Babylonien lebte und ein wichtiges medizinisches Handbuch hinterließ. Als höchste medizinische Autorität galt Moses Maimonides (1135–1204), der Leibarzt Sultan Salah ad-Dins (Saladins). Er verfasste Schriften zur Diätetik, Hygiene und Psychosomatik auf Arabisch. Er unterstrich die Bedeutung körperlicher Ertüchtigung: „Es gibt keinen gleichwertigen Ersatz für Leibesübungen, sie erregen natürliche Wärme und fördern die Verdauung (…). Die Gymnastik hebt den Schaden so mancher übler Gewohnheiten des Menschen auf." Die Reihe bedeutender jüdischer Ärzte bis in unsere Tage ist umfangreich und beeindruckend.

SPORT, SPIEL UND KÖRPERLICHES TRAINING
Judentum und sportliche Wettkämpfe

Während des Makkabi-Herzl-Sportfests trainieren Fechterinnen auf dem Sportplatz der Jüdischen Gemeinde in Berlin-Grunewald; Aufnahme aus dem Jahr 1936.

Zwischen Judentum und sportlichen Wettkämpfen besteht keine grundsätzliche Affinität. In der Zeit nach dem Freiheitskampf gegen die seleukidische Fremdherrschaft war Sport für Juden gleichbedeutend mit der fremden und gefährlichen hellenistischen Kultur. Unter römischer Besatzung wurde Sport mit den grausamen Gladiatorenkämpfen gleichgesetzt. In den großen Stadien von Herodes dem Großen (73–4 v. Chr.) sollten Boxkämpfe, Schießübungen mit Pfeil und Bogen und Wettrennen veranstaltet werden. Juden lehnten daher jahrhundertelang Sport als ein „hellenistisches" Übel ab.

Auch später wurden sportliche Wettkämpfe als unvereinbar mit den jüdischen Idealen des Lernens und Synagogenbesuchs abgelehnt. Doch seit dem Mittelalter gibt es vereinzelte Hinweise darauf, dass Juden verschiedene Sportarten ausübten: Ballspiele, Kampfsport, Laufen. Man diskutierte darüber, ob sportliche Tätigkeiten mit den Sabbatpflichten vereinbar wären. Moses Maimonides (1135–1204) lehrte: Nur der

gesunde Körper beherberge einen gesunden Verstand und eine gesunde Seele. Deshalb sei er entsprechend zu pflegen. Erst Jahrhunderte später wurde diese Überzeugung allgemein anerkannt, zum Beispiel durch den ehemaligen Oberrabbiner von Palästina Abraham Isaac Kook (1865–1935).

Die moderne jüdische Sportbewegung

Am Anfang des modernen jüdischen Sports steht der 1895 in Konstantinopel gegrün-

dete „Israel-Gymnastikclub". Eine bedeutende Rolle in der jüdischen Sportbewegung spielte der Arzt und Mitkämpfer Theodor Herzls (1860–1904), Max Simon Nordau (1849–1923). Er prägte in der „Jüdischen Turnzeitung" von 1900 in seinem gleichnamigen Aufsatz den Begriff „Muskeljudentum" – wohl als Gegenbegriff zu den antisemitisch besetzten „Nervenjuden" und „Talmudjuden", einem Begriff des katholischen Theologen August Rohling (1839–1931), der zum wesentlichen Bestandteil nationalsozialistischer Propaganda werden sollte.

Nordau unterstrich in einer Rede auf dem 2. Zionistischen Kongress in Basel (1898) die Notwendigkeit von Gymnastik und körperlichem Training. Er war überzeugt, dass Juden mehr Selbstvertrauen und Selbstachtung gewinnen würden, wenn sie sportlich erfolgreich wären. Den Vertretern der jüdischen Sportbewegung in Deutschland ging es darum, eine neue jüdische Identität, einen „jüdischen Körper" neben Religion und Territorium zu schaffen.

Die Makkabi-Bewegung

Die Anfang des 20. Jahrhunderts entstandene Makkabi-Bewegung wollte u. a. dem

---

MEINUNG ZUM „MUSKELJUDEN"

Für die jüdische Historikerin Felice Bat-Chanan (geb. 1929) war Nordaus „Muskeljude" extrem negativ besetzt. Was dort begonnen hatte, sei der Anfang von all der Misere, die heute den Staat Israel mit seinen militarisierten „Muskeljuden" in der Führungsriege als hausgemachtes Problem bedränge. Ihr Fazit:

„Scharon ist Israels Unglück!" Dem stellte sie ihr Bild vom „Talmudjuden" gegenüber: ein friedfertiger, gelehrter, auch den Qualitäten des Weiblichen verpflichteter, jüdischer Mann der Diaspora. (Felice Bat-Chanan auf einer Podiumsdiskussion während der Ahlener „Woche der Brüderlichkeit", 2002)

weit verbreiteten Vorurteil von der angeblich körperlichen Minderwertigkeit von Juden entgegenwirken.

Deutschland, insbesondere Berlin, waren Vorreiter bei der Entstehung zionistischer Turnvereine und der Makkabi-Bewegung. Der Turnverein Bar Kochba entstand. In Berlin wurde die „Jüdische Turnzeitung" (JTZ) verlegt. Die ersten Turnvereine in Palästina wurden mit Hilfe von Elias Auerbach und Ernst Hermann, zwei ehemaligen Berliner Bar-Kochba-Mitgliedern, gegründet. Als 1903 auf dem 6. Zionistischen Kongress 35 jüdische Sportler eine beeindruckende Turnvorführung zeigten, wurde die Dachorganisation der „Jüdischen Turnerschaft" ins Leben gerufen. Diese ging

später in dem Makkabi-Weltverband (Makkabi World Union) auf.

Nach Ansicht der zionistischen Bewegung sollte die jüdische Jugend nicht nur körperlich trainieren, um an Sportveranstaltungen teilzunehmen, sondern auch um sich an die körperliche Arbeit in Palästina zu gewöhnen. Die Makkabi-Bewegung arbeitete daher eng mit der zionistischen Jugendorganisation Hapoel Hazair („Der junge Arbeiter") und den Hahschara-Zentren (Ausbildungszentren zur Auswanderung nach Palästina) zusammen. Die Maccabi World Union ist heute mit mehr als 400 000 Mitgliedern die größte jüdische Sport- und Jugendbewegung. Auffallend ist die Vorliebe jüdischer Sportler für Sportar-

ten der Selbstverteidigung: Boxen, Ringen, Fechten, Gewichtheben.

Juden gründeten viele Fußballvereine mit, trugen wesentlich zur Gründung des Deutschen Fußballbundes (DFB) bei und stellten in vielen Mannschaften Spieler. Es gab zwei jüdische Nationalspieler: Julius Hirsch (1892–1943) mit sieben und Gottfried Fuchs (1889–1972) mit sechs Berufungen.

Das erste Sportstadion Israels wurde bei Tel Aviv gebaut. Vom 28. bis 31. März 1932 fand die erste Makkabiade in Palästina statt – 1800 Jahre, nachdem der Aufstand Bar Kochbas gegen die Römer ausgebrochen war. Vom 2. bis 7. April 1935 fand die zweite Makkabiade mit über 40 000 Besuchern

Zweikampf zwischen dem Schweizer Johan Vonlanthen und dem Israeli Tal Ben Haim während eines Qualifikationsspiels zur FIFA-WM 2006 am 3. September 2005 in Basel.

Eröffnungsfeier der 16. Makkabiade am 16. Juli 2001 im Jerusalemer Teddy-Stadion

und 5000 Sportlern aus 30 Ländern statt. Danach blieben viele Sportler im Land, um nicht in das vom Nationalsozialismus bedrohte Europa zurückkehren zu müssen. Aufgrund des Naziterrors und der Kriegsereignisse fanden bis 1950 keine weiteren Makkabiaden statt. Auch in Deutschland fand die Makkabi-Bewegung ein Ende. Die jüdischen Sportverbände wurden von den Nationalsozialisten aufgelöst. Die Zentrale des internationalen Verbandes war bereits 1934 von Deutschland nach London verlegt worden.

1965 wurde Makkabi Deutschland neu gegründet und als Verband in den Deutschen Sportbund aufgenommen. Als eine seiner Hauptaufgaben betrachtet er heute die Integration der jüdischen Neuzuwanderer aus der ehemaligen Sowjetunion. Er möchte einerseits traditionelle jüdische Werte vermitteln, aber auch durch den Sport zu einem Verständnis zwischen Juden und Nichtjuden beitragen. Die sportlichen Aktivitäten konzentrieren sich auf die Deutschen Makkabi-Meisterschaften, die alle vier Jahre stattfindenden Europäischen Makkabi-Spiele und schließlich auf die ebenfalls alle vier Jahre abgehaltene Internationale Makkabiade. Die 17. Makkabia-

Teilnehmer des Anfängersportfests der Jüdischen Gemeinde Berlin-Grunewald beim 1000-Meter-Lauf; Aufnahme aus dem Jahr 1934

de fand im Juli 2005 in Israel statt. Die arabische Bevölkerung ist in den israelischen Sport integriert. Der Nationalligist Hapoel Taibe ist sogar vollständig in arabischem Besitz. Sport spielt in Israel auch eine wichtige Rolle bei der Rehabilitation von Verwundeten. Sportvereine im Netzwerk Beit Halochem („Haus des Krieges/Soldaten") helfen Behinderten, ihre Handikaps und ihre Depressionen zu überwinden. Israelische Sportler sind dank dieser Förderungen regelmäßige Teilnehmer an den Paralympics (Olympische Spiele für Behinderte).

MAKKABÄUS

167 v. Chr. wurden die Juden von dem syrischen König Antiochus IV. Epiphanes unterdrückt, der viele heilige Orte und Gegenstände des jüdischen Glaubens zerstören ließ. Judas Makkabäus baute mit wenigen tapferen Männern eine Widerstandsbewegung gegen den seleukidischen König auf. Makkabäus bedeutet wörtlich: „Der wie ein Hammer" zuschlägt. Der Aufstand war erfolgreich. Die Juden erhielten ihren Tempel wieder zurück, reinigten ihn und weihten ihn neu ein.

DER UMGANG MIT DER SCHÖPFUNG

Die jüdische Haltung zum Umweltschutz

In 1. Mose 1,31 steht: „Gott sah alles, was er geschaffen hatte, und siehe, es war sehr gut". Diese Aussage enthält die positive jüdische Grundeinstellung zur Schöpfung. Die Psalmen werden nicht müde, die Schöpfung als Zeichen von Gottes Güte und Größe zu preisen (Ps. 8, 104, 148). Auch die letzten Kapitel des Hiob-Buches (36,22–41,34) stimmen in diesen Lobpreis ein.

Neben dem Reich Gottes gibt es die Bereiche von Mensch und Natur. Die Hebräische Bibel erkennt die Verschiedenheit der geschaffenen Arten an („ein jeder nach seiner Art", 1. Mose 1,11 u.ö.). In der Arche Noah finden alle Lebewesen – ob „rein" oder „unrein" – paarweise Platz, um sich nach der großen Flut vermehren zu können. Der Mensch nimmt unter den Lebewesen als Gottes höchstes Geschöpf, Ebenbild und Statthalter (1. Mose 1,27) den obersten Rang ein. Das Judentum hat die Frage, ob der Mensch die Natur „beherrschen" oder

Viele zuvor unfruchtbare Gebiete wurden von jüdischen Siedlern kultiviert und werden landwirtschaftlich genutzt. Auch der Weinanbau spielt eine bedeutende Rolle.

„bewahren" soll, durchweg im Sinne des bewahrenden Umgangs verstanden. Aufgrund der Schöpfungshierarchie ist der Höhere gegenüber dem Niederen verantwortlich.

In den Pereq shira („Kapitel des Liedes"), die auf die Hechalot-Mystiker des 4. und 5. Jahrhunderts zurückgehen mögen, korrespondieren die fünf beziehungsweise sechs Abschnitte mit der physischen Welt, den Pflanzen und Bäumen, den Kriechtieren, Vögeln und Landtieren. Jeder Abschnitt mit seinen 10–25 Bibelversen wird als Lied oder Spruch einer betreffenden Schöpfungsart oder eines individuellen Geschöpfes gedeutet. Der spanische Philosoph Joseph Albo (1380–1435) bezieht sich bei seiner Verhältnisbestimmung von Mensch und Tier auf diesen Text. Zwischen (erwähltem) Volk und (erwähltem) Land besteht eine wechselseitige enge Beziehung. Das Gedeihen des Landes ist abhängig von sozialer Gerechtigkeit, moralischer Integrität des Volkes und bewahrender Haltung gegenüber der Schöpfung.

Aussagen der Bibel zum Umweltschutz

Die Bibel erwähnt ca. 110 Pflanzenarten: Obst- und Baumfrüchte wie Äpfel, Datteln, Feigen, Mandeln, Oliven, Melonen, die Getreidearten Gerste und Weizen. Auch Gemüsesorten wie Knoblauch, Rettich, Zwiebeln, Linsen werden erwähnt. Außerdem nennt die Bibel zahlreiche Kräuter wie Anis, Zimt, Dill, Koriander, Kümmel, Lor-

---

BIBLISCHES REZEPT FÜR SALBÖL

(2. Mose 30,22–24):

„Der Herr sprach zu Mose: Nimm dir Balsam von der besten Sorte, 500 Schekel erstarrte Tropfenmyrrhe, halb soviel wohlriechenden Zimt, 250 Schekel Gewürzrohr und 500 Schekel Cassia-Zimt, dazu ein Hin Olivenöl und mache daraus ein heiliges Salböl."

(1 Schekel ca. 11,5 g; 1 Hin ca. 6,5 Liter).

---

beer, Minze, Safran, Senf, Kurkuma und Ysop. Hinzu kommen Pflanzen wie Aloe, Balsam, Henna, Manna, Myrrhe, Narder, Rhizinus und Weihrauch.

Alles Geschaffene hat Gott dem Menschen geliehen, damit dieser es bewahre: der Garten Eden (1. Mose 2,15), die Erde (Ps 115,16), das Land Kanaan (5. Mose 26,3). Dreierlei bedroht das menschliche Leben: Wassermangel, Verkarstung und Krieg. Daher betrachtete man Quellen und Brunnen als abhängig von Gottes Willen (5. Mose 6,11; Neh 9,25). Der Neujahrstag der Bäume (Tu Bi Schewat) am 15. Schewat zeigt, wie sehr das Judentum Bäu-

Ein israelischer Bauer setzt Stecklinge in der Wüste Negev. Die israelische Landwirtschaft ist – trotz oft widriger Bodenbedingungen – äußerst erfolgreich.

Ein ultraorthodoxer Jude betet an einem reichlich gedeckten Tisch.

me schätzt. Weinstöcke und Feigenbäume waren besonders beliebt. Ihre Vernichtung galt als schwere Heimsuchung Gottes. Wer einen Weinberg gepflanzt und noch keine Ernte eingebracht hatte, war sogar vom Militärdienst befreit (5. Mose 20,6). Früh erkannten die Juden auch die Notwendigkeit von Weideregeln; denn wenn Schafe und Ziegen auf Böden mit dünner Humusschicht grasen, kann dies zur Verkarstung führen.

Abgesehen von zahlreichen Bestimmungen über den Tierschutz finden sich in der Hebräischen Bibel zahlreiche weitere ökologische Vorschriften:

1. Ruhen der Feldbestellung im Sabbat-(Shemitta)- und Jobeljahr (2. Mose 23,11; 34,21; 3. Mose 25). Das Shemitta-Jahr ist für den Raum das, was der Sabbat für die Zeit bedeutet (7.Tag/7. Jahr) – eine Heiligung des Raumes. Der Mensch lernt, dass ihm das Land nicht gehört, sondern nur von Gott geliehen ist. Er löst sich von der Versklavung durch den Raum, so wie er sich jede Woche vom Diktat der Zeit ausruht.
2. Verordnung über die Levitenstädte (4. Mose 35,2).
3. Reinhalten des Militärlagers (5. Mose 23,10ff.).
4. Entschädigung für das Weiden auf fremdem Acker und im Weinberg (2. Mose 22,4).

5. Verbot des Abholzens von Fruchtbäumen, selbst in Kriegszeiten (5. Mose 20,19).

Aktiver Umweltschutz in Vergangenheit und Gegenwart

In Haggada („Erzählung"), Talmud und verwandtem Schrifttum wird die gesamte Natur als lebend, fühlend und denkend gesehen. Die Rabbinen waren auch um die Reinheit des Trinkwassers besorgt. So durfte man zum Beispiel in ihm keinerlei Waschungen vornehmen. Auch die Luftverschmutzung wurde früh als Problem erkannt. Es war nicht erlaubt, eine Bäckerei, einen Färberladen und Rinderstall unter einem Speicher zu errichten. In regenarmen Zeiten durften Abwässer oder Müll nicht durch öffentliche Straßen transportiert werden. Wegen der Lärmbelästigung durfte in einem gemeinsamen Hof kein Laden eingerichtet werden. Umweltschädigungen galten als unerlaubte Handlungen.

Im Mittelalter verringerte sich der jüdische Landbesitz im christlichen Europa und im islamischen Orient. Die Juden waren zunehmend eine Minderheit, wurden auf be-

---

NEUJAHRSFEST DER BÄUME

Hintergrund ist das Gebot 3. Mose 19,23–25, die Früchte neu gepflanzter Bäume drei Jahre nicht zu genießen, sie im vierten Jahr im Tempel zu verzehnten und erst im fünften Jahr zu essen. In Israel werden an diesem Tag Bäume gepflanzt, in der Diaspora 15 Früchte zusammengestellt, die an Israel erinnern. Von Rabbi Jochanan ben Zakkai (1. Jahrhundert n. Chr.) stammt der Ausspruch: „Wenn du eine Pflanze in der Hand hältst und man dir sagt: ‚Der Messias ist da', pflanze sie zuerst ein und dann geh, ihn zu begrüßen."

---

stimmte Berufe in Handel und Gewerbe beschränkt und waren in ihrem Handeln nicht frei. Sie hatten keine Möglichkeit, ihre Umweltvorstellungen in die Praxis umzusetzen. Im Vordergrund standen das physische und wirtschaftliche Überleben.

Mit der Gründung des „Jüdischen Nationalfonds" (Keren Kaymeth LeIsrael) auf dem 5. Zionistenkongress in Basel (1901) setzte eine kontinuierliche Urbarmachung und Aufforstung des Landes Israel ein. Ak-

Die Israeliten sammeln in der Wildnis die himmlische Speise Manna; Gemälde um 1460–1475

tivisten verwandelten Sümpfe und Sandland in Ackerland, bepflanzten Berghänge und Bäume, verwandelten Wüsten mit antiken und modernen Wassertechniken und salzresistenten Pflanzen in blühende Obstgärten.

Wie andere Industrienationen auch hat Israel heute mit erheblicher Umweltbelastung zu kämpfen. Trotz der seit 1961 existierenden Umweltschutzgesetzgebung sind viele Flüsse und Teile der Mittelmeerküste verseucht. Auch die Abfallbeseitigung stellt ein erhebliches Problem dar. Jüdische Organisationen sind im Umweltschutz weltweit engagiert.

DIE HALTUNG ZUR TIERWELT
Achtung der Tiere in Bibel und Talmud

In der Bibel erhält Noah von Gott den Auftrag die Arche zu bauen, um nicht nur seine Familie, sondern die Tiere zu retten; Einzug der Tiere in die Arche Noah, französische Buchmalerei.

Gott schuf die Tiere als Mitgeschöpfe des Menschen. Die Land- beziehungsweise Säugetiere wurden an demselben Tag wie die Menschen geschaffen, und Gott sprach über die Tiere denselben Segen wie über die Menschen: „Seid fruchtbar und mehret euch." (1. Mose 1,22), Gott verlieh dem Menschen zwar Herrschaft über die Tiere, doch dürfen diese nicht ausgebeutet und unterdrückt werden. Erst nach der Sintflut wird dem Menschen fleischliche Nahrung erlaubt (1. Mose 9, 2. 3).

Dem Tier wird in der Hebräischen Bibel eine Seele zugesprochen; daher gilt es als „lebendig" (1. Mose 1,30). Dies verleiht dem Tier einen hohen Stellenwert und gibt ihm das Recht, geachtet zu werden. Die zahlreichen Erzählungen der Hebräischen Bibel, die vielen Gebote zum Umgang mit Tieren, bis hin zu den Speisegesetzen, zei-

gen, dass Tierliebe und -schutz einen hohen Stellenwert im Judentum haben.

Das Judentum nimmt das Verbot der Grausamkeit gegen Tiere sehr ernst. Der Mensch soll auch auf die Gefühle der Tiere Rücksicht nehmen (5. Mose 22, 6f.). Der Talmud (Berachot 40a) gebietet, sich nicht zum Essen zu setzen, bevor die Haustiere satt geworden sind. Der Jerusalemer Talmud verbietet das Halten von Haustieren, wenn man diese nicht ausreichend mit Futter versorgen kann (Ketuvot 4a). Der Jagd gegenüber ist das Judentum negativ eingestellt (1. Mose 25,27; 10,8–12). Unnützes Töten von Tieren sowie Grausamkeiten gegen sie werden in Hebräischer Bibel und Talmud mit schwersten Verbrechen gleichgestellt.

Im Bild vom messianischen Frieden zwischen Mensch und Natur haben die Tiere einen festen Platz (Jes 11,6–9; 35, 9; 65,25). Nach Hosea 2,20 will Gott sogar um der Menschen willen einen Bund mit den Tieren schließen. In der Not wenden sich die wilden Tiere an Gott (Joel 1, 20).

Das rabbinische Denken kennt zwei Rechtsprinzipien in Bezug auf die Umwelt: 1. Zaar Baalei Chajjim („Schmerz der Tiere") und 2. Bal Tashchit („Du sollst nicht verderben"). Zum ersten Grundsatz gehören die genannten Verbote sowie die Be-

Die fromme Kuh

„Ein frommer Jude besaß eine Kuh, die ihm immer beim Pflügen half. Als er verarmte, musste er sie an einen Fremden verkaufen. Sechs Tage arbeitete die Kuh fleißig. Aber am Sabbat rührte sie sich nicht von der Stelle, obwohl ihr neuer Besitzer sie schlug. Dieser brachte das störrische Tier zum Juden zurück. Der Jude verstand sofort, was los war, und flüsterte der Kuh ins Ohr: ‚Solange du in meinem Besitz warst, konntest du am Sabbat ruhen. Jetzt stehe auf und verrichte den Willen deines neuen Herrn.' Als die Kuh weiter arbeite-

te, wollte der Mann wissen, was der Jude geflüstert hatte. Dieser sagte es ihm. Da erschrak er und sagte: ‚Wenn dieses Geschöpf, das nicht sprechen kann, seinen Schöpfer kennt, muss dann nicht auch ich, den Gott nach seinem Ebenbild geschaffen hat, Gottes Gebote befolgen?' Er bekannte sich zum Judentum, lernte die Tora und achtete den Sabbat als Ruhetag für Mensch und Tier."
(Zusammengefasst nach Israel Zwi Kanner [Hg.]: Jüdische Märchen. Frankfurt / Main 1976, S. 197f.)

stimmungen, dass Tiere nicht hungern, nicht mit möglicherweise vergiftetem Wasser getränkt werden dürfen und einen Anspruch auf Krankenpflege und Ruhe am Sabbat besitzen. Das zweite Rechtsprinzip bezieht sich auf das Verbot der willkürlichen Tötung eines Tieres.

Noch im späteren Rabbinentum wurde die Frage diskutiert, ob Tiere für das ihnen durch die Menschen auf Erden zuteil gewordene Unrecht nicht auf eine Wiedergutmachung in der anderen Welt Anspruch hätten.

Tierschützer kritisieren allerdings die fehlende Betäubung der Tiere beim jüdischen Schächten. Nach der Halacha ist aufgrund

Esel waren früher als Transporttiere äußerst wichtig; das Judentum erwähnt ausdrücklich gegenüber allen Tieren Rücksichtnahme, Pflege, ausreichende Fütterung und das Arbeitsverbot am Sabbat.

von 5. Mose 12, 21 die einzig erlaubte Schlachtmethode für Tiere und Vögel die Schechita (Schächten), die der Schächter (Schochet) mit einem scharfen Messer mittels Durchtrennen von Halsschlagader, Luft- und Speiseröhre mit einer schnellen Bewegung vollzieht. Diese Schlachtmethode soll ein schnelles Ausbluten der Tiere ermöglichen, da für Juden generell der Verzehr von Blut verboten ist.

EINIGE TIERSCHUTZ-BESTIMMUNGEN IN DER HEBRÄISCHEN BIBEL

1. Fliegenlassen der Vogelmutter bei Wegnahme ihres Nestes (5. Mose 22,7).
2. Hilfeleistung für zusammenbrechende Lasttiere (2. Mose 23,5)
3. Verbot des Tötens von Muttertier und Jungen am selben Tag (3. Mose 22,28).
4. Verbot des Genusses von Teilen eines noch lebenden Tieres (3. Mose 19,19).
5. Verbot des Kreuzens verschiedener Tierarten (5. Mose 22,10).
6. Verbot, verschiedene Tierarten zusammen anzuschirren (5. Mose 22,10).
7. Verbot, den arbeitenden Tieren das Maul zu verbinden (5. Mose 25,4).
8. Arbeitsverbot am Sabbat auch für Tiere (2. Mose 20,10).
9. Verbot von Sexualkontakten mit Tieren (3. Mose 18,23).
10. Verbot der Kastration von Tieren (3. Mose 22,24).

Ein seltenes Bild: wilde Kamele in der Wüste

DER UMGANG MIT DEN MEDIEN
Die jüdische Haltung zu Schrift und Bild

Buchmalerei aus dem 1348 erschienenen „More Newuchim" (Führer der Unschlüssigen) von Moses Maimonides (1135–1204), einem der bedeutendsten jüdischen Religionsphilosophen

Das traditionell wichtigste Medium des Judentums ist das geschriebene und gedruckte Wort der Heiligen Schrift (Tora) und ihre Auslegung. Der Talmud diskutiert die Mischna (Wiederholung), eine Sammlung der mündlichen Lehre.

Propheten als Medien

Wie andere Hochkulturen, so waren auch für die jüdische Mediengeschichte so genannte „Menschmedien" (W. Faulstich) von Bedeutung: bei Opferritualen und Festen, beim Tanz, als Lehrer, vor allem jedoch in Gestalt der Propheten: als Genossenschaftspropheten, Tempelpropheten einschließlich Frauen und als „freie Propheten", eine zahlenmäßig kleine, aber äußerst wichtige Gruppe. Die Propheten waren mehr als inspirierte Prediger und charismatisch-schöpferische Außenseiter. In erster Linie speicherten und überlieferten sie die nationalen Überlieferungen und das geschichtlich-politische Wissen ihrer Zeit. Dies ließ sie zu einer Bildungsinstanz werden. Neben „Menschmedien" gibt es in der jüdischen Medientradition auch „Gestaltungsmedien" zum Beispiel als Reliefs und Skulpturen, sowie „Schreibmedien": zunächst auf Leder, dann auf Pergament, als Papyrusrolle, Kodex und Buch (Begriffe von W. Faulstich).

Schrift und Gemeinschaftsgedanke als jüdische Besonderheit

Der jüdische Medienforscher Douglas Rushkoff sieht eine Besonderheit der jüdischen Religion in ihrem Umgang mit Medien. Das Bar-Mizwa- (Sohn der Pflicht) beziehungsweise Bat-Mizwa- (Tochter der Pflicht)-Ritual demonstriert öffentlich, dass jüdische Jungen, in liberalen und konservativen Kreisen auch Mädchen, einen Toraabschnitt lesen können. Wenn der Knabe

Eingang zu den Paramount Pictures in Los Angeles; in der Gründungszeit des Films gehörten die von jüdischen Einwanderern gegründeten Firmen zu den mächtigsten Studios. Adolph Zukor baute Paramount Pictures auf; William Fox gründete die Fox Film Corporation; Benjamin Warner gründete Warner Brothers; und Louis B. Mayer rief Metro-Goldwyn-Mayer (MGM) ins Leben.

oder das Mädchen einen kleinen Vortrag hält, dokumentiert dies ihre Befähigung zum Lehren. Charakteristisch ist auch der Gemeinschaftsgedanke: So erfolgt die Lesung aus der Tora nur im Rahmen eines Minjan, wenn also 10 männliche (in liberalen Kreisen auch weibliche) religionsmündige Juden versammelt sind. Auch das Studium der Tora (Talmud Tora) und das weiterführende Studium an der Jeschiwa (Talmudschule) sind nach Rushkoff keine privaten Begegnungen mit dem Text, sondern gemeinschaftliche Veranstaltungen.

Das Bilderverbot im Judentum

Wegen seines Bilderverbots hat das Judentum ein Problem im Umgang mit dem sinnlichen Basismedium Bild. Das zweite Gebot des Dekalogs verlangt: „Du sollst dir kein Bildnis noch irgendein Abbild machen, weder von dem, was oben im Himmel, noch von dem, was im Wasser unter der Er-

de ist. Bete sie nicht an, diene ihnen nicht!" (2. Mose 20,4f.) Auch weitere Bibelstellen verbieten dem Menschen, sich ein Bild von Gott zu machen, geschnitzte Holz- oder be-

Der jüdische Film „Ein Brief an die Mutter" (1938) mit Lucy Gehrman thematisiert die Geschichte einer durch den Krieg auseinandergerissenen jüdischen Familie.

hauene Steinbilder herzustellen. Gottes geheimnisvolles Wesen duldet keine bildhaften Darstellungen, die zu magischen Zwecken missbraucht werden können. Der große Unterschied zwischen Gott und Welt führt dazu, dass nichts Weltliches, also keine Darstellung, ausreicht, um Gott zu vergegenwärtigen. Im nachbiblischen Judentum wurde das Bilderverbot auf jedes Tier- und Menschenbild ausgedehnt. Nach der Mischna sind Plastiken und Hochreliefs, nicht aber zweidimensionale Darstellungen von Mensch und Tier verboten. Seit dem Mittelalter trifft man illustrative Darstellungen von Menschen und Tieren an. Darstellungen von Gott und Menschen mit religiösen Bezügen werden grundsätzlich verworfen. In der Malerei und den Reliefs der modernen US-Reformsynagogen hat man sich jedoch über dieses Verbot hinweggesetzt.

Hebräische Manuskripte in orientalischen Ländern sind seit dem 9. Jahrhundert mit

Erfolgreich im Filmgeschäft: der jüdische Musiker Irving Berlin und Sam Goldwyn, Mitbegründer des Filmstudios Metro-Goldwyn-Mayer

Pflanzen und geometrischen Figuren geschmückt. Bebildert sind erst europäische Bücher des 13.–15. Jahrhunderts in Spanien, Portugal, Frankreich, im Gebiet des heutigen Belgien, Deutschland und Italien. Ende des 15. Jahrhunderts löste der jüdische Buchdruck die Buchmalerei ab. Im Unterschied zum aschkenasischen Judentum mit seiner reichen Illustrationstradition vermeiden die Sepharden Bildszenen in Bibeln.

Presse, Film und Internet

Das jüdische Pressewesen entwickelte sich im 17. Jahrhundert von den Niederlanden aus. Jüdische Aufklärer stellten Zeitungen und Zeitschriften in den Dienst der Volksbildung, entweder im erneuerten Hebräisch oder in der Kultursprache der jeweiligen Umwelt.

Juden spielten auch eine wichtige Rolle dabei, den Film als Kunstform zu etablieren. Das Medium Film wurde zu einem be-

Titelseite des Romans „Sulamith" von Wieland Herzfelde nach einem Entwurf von Georges Grosz (1893–1959)

deutenden Wirtschaftsfaktor der ersten Generation jüdischer Emigranten in den USA. Die meisten Hollywood-Studios wurden von Juden gegründet beziehungsweise verwaltet. Seit Januar 2003 sendet der erste weltweite englisch- und französischsprachige jüdische Fernsehsatellitenkanal „Chai TV" („lebendiges TV", d. h soviel wie TV live bzw. direkt). Sein Zielpublikum sind jüdische Diasporagemeinden in aller Welt. Das seit 1996 gesendete einzige jüdische Fernsehprogramm in Deutschland („Babel-TV") kann nur im Berliner Raum empfangen werden und wird von jüdischen wie nicht-jüdischen Menschen gesehen. Schon früh hat sich das akademische und geistliche Zentrum des konservativen Judentums weltweit, das Jewish Theological Seminary of America (JTS), mit seinem eigenen Radio and Television Department, des Hörfunks und Fernsehens bedient, um „das Judentum der amerikanischen Öffentlichkeit näher zu bringen, und um Juden eine bessere Wertschätzung ihres eigenen Erbes zu ermöglichen". Ein Meilenstein in der Hörfunk- und Fernsehgeschichte des JTS war die seit 1944 im Radio, seit 1952 zusätzlich im Fernsehen ausgestrahlte Sendung The Eternal Light („Das ewige Licht"). In ihrer beispiellosen 40-jährigen Geschichte wurden Hunderte von Hörspielen, Dokumentationen, Konzerte und Diskussionen über jüdische Themen ausgestrahlt.

Alle Richtungen des Judentums bedienen sich bei ihren Selbstdarstellungen und bei der Verbreitung ihrer Lehren des Mediums Internet. Die Orthodoxen stehen den neuen Kommunikationsmöglichkeiten durchaus positiv gegenüber. Es gibt digitalisierte Zeitschriften im World Wide Web wie zum Beispiel das Edah Journal der Modernen Orthodoxie. Edah („Gemeinschaft") versteht sich als Forum für Diskussion in der Auseinandersetzung des orthodoxen Judentums mit der Moderne. Die Ultra-Orthodoxen dagegen halten das Internet für „tausendmal gefährlicher (...) als das Fernsehen" und wollen es aus den Wohnungen und Häusern ihrer Anhänger verbannen.

Werbestand der „Jüdischen Rundschau" auf dem 25. Delegiertentag der Zionistischen Vereinigung für Deutschland in Berlin 1936

MUSIK UND TANZ
Vielfältige Traditionen

David spielt vor Saul auf der Harfe; Gemälde von John Bell, um 1890

Das Judentum hat viele Musiker und Pianisten hervorgebracht, deren Musik jedoch nicht zwangsläufig jüdisch war. Der ursprünglich jüdische Dirigent und Komponist Gustav Mahler (1860 bis 1911) trat zum Katholizismus über, weil ihm als Jude eine Karriere im österreichischen Staatsdienst unmöglich gewesen wäre. Experten sind sich einig, dass von „Jüdischkeit" in Mahlers Musik keine Rede sein kann. Der große Geigenvirtuose Yehudi Menuhin (1916–1999) faszinierte schon als Siebenjähriger sein internationales Publikum. Er spielte zwar keine typisch jüdische Musik, fühlte sich aber dem Land Israel verbunden.

Musik in den Heiligen Schriften

In der Hebräischen Bibel werden häufig Lieder erwähnt. Die Leviten sangen im Tempel und spielten Musikinstrumente. Der Psalter enthält 150 Psalmen, d.h. Gebete, die auch gesungen werden konnten. Als Psalter gilt auch ein Musikinstrument, eine Schrägleier, die oft als eines von verschiedenen begleitenden Instrumenten zum Psalmengesang diente. Psalm 150 nennt für das „Lob Gottes im Heiligtum": Posaune, Psalter, Zither, Pauken, Saitenspiel, Flöten und Zymbeln. König Saul ließ sich zur Besänftigung von David die Harfe schlagen.

Synagogale Musik

Aus dem Talmud lässt sich entnehmen, dass die Musik des Tempels mit der der Synagoge eng verbunden war und dass die in der synagogalen Musik verwendeten Kantilenen und Gebetsmotive sehr alten Ursprungs sind. Ihre Melodien und Töne haben den Gesang des Kantors (Chasan) stark beeinflusst. Er leitet den synagogalen Got-

tesdienst und singt die vorgeschriebenen Gebete auf Hebräisch.

Unterschiedliche kulturelle Einflüsse und Musikauffassungen veränderten die synagogale Musik. So trug die religiöse Bewegung des Chassidismus im 18. Jahrhundert zu einem musikalischen Wandel bei. In dieser Spielart des Judentums wird der Tanz als eine Möglichkeit gesehen, die Frömmigkeit auszuleben. Der künstlerische Ausdruck dieser Musik wird in Kompositionen von Ernest Bloch (1880–1959), zum Beispiel in seinem „Baal Schem" für Violine und Orchester, in Max Bruchs (1838–1920) Vertonung „Kol Nidre" sowie Maurice Ravels (1875–1937) „Deux melodies hebraiques" deutlich.

Die Emanzipation der Juden und das sich daraus entwickelnde Reformjudentum hatten auch nachhaltigen Einfluss auf die synagogale Musik. Liberale und reformierte Synagogen besitzen seit dieser Zeit eine Orgel. Der orthodoxe Gottesdienst schließt Musikinstrumente aller Art aus. Orthodoxe Synagogen haben nur Männerchöre, Reformsynagogen gemischte Chöre.

Musiziert und getanzt wird auch bei mehreren religiösen Festen. Zum Neujahrs- und zum Versöhnungsfest wird der Schofar geblasen: das Horn von einem Widder, einer Antilope oder einem Hirsch, dessen Spitze zu einem Mundstück geformt wurde. Früher sollte sein Klang die Menschen nicht nur ermahnen, sondern auch warnen beziehungsweise zum Kampf rufen. Die Hebräische Bibel erzählt, dass die Mauern der Stadt Jericho vom Klang des Schofars zusammenbrachen (Jos 6). Die verschiedenen, nach fester Form geblasenen Töne verkünden das Lob Gottes und rufen den Menschen zur Umkehr auf.

Zu Simchat-Tora (Tora-Freudenfest) erinnern sich Juden daran, dass Gott ihnen die Tora geschenkt hat. Bei diesem ausge-

EINE ANDERE FORM DES GLAUBENS

„Die Juden in einer kleinen Stadt in Russland warteten sehnsüchtig auf die Ankunft ihres Rabbi. Sie hatten so viele Fragen, die sie dem gelehrten Mann stellen wollten. Als er schließlich bei ihnen eintraf, konnte der Rabbi die Spannung spüren, in der die Leute auf seine Antworten warteten. Zuerst sagte er nichts, er schaute den fragenden Menschen in die Augen, summte eine schwermütige Melodie. Langsam fielen alle Menschen ein und summten mit. Dann begann der Rabbi zu singen, und alle sangen mit ihm. Dann wiegte er seinen Körper, und schließlich tanzte er mit feierlichen Schritten. Die Gemeinde folgte seinem Beispiel. Bald waren sie so vom Singen und gottesdienstlichen Tanz gefangen, dass sie auf nichts mehr achteten. Die Spannung wich einer wunderbaren Erlösung. Die Menschen wurden innen angerührt und von ihrer Zerrissenheit geheilt. Die vielen Fragen kamen zur Ruhe. Gut eine Stunde war vergangen, als das Singen und Tanzen langsam aufhörte. Die Menschen tauchten in einen schweigenden Frieden ein, der den ganzen Raum und ihre Herzen erfüllte. Dann sagte der Rabbi die einzigen Worte an dem Abend: ‚Ich hoffe, dass eure vielen Fragen beantwortet sind!'" *Aus der Tradition nacherzählt*

lassenen Fest tanzen die Männer mit den Torarollen durch die Synagoge. Vor allem in den Purimspielen werden Musik und Tanz dargeboten. Purim erinnert an die Rettung des jüdischen Volkes vor den Intrigen des Haman durch Ester. Beim Purim-Gottesdienst dürfen Kinder sogar Rasseln und Tuten in die Synagoge mitnehmen. Immer wenn während der Lesung der Name des bösen Haman fällt, lärmen sie überschwänglich.

Musik und Tanz zu Purim sind selbst für strenggläubige Juden unbedenklich, da im Buch Ester der Name Gottes nicht erwähnt wird und es keinen Bestandteil der Tora darstellt. Deshalb sind während der Lesung aus dem Buch Ester alle Tanz- und Musikverbote aufgehoben.

Klezmer-Musik

Der jiddische Begriff setzt sich aus den beiden hebräischen Wörtern Klej (Gerät, Instrument) und Smer (singen, musizieren) zusammen. Als Klezmer-Musik bezeichnet man die ostjüdische Instrumentalmusik, die auch stark von der Volksmusik beeinflusst war.

Seit dem 15. Jahrhundert traten Volksmusikgruppen, die so genannten Klezmorim, in Osteuropa auf, die bei Hochzeiten und Feiern außerhalb der Synagoge und zu weltlichen Anlässen spielten. Erste Ensembles sind seit dem 16. Jahrhundert in Mittel- und Westeuropa nachweisbar. Zu ihren Instrumenten gehörten ursprünglich Geige und Tsimbl (Hackbrett), später auch Klarinette und Trompete. Sie musizierten auch oft bei Purim-Feiern.

Zionistische Lieder und Widerstandslieder

Parallel zur Entwicklung des Zionismus entstanden viele Fahrtenlieder. Im jiddischen Liedgut fand die Zeit der Verfolgung, Lager und Ghettos ihren Niederschlag.

Die Mischsprache Jiddisch entstand im Mittelalter, setzt sich aus deutschen, hebräischen, aramäischen, romanischen und slawischen Elementen zusammen. Westjiddisch wurde in Deutschland und in den Niederlanden gesprochen, ostjiddisch in Osteuropa. Es gab eine eigene jiddische Literatur, Musikszene und Filmindustrie. Orthodoxe Juden vor allem in Osteuropa sprechen zum Teil heute noch Jiddisch.

Musik im heutigen Israel

Viele israelische Volkslieder sind alte zionistische Fahrtenlieder (Nationalhymne: Hatikwah: „Hoffnung"). Themen der Lieder sind die Shoa, Verfolgungen, Verteidigung und Aufbau des Landes Israel sowie die Beschreibung bestimmter Landschaften. Israels Folklore ist stark arabisch beeinflusst. In der Popmusik sind vor allem jemenitische Gruppen tonangebend. Klezmer-Musik und jiddische Musik genießen in Israel dagegen kein großes Ansehen. Der aus Rumänien stammende Nationaltanz Hora steht der Klezmer-Musik nahe. Klezmer-Musik ist auch mit Jazz und Rockmusik eine Verbindung eingegangen (Klezmatics). Seit den 1970er Jahren erfuhren chassidische Lieder eine beachtliche Wiederbelebung. Sehr populär sind neoorthodoxe Melodien des Shlomo Carlebach (1925–1994).

Jüdische Musiker spielen Klezmer-Musik während einer Hochzeit.

FRIEDEN UND GEWALT
Frieden, aber keinen Pazifismus um jeden Preis

Zehntausende rechtsgerichteter jüdischer Demonstranten protestieren im September 2004 gegen Pläne von Ministerpräsident Ariel Scharon.

Spätestens seit der Zeit der Propheten gehört *Schalom* (Frieden) zu den wesentlichen religiösen Anschauungen Israels. Schalom ist einer der Namen Gottes und von erheblicher Bedeutung für die messianische Zukunft, wenn der Messias als „Friedefürst" erscheinen wird (Jes 9,6). Die messianische Zeit, „die Welt, die kommen wird", soll ein Friedensreich sein (Jes 2,4).

Absage an die Gewalt – bis auf Ausnahmen

Die jüdische Ethik lehnt Gewalt und Hass ab, grundsätzlich verboten ist jedoch das Töten nicht. Nur das willkürliche, durch nichts gerechtfertigte Morden wird untersagt.

Bereits die Rabbinen zur Zeit der Jahrhunderte von der Zeitenwende bis 500 n. Chr. erließen ein Verbot des Blutvergießens: „So kam einst jemand vor Raba (gest. 352) und sagte: ‚Der Herr meines Wohnortes befahl mir: Geh und töte jenen; wenn nicht, werde ich dich töten lassen'. Raba erwiderte: ‚Mag er dich töten, du aber töte nicht!' Was denkst du, dein Blut ist röter? Vielleicht ist das Blut eines Mannes röter!"

Weil die Menschen nach dem Ebenbild Gottes geschaffen wurden, gilt das Gebot der unterschiedslosen Liebe. Die Tora gebietet, den Bruder nicht zu hassen, den „Nächsten", zu dem auch der „Fremdling" (3. Mose 19,33f.; 5. Mose 10,18f.) gehören kann, wie sich selbst zu lieben. Nach Psalm 11,5 hasst Gott den Gewaltliebenden. Dem in Not geratenen Feind soll man jedoch zu Hilfe kommen (Spr 25,21–22).

Die Tora fordert daher auch keinen Pazifismus um jeden Preis: „Du sollst nicht untätig beim Blut deines Nächsten stehen" (3. Mose 19,16). Diese Bestimmung betrifft auch „Verfolger" und „Aggressoren", gegen

---

„In der gegenwärtigen (…) Diskussion ist es sehr umstritten, ob potentielle Attentäter nach den Gesetzen über den Rodef („Verfolger") getötet werden dürfen. Der Talmud geht von den ‚sehr eingeschränkten Bedingungen eines direkten, jemand-ist-dabei-mich-zu-töten-Moment' aus (…). Unter welchen Bedingungen ist dann nach der jüdischen Tradition ein Krieg moralisch gerechtfertigt? Michael Broyde nennt drei Kategorien bewaffneter Auseinandersetzung: den Pflichtkrieg, den erlaubten Krieg und die gesellschaftliche Ausweitung des Rodef-Prinzips (…).

So ist die Selbstverteidigung Israels gegen einen aggressiven Nachbarn ein Pflichtkrieg, die offensive Kriegsführung gegen kriegslüsterne Nachbarn ist erlaubt, während der Schutz von Individuen und die Selbstverteidigung gegen aggressive Nachbarn kein Krieg ist, sondern in die Kategorie der Abwehr des ‚Verfolgers' fällt." *(Heinz-Jürgen Loth: Krieg und Frieden [im Judentum]. In: Michael Klöcker, Udo Tworuschka [Hg]: Ethik der Weltreligionen. Ein Handbuch, Darmstadt 2005, S. 184)*

Israelische Peace-Now-Aktivisten demonstrieren am 26. Februar 2002 in Tel Aviv für den Abzug der israelischen Armee aus den Palästinensergebieten.

die Gewalt angewandt werden muss, um andere vor der Gefahr zu schützen.

Pflichtkrieg und Friedenssuche

So lehrten schon die Rabbiner die Pflicht, bedrohtes menschliches Leben zu retten. Neben der Forderung nach absoluter Friedfertigkeit steht jedoch auch der Grundsatz, der gegnerischen Tötungsabsicht zuvorzukommen. *Pikkuach nefesch*, die „Wahrung menschlichen Lebens", stellt eine situative Pflicht dar. Sie kann – auf das Volk übertragen – im Falle eines Angriffskrieges militärische Verteidigung erfordern. Die Rabbinen unterschieden zwei Varianten des erlaubten Kriegs: den Pflichtkrieg und den freiwilligen Krieg.

Auch die Gesetze über den *Rodef* (Verfolger) finden Anwendung. Das antike Volk der Amalekiter gibt es zwar nicht mehr, dennoch entwickelte sich Amalek in der Tradition zum Inbegriff für all jene, die nach dem antiken Vorbild danach streben, das jüdische Volk zu vernichten.

Seit der Zerstörung des Tempels in Jerusalem (70 n. Chr.) und des Verlusts nationaler Souveränität nach den Kriegen gegen die Römer 66–73 und 132–135 n. Chr. stellten Überlegungen zum Thema Krieg und Frieden im Judentum eher theoretische Spekulationen dar. Erst mit der Gründung des Staates Israel gibt es wieder einen souveränen Staat, der zu militärischen Unternehmungen in der Lage ist. Von dem berühmten Gelehrten Hillel (1. Jh. v. Chr.–1. Jh. n. Chr.) stammt der Ausspruch: „Sei einer von den Schülern Aarons: Liebe den Frieden, folge dem Frieden nach, liebe die Menschen und bringe sie der Tora nahe!" (Pirqe Avot 1,12).

Für den jüdischen Gelehrten Maimonides (1135–1204) war die Pflicht zur Friedenssuche vor dem Kriegsbeginn unabdingbar und damit fester Bestandteil des jüdischen Rechts. Nach Maimonides waren Pflichtkriege die Kriege des Königs gegen die sieben Völker

im Lande Israel (5. Mose 20,17) gegen Amalek (5. Mose 25,17) sowie der Verteidigungskrieg gegen einen angreifenden Feind. Erst danach konnte der König erlaubte Kriege zur Ausdehnung der Grenzen Israels führen. Dazu bedurfte er jedoch der Zustimmung des *Sanhedrin* (Rat, Gerichtshof), der obersten politischen, juristischen und religiösen Körperschaft der jüdischen Bevölkerung Palästinas bis 425 n. Chr.

Da es im heutigen Judentum keine Könige und keinen Sanhedrin mehr gibt, kann diese Bestimmung der Halacha (Religionsgesetz) durchaus auf den säkularen Staat, zum Beispiel Israel, übertragen werden. So sieht der englische Rabbiner David Rosen (geb. 1951), Präsident des Internationalen Jüdischen Komitees für den interreligiösen Dialog (IJCIC), in den militärischen Aktionen Ariel Scharons gegen den palästinensischen Terror, der auf die Vernichtung Israels abzielt, einen Pflichtkrieg. Aus dem gleichen Grund betrachteten auch orthodoxe Vertreter den Jom-Kippur-Krieg (1973) als gerechtfertigt.

Ein tagtägliches Bild der Aggression: Ein israelischer Soldat hält seine Maschinenpistole an die Stirn eines Palästinensers, um ihn an seinem Weg zu hindern.

Der Friedensgedanke ist auch in den jüdischen Gebeten bedeutsam. So endet das „Achtzehnbittengebet" mit der Bitte um Frieden, und das daran anschließende Bittgebet und der Kaddisch schließen mit den Worten aus Hiob 25,2: „der (= Gott) Frieden schafft in seinen Höhen". Auch der Priestersegen schließt immer die Bitte um Frieden mit ein.

Es kann jedoch keinen bedingungslosen Frieden nach der jüdischen Tradition geben, da der Schutz des Lebens höchster Wert ist. Das gilt ganz besonders nach der Shoa und in der jüngeren Zeit angesichts der Bedrohung des Staates Israel durch einige islamische Staaten.

DER UMGANG MIT MINDERHEITEN
Zwischen großzügiger Gastfreundschaft und Abschottung

Grundsätzlich ist die jüdische Einstellung zum Fremden positiv. Die Hebräische Bibel betont die Liebe zum Gast – als Teil der Nächstenliebe – und seine Gleichberechtigung: „Wenn ein Fremder bei dir in deinem Land gastet, plackt ihn nicht, wie ein Spross von euch sei der Fremde, der bei euch gastet, halte lieb ihn dir gleich, denn Fremde wart ihr im Land Ägypten. ICH bin euer Gott." (3. Mose

Mitglieder der kleinen jüdischen Gemeinde in Bielefeld speisen gemeinsam am Seder-Abend vor dem Pessach-Fest.

19,34, ähnlich 5. Mose 10,17–19). Daraus leitet sich das Gebot ab: „Einerlei Satzung sei für euch und den Fremden, der gastet, Weltzeit-Satzung für euere Geschlechter: gleich ihr, gleich sei der Fremde vor IHM, einerlei Weisung und einerlei Recht sei für euch und den Fremden, der bei euch gastet"(1. Mose 15,15f.).

Gastfreundschaft in der Bibel

Es gibt zahlreiche Beispiele in der Hebräischen Bibel für gewährte Gastfreundschaft (1. Mose 18,2–8: Abrahams Verhalten zu den Engeln; 19,1ff.: Lot; 24,18.19: Rebekka; 29,13: Laban u.a.). Den Ammonitern und Moabitern wurde die Gastfreundschaft nicht wegen ihrer fremden Religion verweigert, sondern „weil sie euch nicht entgegenkamen mit Brot und Wasser auf dem Wege, als ihr aus Ägypten zogt" (5. Mose 23,5). Der leidende Hiob bekennt: „Kein Fremder durfte draußen zur Nacht bleiben, sondern meine Tür tat sich dem Wanderer auf" (31,32). Im alten Israel war der Fremde politisch, rechtlich und religiös dem Juden gleichgestellt. Fremde mussten sich daher nicht beschneiden lassen.

Nach jüdischer Vorstellung nimmt sich Gott der Unterdrückten und Unterprivilegierten besonders an, verpflichtet dazu auch die Gläubigen. Die Rabbinen sagen: „Ich rufe Himmel und Erde zu Zeugen, dass auf jedem, sei er Jude oder Nichtjude, Mann oder Frau, Knecht oder Magd, der heilige Geist ruht und zwar gemäß des einzelnen Tun" (Jalkut Schimoni, Richter 42). Diese ethischen Prinzipien sollen auch heute das Verhältnis zu Arbeitsmigranten und Fremden bestimmen. Wie wichtig die Gastfreundschaft genommen wird, ersieht man u.a. daraus, dass das Pessachmahl mit der Einladung eingeleitet wird: „Jeder Hungrige komme und esse mit uns, jeder Bedürftige schließe sich unserem Pessachmahl an".

Die Haltung zu Andersgläubigen

Bei der jüdischen Einstellung zum religiös Fremden sind zwei Linien zu unterscheiden: 1. die Abschottung gegenüber so genannten Götzendienern, den Gojim („Völkern"), die den „wahren" Gott nicht kennen; 2. der Noah-Bund (1. Mose 9f.) mit den „Kindern Noahs", also der gesamten

Menschheit, die sich von unsittlichem Tun fernhält. Eine universalistische Denktradition bezieht die Textaussagen gegen die Götzendiener auf die kanaanäischen Völ-

ker im alten Israel, rechnet heutige zivilisierte und sittliche „Nichtjuden" (Nochrim) nicht zu den „Heiden".

Bei der Beziehung zum Islam sehen Juden durchweg zahlreiche Parallelen u. a.: Monotheismus, Gebet, Religionsgesetz, Speisevorschriften. Mittelalterliche jüdische Gelehrte zählten Muslime nicht zu den Götzenanbetern, mit denen fromme Juden während

der letzten drei Tage vor jedem bedeutenden Fest jedweden Kontakt vermeiden sollten. Wenn Muslime entsprechend den höchsten Anforderungen ihres eigenen Glaubens leben, so gehören sie nach jüdischer Ansicht zu den „Gerechten der Völker." Ein zum Islam übergetretener Jude dagegen wird als *Meshhummad* (Abtrünniger) des israelitischen Volkes betrachtet.

Vielen Aspekten des buddhistischen Denkens und praktischen ethischen Lebens steht das Judentum durchaus positiv gegenüber. Man kritisiert allerdings den fehlenden Monotheismus. Jüdische Denker weisen auf Parallelen hin: Sowohl Mo-

Israelische Soldaten beäugen einen alten Drusen; mehr als 100 000 Drusen leben in Israel.

Anhängerin der Baha'i-Religion, die 2001 in Haifa an der Einweihung der „Hängenden Gärten" am Grabmahl des Bab (1819–1850), einem der Religionsgründer, teilnimmt. In Haifa befindet sich das administrative und geistige Weltzentrum der Bahais.

ses als auch Buddha wuchsen in Herrscherpalästen auf, nahmen sich der Ungerechtigkeit und des Leidens der Menschen an. Dennoch sehen sie einen fundamentalen Unterschied: Während Moses im göttlichen Auftrag zur Veränderung aufruft, will Buddha das Leiden dadurch überwinden, dass der Mensch weder Zufriedenheit noch Unzufriedenheit zeigt. Gewisse Übereinstimmungen zwischen den beiden Religionen werden bei den Chassiden gesehen. Sie betrachten das menschliche Ego als Barrie-

re zwischen Mensch und Gott. Die „Vernichtung des Selbst", ein Zustand, in dem Begierde und Stolz ausgelöscht sind, um zur Unio mystica zu gelangen, habe Entsprechungen zur Nirwana-Idee.

Der Hinduismus war dem klassischen Judentum so gut wie unbekannt, so dass keine Hinweise in den heiligen Schriften und Gesetzestexten vorliegen. Während viele Juden bis heute dem hinduistischen Götterglauben und Kastensystem kritisch gegenüber stehen, erkennen manche die

tiefe Spiritualität der hinduistischen heiligen Schriften. Ferner werden gewisse Parallelen zwischen der Atman-Brahman-Lehre der Upanishaden und der Vorstellung eines „göttlichen Funkens" im Chassidismus gesehen.

Minderheiten in Israel

Seit der Tempelzerstörung im Jahre 70 n. Chr. bis zur Gründung des Staates Israel 1948 waren die Juden in vielen Ländern der Welt oft verfolgte und bedrohte Minderheiten. In Israel dagegen bilden sie eine Mehrheit von 77,2 Prozent neben Minderheiten von 15,5 Prozent arabischen Muslimen, 2,1 Prozent Christen, die überwiegend Araber sind, und 1,7 Prozent Drusen. Die israelischen Muslime verwalten ihre Dörfer und Städte selbst, sofern es sich nicht um Orte mit gemischter Bevölkerung wie Jerusalem, Akko, Lod, Ramle oder Yafo handelt. Sie wählen jüdische oder arabische Parteien, die auch in der Knesset vertreten sind. Arabisch ist die zweite offizielle Sprache Israels. Da die israelischen Muslime jedoch im Nahostkonflikt zwischen den streitenden Israelis und Palästinensern stehen, werden sie nicht zum Militärdienst eingezogen. Die Beduinen im Süden Israels jedoch leisten freiwillig Dienst in der israelischen Armee.

Die mehr als 100 000 Drusen begreifen sich als eigenständige, von islamischer Seite oft verfolgte monotheistische Religion und verhalten sich dem jüdischen Staat gegenüber loyal. Seit dem Unabhängigkeitskrieg 1948/49 haben sie an Israels Seite

Rabbi Yeshaya Cohen, der Oberrabbiner von Kazachstan, begrüßt die Gläubigen zur Eröffnung der Synagoge am 21. 8. 1997.

gekämpft und unterliegen bis heute der Militärpflicht. Diese gilt auch für die etwa 3000 Tscherkessen. Es gibt etwa 140 000 Christen in Israel, die zu 42 Prozent der griechisch-katholischen Kirche, 32 Prozent der griechisch-orthodoxen und zu 16 Prozent der römisch-katholischen Kirche angehören bzw. verschiedenen evangelischen Kirchen. In Israel haben Juden, Muslime, Christen, Drusen und Tscherkessen jeweils eigene religiöse Gerichte, um ihre Personenstandsangelegenheiten wie Eheschließung und Scheidung zu regeln. Die Glaubensgemeinschaften unterhalten auch ihre eigenen religiösen, kulturellen und karitativen Einrichtungen. Das „Ministerium für religiöse Angelegenheiten" ist verpflichtet, für die religiösen Bedürfnisse aller religiöser Gemeinschaften zu sorgen.

Eine sehr kleine Gemeinschaft bilden die Bahais mit Haifa als ihrem Weltzentrum und dem „Universalen Haus der Gerechtigkeit". In Haifa befindet sich auch das Mausoleum des 1850 hingerichteten Bab. Das Grab Baha'u'llahs (1817–1892) liegt in der Nähe von Akko.

Daneben gibt es auch innerjüdische Minderheiten, wie die antizionistische orthodoxe Gemeinschaft in Jerusalem, die Edah Hacharedis sowie die Gruppe der Samaritaner und Karäer.

Samaritaner warten auf den Sonnenuntergang, um das Opferritual während einer Pessach-Zeremonie an den Hängen des für sie heiligen Berges Garizim bei Nablus beginnen zu können. Die Samaritaner bilden eine kleine Gemeinschaft außerhalb des Judentums.

DEMOKRATIE UND MENSCHENRECHTE
Religiöser Einfluss auf Politik und Wahrung der Grundrechte

D ie zionistisch motivierte Einwanderung in Palästina ab 1882 führte zur Einrichtung des Jischuw (hebräisch „bewohntes Land") – die Gesamtheit der jüdischen Siedlungen, deren Einwohner das Ziel hatten, ein nationales Gemeinwesen zu bilden. Die 1928 von der britischen Mandatsregierung anerkannte jüdische Selbstverwaltung wurde seit 1920 durch Wahlen legitimiert. Dadurch entwickelte sich später in Israel eine parlamentarische Demokratie mit der *Knesset* (Versammlung) als Volksvertretung. Schon zur Zeit des Jischuw gab es viele Parteien mit unterschiedlicher politischer und religiöser Zielsetzung. Auch damals bestand schon eine enge Verbindung von Religion und Politik. Die religiösen Kräfte waren für die Religionsausschüsse und Ortsrabbinate zuständig. Die Rabbinate waren befugt, die Einhaltung der Speisegesetze *(Kaschrut)* zu kontrollieren und legten auch den Sabbat als offiziellen Ruhetag fest.

Heute gibt es in Israel zentrale und lokale Rabbinate. Zentrale Institution ist das Oberrabinat, dem zwei Oberrabiner (jeweils einer für die sephardischen und die aschkenasischen Juden) sowie 14 Rabbiner angehören. Die lokalen Rabbiner, die vom Staat besoldet sind, haben als Aufgabe die religiöse Führung der Gemeinde.

Die religiösen Parteien

In der Knesset sind drei religiöse Parteien vertreten, die mehrmals an verschiedenen Regierungen beteiligt waren: die 1956 gegründete Nationalreligiöse Partei (NRP), die Vereinigte Tora-Partei (Yahadut Hatorah) und die Schas-Partei (Vereinigung der sephardischen Tora-Wächter). Durch den

> „(Der Staat Israel) wird sich auf die Grundsätze der Freiheit, Gerechtigkeit und des Friedens im Geiste der Propheten Israels stützen. Er wird seinen Bürgern ohne Unterschied von Glauben, Rasse oder Geschlecht soziale und politische Gleichberechtigung verbürgen. Er wird Gewissensfreiheit sowie Freiheit der Sprache und Kultur gewährleisten. Er wird die Heiligen Stätten unter seinen Schutz nehmen und den Grundsätzen der Charta der Vereinten Nationen treu bleiben.“
>
> (Aus der Unabhängigkeitserklärung vom 14. Mai 1948)

großen Einfluss der religiösen Parteien heißt es im Gebet des Oberrabbinats für das Wohlergehen Israels: „Unser Vater im Himmel, Israels Fels und Erlöser, segne den Staat Israel, das erste Aufblühen unserer Erlösung".

Abgeordnete bei einer Sitzung in der israelischen Knesset (Versammlung) in Jerusalem am 2. Februar 2005

Ariel Scharon (geb. 1928) war 2001–2006 Ministerpräsident Israels.

Die Nationalreligiöse Partei, auch Mafdal genannt, die 1977 mit dem konservativen Likud („Einheit") eine Koalition einging und somit Menachem Begin (1913 bis 1992) zum ersten Ministerpräsidenten dieser Partei machte, entwickelte sich zur Vertretung der Siedler in der Knesset, obwohl dies nicht zu ihren ursprünglichen Zielen gehörte.

1984 nahmen Misrachi-Juden („Östliche") in Gestalt der Schas-Partei zum ersten Mal an Knesset-Wahlen teil und wurden seitdem Koalitionspartner für mehrere Regierungen. Schas ist inzwischen nicht nur eine feste Größe in der israelischen Parteienlandschaft, sondern eine religiöse Bewegung, die sich an die Misrachim in Israel wendet, d. h. an die Juden, die im Mittleren Osten und in Nordafrika heimisch waren. Die Schas-Führung liegt in den Händen ultraorthodoxer, den Sephardim zuzurechnenden Rabbiner. Die Ultraorthodoxen lehnen die demokratische Grundordnung in Israel zwar ab und deuten die Staatsgründung messianisch, das heißt nur Gott und der Messias können

Vertreter der Schas-Partei betrachten eine Karte Israels, der Westbank und des Gazastreifens.

einen Staat Israel begründen. Sie nehmen aber trotzdem an den Wahlen teil, sind auch durch Parteien in der Knesset vertreten. Aus pragmatischen Gründen akzeptieren sie den Staat, den sie gleichzeitig ideologisch ablehnen. Schas ist die einzige Partei von Ultraorthodoxen, die sich jemals an Regierungskoalitionen beteiligte. Die Bewegung fordert zur Rückkehr zu den religiösen Werten der Misrachi-Juden auf und richtet sich gegen Säkularisierung und Verwestlichung, denen die Einwanderer aus Nordafrika und Asien ausgesetzt waren. Die Werte der säkularen Kultur und Gesellschaft Israels werden scharf kritisiert und eine strenge Befolgung der religiösen Gebote gefordert. Schas betreibt nicht nur eigene Kindergärten, Schulen, Talmud-Tora-Einrichtungen und Jeschiwot (religiöse Fach- und Volkshochschu-

len), sondern unterscheidet sich auch in Sprache und Kleidung von israelischen Normen.

Die Menschenrechte im Judentum

Prinzipiell gilt für alle Handlungen des Menschen das biblische Gebot „Und tu, was recht und gut ist in den Augen des Ewigen" (5. Mose 6,18). Da Gerechtigkeit ein Attribut Gottes ist, folgt daraus die Aufforderung: „Gerechtigkeit, Gerechtigkeit, ihr sollst du nachgehen" (5. Mose 16,20), wobei Gerechtigkeit nach rabbinischer Vorstellung bisweilen auch mit einem Verzicht auf eigene Rechte verbunden sein kann.

Eine Besonderheit des jüdischen Rechts sind die Noachidischen Gebote: die Annahme eines grundlegenden Rechts für Nichtjuden auf dem Hintergrund, dass

Gott der Schöpfer aller Menschen ist. Die Noachidischen Gebote sind die Gebote Gottes an Noah (1. Mose 9, 1 bis 13; Sanhedrin 56 a/b). Sie sind im Gegensatz zu den an die Juden gerichteten Geboten der Sinai-Offenbarung für alle Menschen verpflichtend: Verbot der Gotteslästerung, des Götzendienstes, der Unzucht, des Blutvergießens, des Diebstahls und des Verzehrs eines Teils eines lebenden Tieres sowie das Gebot, die Rechtsprinzipien zu wahren. Später kamen die Verbote der Kastration, der Zauberei und von lebenden Tieren zu trinken sowie die Gebote hinzu, wohltätig zu sein, Kinder zu zeugen und die Tora zu ehren. Wer die Noachidischen Gebote achtet, gehört zu den „Gerechten unter den Völkern".

Im Judentum genießt Gerechtigkeit hohe Wertschätzung. In der Hebräischen Bibel gilt derjenige als Gerechter, der rechtschaffen lebt und gerecht handelt, wie zum Beispiel Noah. Der Gerechte lebt in dem Glauben, er werde von Gott nicht verlassen. Solange es Gerechte gibt, welche die Gegenwart Gottes empfangen, wird nach jüdischer Vorstellung die Welt nicht untergehen. Auch Nichtjuden können zu den „Gerechten unter den Völkern" gezählt werden.

Das allgemeine Recht auf Leben ergibt sich aus dem Verbot des Blutvergießens: „Wer Blut des Menschen vergießt, durch Menschen sei dessen Blut vergossen – denn im Bild Gottes hat er den Menschen gemacht" (1. Mose 9,6). Dort jedoch, wo ein Verfolger einen Menschen tödlich bedroht,

darf man „nicht untätig stehen beim Blut deines Nächsten" (3. Mose 19,16).

Die Rabbinen erwähnen den Grundsatz, dass sowohl Israel als auch die Nichtjuden Gott unterstehen. Bei den Propheten ist vom Ende der Tage die Rede, wenn es keinen Unterschied zwischen Juden und Nichtjuden geben und Gottes Haus ein Haus des Betens für alle Völker sein wird (Jes 56, 7). Die Einsammlung aller Völker ist das Ideal der Propheten.

Auch die Gleichheit von Frau und Mann legt die Hebräische Bibel fest: „Gott schuf den Menschen in seinem Bilde als Mann und Frau" (1. Mose 1,27). Erst durch die *Ischa* (Frau) erkennt der Mann sich nach 1. Mose 2,18 als *Isch* (Mann). Zwar kennt die

biblische Geschichte zahlreiche starke Frauen, zum Beispiel Mirjam, Debora, Ester, Judit, die vier Matriarchen Sara, Rebekka, Rachel und Lea. Doch insgesamt ist das Judentum eher patriarchalisch orientiert. Erst die Reformbewegungen im 19. Jahrhundert ermöglichten die Gleichstellung der Frau in der öffentlichen Religionsausübung, konnten allerdings erst in der zweiten Hälfte des 20. Jahrhunderts durchgesetzt werden. Das gilt jedoch nicht für die Orthodoxie.

Meinungsfreiheit und Schutz der Grundrechte

Zum Thema Meinungsfreiheit gibt es im Judentum eine lange Tradition. So wurden unterschiedliche Meinungen über die Reli-

Russische Juden fordern die Fortsetzung der jüdischen Einwanderung; Aufnahme vom 31.1.1990.

Vier betende Rabbiner für Menschenrechte neben Beduinen beim Freitagsgebet und Protestaktionen gegen die Pläne der israelischen Regierung

gionsgesetze (Halacha) jahrhundertelang ausgiebig diskutiert. Berühmt sind zum Beispiel die Unterschiede in der Halacha-Auslegung zwischen der Schule des Gelehrten Hillel (1. Jh. v. Chr. – Anfang 1. Jh. n. Chr.) und der des Rabbi Schammai (50 v. Chr. bis 30 n. Chr.).

Für widersprüchliche Meinungen der Gelehrten gilt, dass sie alle von dem einen Gott, von der einen Offenbarung stammen, weshalb man alle Ansichten hören und herausfinden muss, welche die richtige ist. Deshalb enthält die Mischna auch häufig neben dem Mehrheitsvotum die abweichende Ansicht eines Einzelnen.

Der heutige Staat Israel besitzt keine geschriebene Verfassung, was Probleme hinsichtlich des Schutzes der Grundrechte mit sich bringen kann. Bis zur Verabschiedung der Grundgesetze über die Berufsfreiheit sowie die Würde und Freiheit des Menschen 1992 entwickelte der Oberste Gerichtshof Israels durch seine Rechtsprechung den Schutz der Menschenrechte. Ein grundlegender Unterschied zu anderen modernen Demokratien besteht jedoch darin, dass der Charakter des Staates als jüdisch (und demokratisch) definiert wird. Daher gilt das Einwanderungsgesetz nur für Juden. Nichtjuden können allerdings nach fünfjährigem Aufenthalt im Lande die Einbürgerung beantragen.

Wenn es um Fragen der Sicherheit des Staates geht, können Grundrechte eingeschränkt werden. Die Meinungsfreiheit zählt zu den elementaren Rechten, kann aber, wenn die öffentliche Sicherheit gefährdet erscheint, reduziert werden. Mit Ausnahme des Einwanderungsgesetzes gibt es eine rechtliche Gleichheit aller Bürger unabhängig von ethnischer Zugehörigkeit, Religion und Geschlecht, die durch Gesetzgebung und Rechtsprechung gewährleistet ist. In der Praxis existiert allerdings eine deutliche Benachteiligung der arabischen Minderheit in Israel. So sind beispielsweise arabische Israelis, die aus Sicherheitsgründen vom Militärdienst ausgeschlossen sind, Nachteilen in der Sozialfürsorge ausgesetzt

Hunderte von arabischen Drusen in den von Israel annektierten Golan-Höhen demonstrieren am 10. Februar 1998 für Saddam Hussein und Hafis Assad.

und haben enorme Probleme bei der Arbeitsplatzsuche.

Organisationen zum Schutz der Menschenrechte

Die Auseinandersetzungen zwischen Israelis und Palästinensern seit der letzten Intifada führten zu häufigen Menschenrechtsverletzungen. Angesichts dieser kritischen Lage widmen sich zahlreiche Organisationen der Kontrolle und Einhaltung der Menschenrechte. Tselem (wörtlich „im Bilde [Gottes]", siehe 1. Mose 1,27), Israels große Menschenrechtsorganisation, wurde 1989 gegründet und ist im Sinne des Artikels Eins der Menschenrechtserklärung der UN tätig. Es geht darum, die israelische Politik in den besetzten Territorien zu ändern und sicherzustellen, dass Israels Regierung die Menschenrechte der Bewohner achtet. Auch die Menschenrechtsverletzungen der Palästinensischen Autonomiebehörde werden unter anderem mit Hilfe palästinensischer Menschenrechtsorganisationen kontrolliert. Es gibt in Israel noch weitere Organisationen zum Schutz der Menschen-

rechte, solche der arabisch-israelischen Minderheit, oder die Physicians for Human Rights – Israel, die sich um die medizinische Versorgung in den „besetzten Territorien" kümmern. Rein religiöser Herkunft sind die Schomre Mischpat (wörtlich „Wächter des Rechts"), die Rabbis for Human Rights – Israel, in den USA bekannt als Rabbis for Human Rights/North America. Diese 1988 gegründete Organisation von Rabbinern aller Richtungen beruft sich auf die jüdische Tradition der Menschenrechte. Für sie ist die Verletzung von Menschenrechten nicht vereinbar mit den biblischen Ermahnungen hinsichtlich des Umgangs mit dem „Fremden in deiner Mitte". Auch wenn Israel unter den mörderischen Attacken von Feinden leidet, müssen dennoch die zentralen ethischen Lehren des jüdischen Erbes geachtet werden. Die Rabbiner bringen Menschenrechtsverletzungen vor den Obersten Gerichtshof und in die Knesset. Sie treten durch zivilen Ungehorsam hervor, indem sie sich schützend vor palästinensische Häuser stellen, damit diese nicht von der Armee zerstört werden.

DIE JÜDISCHE WIRTSCHAFTSETHIK
Die Einstellung zu Handel und Arbeit

Gott stellte die Erde den Menschen zur Verfügung: Völkern gab er ihr Gebiet, Ethnien und Familien ihren Besitz. Muss jemand sein Land aus Not verkaufen, so geht es im Jobeljahr, dem 50. Jahr, an den ursprünglichen Besitzer zurück. Das freie Wirtschaftsleben wird also durch soziale Gesetzgebung eingeschränkt.

Handel unter ethischen Prinzipien

Heftig kritisiert der Prophet Jesaja rücksichtslose Konkurrenz und Grundstücksspekulationen, da sie im Widerspruch zum Geist Gottes stehen. Die Rabbinen legten im Talmud die Einzelheiten gerechten Handelns fest: Das gesamte Handelsleben soll vom ethischen Geist durchzogen sein. Der Arbeitgeber soll angemessenen Lohn zahlen, der Arbeiter entsprechend Qualitätsarbeit leisten. Auch das Verhältnis zwischen Kaufmann und Kunde soll auf Ehrlichkeit basieren. Hat der Kunde kein Geld oder nicht die Absicht, die Ware zu kaufen, soll er den Verkäufer erst gar nicht in Anspruch nehmen (Baba Metzia 58b). Einem Menschen durch unredlichen Wettbewerb den Lebensunterhalt zu rauben, wird in der rabbinischen Literatur mit Ehebruch gleichgesetzt (Sanhedrin 81a). Im Talmud wird

Der Bankier Salomon Mayer von Rothschild (1774–1855); Porträt von Moritz Daniel Oppenheim (1800–1882)

ferner der Aufkauf von Waren verboten, deren Vorrat knapp ist. Lebensmittelspekulationen werden also verurteilt.

Der bedeutende spanische Kommentator Nachmanides (1195–1270) kommentierte den Vers: „Du sollst tun, was recht und gut ist in den Augen des Herrn" (5. Mose 6,18) dahingehend, dass der Mensch im Wirtschaftsleben nicht nur auf seinen Vorteil und auf die Einhaltung der Gesetze achten soll. Er muss auch berücksichtigen, ob Gott sein Handeln gutheißen würde. Kartelle und Monopole, die der Gesellschaft Schaden zufügen, stehen im Widerspruch zur jüdischen Ethik.

In der Moderne werden einige Prinzipien jüdischer Wirtschaftsethik neu interpretiert. Die früher bestehende Pflicht zur „Wohltätigkeit" (Zedaka) wird zum Teil durch das staatliche Sozialsystem ersetzt. Vor Pessach wird jedoch Geld an Notleidende verteilt,

Augsburger Holzschnitt aus dem Jahre 1531: Ein Bauer leiht sich Geld von einem jüdischen Geldverleiher. Da den Juden im Mittelalter fast überall Landwirtschaft oder Handwerk verboten waren, stellte das Finanzwesen oft die einzige Möglichkeit der Arbeit dar.

und jede Gemeinde besitzt ihre eigene Armenküche und Armenkasse. Das klassische Zinsverbot wird abgewandelt und auf Wucherzinsen beschränkt. Macht die Bank Gewinne mit dem Geld des Kunden, darf dieser von der Bank Zinsen nehmen. Die Bank darf Darlehenszinsen nehmen, wenn jemand einen Kredit aufnimmt.

Jüdische Wirtschaftsethik verwirklicht sich darüber hinaus im Kibbuzprojekt („Sammlung"): Das Land gehört der Gemeinschaft. Jedes Mitglied muss sich nach der Entscheidung der demokratisch ge-

> *„Wehe denen, die ein Haus zum anderen bringen und einen Acker an den anderen rücken, bis kein Raum mehr da ist und sie allein das Land besitzen"*
> (Jes 5,8).

wählten Führerschaft richten. Obwohl sich nur ein Teil der Kibbuzim religiös versteht, geht die Idee auf die Hebräische Bibel zurück. Es ist ein Versuch, „ein ich und Du zu gestalten und ist damit ein Beispiel jüdischer Wirtschaftsethik" (Leo Trepp).

Arbeit als Gottesaufgabe

Für Juden ist die Arbeit eine dem Menschen von Gott gestellte Aufgabe: „Jahwe nahm den Menschen und setzte ihn in den Garten Eden, damit er ihn bebaue und bewahre" (1. Mose 2,15). Arbeit gilt nicht als Folge und Strafe der Sünde wie im Christentum. Eng verbunden mit der Auffassung von Arbeit ist das Gebot der Arbeitsruhe, das in Verbindung zum Ruhen Gottes am 7. Tag der Schöpfung gesehen wird. Wer die Gebote der Arbeit und Arbeitsruhe einhält, ahmt damit Gott nach.

In mühevoller Handarbeit werden alte Torarollen restauriert und so vor dem Verfall gerettet.

Viele Psalmen loben die Arbeit häufig mit dem Ausdruck „deiner Hände Werk": „Was die Hand dir erwarb, darfst du genießen…"(Ps 128,2). Im rabbinischen Schrifttum finden sich verstreute Aussagen zur Arbeit. Besonders hoch schätzten die Rabbinen Landwirtschaft und Handwerk. Es war für die Gelehrten ein Problem, das Arbeitsgebot und das Gebot der unablässigen Be-

schäftigung mit der Tora in Einklang zu bringen. Dabei soll die Tora einen gewissen Vorrang besitzen. Als Ideal besteht diese Vorstellung bereits seit dem Mittelalter bis heute. Für den berühmten Arzt und Philosophen Moses Maimonides (1135–1204) sollte das Torastudium niemals die Existenzgrundlage darstellen, sondern immer von anderer Arbeit begleitet sein.

Im 19. und 20. Jahrhundert ist der Arbeitsbegriff je nach geographischer, wirtschaftlicher und politischer Situation unterschiedlich gedeutet worden. Der nach Palästina ausgewanderte Aaron David Gordon (1856–1922) entwickelte eine Arbeitsethik, um einen Ausweg aus der nationalen Not der Juden zu schaffen. Bei seiner „Religion der Arbeit" spielte die Landwirtschaft

Rinderzucht in einem Kibbuz in den Golanhöhen

eine besondere Rolle. Gordons Gedanken beeinflussten die Kibbuz-Bewegung nachhaltig. Während Gordon der körperlichen Arbeit gegenüber geistiger Beschäftigung einen gewissen Vorrang zusprach, lautet das Motto der religiösen Zionisten: „Tora und Arbeit" – mit Priorität auf der Tora. Die in Russland, Westeuropa und Nordamerika gegen Ende des 19. Jahrhunderts entstan-

Rund 150 Mitarbeiter sind in der „Mazzoth-Jehuda"-Fabrik in Jerusalem mit der Herstellung des ungesäuerten „Mazzoth-Brotes" beschäftigt.

dene jüdische Arbeiterbewegung vertrat eine a-religiöse, sozialistische Arbeitsethik. Ebenfalls a-religiös, aber nicht sozialistisch war Theodor Herzls (1860–1904) Arbeitsauffassung: Er forderte einen Siebenstundenarbeitstag im jüdischen Staat.

Globale Netze

Globalisierung ist aus jüdischer Sicht keine grundsätzlich neue Erscheinung. Seit der Diaspora verdankte das Judentum sein Überleben der Globalisierung und des Geschicks jüdischer Gemeinschaften, über die Landesgrenzen hinaus in Verbindung zu bleiben. Insofern waren Juden Wegbereiter des internationalen Handels. Während jedoch die jüdische Wirtschaftsinitiative früherer Jahrhunderte darauf abzielte, die kulturelle und religiöse Identität des Judentums zu bewahren, so geht es bei der heutigen Globalisierung ausschließlich um wirtschaftliche Interessen. Kritische jüdische Stimmen weisen auf die durch die Globalisierung verursachten Gefahren des Identitätsverlustes und die Notwendigkeit religiöser und kultureller Vielfalt hin.

RICHTLINIEN FÜR RICHTIGES WIRTSCHAFTLICHES ZUSAMMENLEBEN

„Herr, wer darf gasten in deinem Zelt? Wer wohnt auf deinem Heiligtumsberg? Wer untadelig lebt und tut, was recht ist; und die Wahrhaftigkeit redet von Herzen, wer mit seiner Zunge nicht verleumdet; wer seinem Nächsten nichts Arges tut und seinen Nachbarn nicht schmäht; wer die Verworfenen für nichts achtet und ehrt die Gottesfürchtigen; wer seinen Eid hält, auch wenn es ihm schadet; wer sein Geld nicht auf Zinsen gibt und nimmt nicht Geschenke wider den Unschuldigen."
(Psalm 15, 1–5)

STRÖMUNGEN IM JUDENTUM
Das Judentum – Volk und Religion

Solomon Schechter (1847–1915) war der Hauptbegründer des konservativen Judentums in den USA; Radierung von Hermann Struck.

Zum Judentum gehören folgende religiöse Richtungen: Orthodoxe, Konservative und Liberale. Zu Letzteren zählt man auch die aus diesen hervorgegangenen Reformjuden in den USA und England. Der einzige rein amerikanische Zweig des Judentums sind die Rekonstruktionisten, eine Bewegung, die in den 1920er Jahren in New York von dem Philosophen und Rabbiner Mordechai Kaplan (1881–1983) als neuer Weg neben der konservativen Richtung gegründet wurde.

Orthodoxes Judentum

Ein wichtiger Unterschied zwischen den Orthodoxen und allen übrigen Gruppen ist die Deutung des 9. Glaubensgrundsatzes des Moses Maimonides (1135–1204): Die Orthodoxen legen die un-

wandelbare Tora (in erster Linie die fünf Bücher Moses) wortwörtlich aus. Alle anderen Gruppen stehen eher für ein sich entwickelndes und fortschreitendes Judentum, in dem die Tora im jeweiligen historischen Kontext steht und interpretiert wird.

Im 19. Jahrhundert erlebte die Orthodoxie in der Auseinandersetzung mit der Haskala (Aufklärung) einen Aufschwung. Die Neu-Orthodoxie des Frankfurter Rabbiners Samson Raphael Hirsch (1808–1888) setzte sich für religiöse Reformen ein, verlangte aber die strenge Einhaltung der Gebote. Die osteuropäische Orthodoxie förderte durch die Gründung von Talmudhochschulen das jüdi-

FRANZ ROSENZWEIG

Franz Rosenzweig wurde am 25.12.1886 in Kassel als Sohn einer assimilierten, zum Teil christlich gewordenen großbürgerlichen Familie geboren. Nach seiner Studienzeit entschied er sich dann jedoch bewusst für sein Judentum. 1921 erschien Rosenzweigs bedeutendstes Werk, seine religionsphilosophische Abhandlung „Der Stern der Erlösung", die er als Soldat im Ersten Weltkrieg zum Teil auf Feldpostkarten geschrieben hatte. Rosenzweig war einer der ersten Juden, die Judentum und Christentum als gleichwertige Offenbarungsreligionen anerkannten. Rosenzweig lässt sich nicht in die üblichen Gruppierungen des Judentums einordnen. Die Liebe zur Freiheit des Denkens verbindet ihn mit dem liberalen Judentum. Mit dem konservativen aber teilt er die Liebe zur Erfüllung der Gebote.

Rosenzweig vertraute auf die Selbstverwirklichung des jüdischen Volkes und erläuterte dies anhand des Pessachfestes: „Die Schöpfung eines Volkes zum Volk geschieht in seiner Befreiung. So ist das Fest der Anfang der nationalen Geschichte ein Befreiungsfest".

Bereits im Krieg entwarf Rosenzweig Pläne für eine jüdische Bildungsreform. 1920 gründete er das „Freie Jüdische Lehrhaus" in Frankfurt/Main, wo so berühmte Lehrer wie Martin Buber, Gershom Scholem, Erich Fromm und Ernst Simon das Judentum erforschten. Zusammen mit Martin Buber begann Rosenzweig die Übersetzung der Hebräischen Bibel (Pentateuch, 1925–29), die Buber 1961 abschloss. Rosenzweig litt seit 1922 an einer fortschreitenden Lähmung und starb am 10.12.1929 in Frankfurt/Main.

Martin Luther King erhält den Solomon Schechter Preis, verliehen von der United Synagogue of America; rechts im Bild Abraham Joshua Heschel; 1963.

sche Lernen, machte Front gegen reformerische Tendenzen.

Zentrum der Orthodoxie ist heute neben den USA der Staat Israel. Dort gibt es nur wenige reformjüdische Gemeinden und Kibbuzim. Ein Beispiel für die Spannungen zwischen den jüdischen Gruppen zeigt sich am Verständnis des Begriffes „Jude". Die israelischen Orthodoxen wollten neu bestim-

men, wer Jude ist, und das Rückkehrgesetz des Staates Israel von 1950 ändern. Dieses Gesetz legt im Zusammenhang mit der Einbürgerung in §4 fest, dass als Jude ein Mensch gilt, der von einer jüdischen Mutter geboren wurde oder sich zum Judentum bekehrt hat und der nicht einer anderen Religion angehört. Die Orthodoxen forderten, dass als Jude nur derjenige anerkannt

würde, der nach der Halacha (dem Religionsgesetz) übergetreten ist. Zukünftig würden also nur noch solche Personen als jüdisch anerkannt, die ihren Übertritt bei einem orthodoxen Rabbiner vollzogen haben. Darüber hinaus versuchen die Orthodoxen seit langem, Mischehen von Orthodoxen mit Angehörigen anderer Gruppierungen zu verhindern.

Leo Baeck (rechts) spricht als erster nicht-amerikanischer Rabbiner das Eröffnungsgebet vor dem Repräsentantenhaus am 12. Februar 1948.

Chassidim, Konservative und Reformjuden

Neben den Orthodoxen spielen in Israel die *Chassidim* („Fromme")
eine große Rolle. Sie sind heute vor allem auch in den USA und
Europa verbreitet. Zu den bekanntesten Gruppen zählen die Lubawitscher, eine Bewegung, die im späten 18. Jahrhundert in der
weißrussischen Stadt Lubawitsch gegründet wurde. Im 20. Jahrhundert machte der siebte Lubawitscher Rebbe, Menachem Mendel Schneerson, aus der ehemals kleinen, von der Shoa fast vernich-
teten Gemeinschaft eine weltweite Bewegung mit heute über
200 000 Mitgliedern.

Die Konservativen sind inzwischen in den USA zahlreicher als
die Orthodoxen oder Reformjuden. Sie stehen treu zum jüdischen
Gesetz, befürworten aber seine Veränderung, wenn bestimmte Gebote veraltet sein sollten.

Liberales Judentum und Reformjudentum stehen in der Tradition der europäischen Reformbewegung des 19. Jahrhunderts. Die
Vertreter des Reformjudentums stellen das Verhältnis des Menschen
zu Gott und zu den Mitmenschen über die Erfüllung der religionsgesetzlichen Vorschriften. Zu den Hauptvertretern gehören Abraham Geiger (1810–1874) und Leo Baeck (1873–1956), unter dessen Führung das liberale Judentum die Mehrheit der deutschen
Juden erfasste. Das liberale Judentum schuf eine Vielzahl von Reformen. So ist in den USA die Geschlechtertrennung im Gottesdienst aufgehoben und es gibt Familienbänke. Auch muss man
seinen Kopf beim Gebet nicht bedecken. In liberalen Gemeinden
gibt es Rabbinerinnen, Kantorinnen und Vorbeterinnen.

Der ultra-orthodoxe „Rebbe" Menachem Mendel Schneerson (1902–1994), Leiter Religiöser Dienste in New York

ABRAHAM JOSHUA HESCHEL

Abraham Joshua Heschel wurde am
11.1.1907 in Warschau geboren. Er gehört zu den wichtigsten jüdischen Den-
kern Osteuropas. Heschel war der Nach-
fahre berühmter chassidischer Führer.
1927 nahm er seine philosophischen Studien in Berlin auf. Sechs Jahre später legte er seine Doktorprüfung mit der bedeutenden Arbeit „Die Prophetie" ab (1935).
In seiner Beschreibung der prophetischen
Gotteserfahrung unterscheidet Heschel
zwischen dem „Gott der Bibel" und dem
„Gott der Philosophie". 1937 ernannte
Martin Buber Heschel zu seinem Nach-
folger an der Mittelstelle für jüdische Er-
wachsenenbildung am jüdischen Lehrhaus in Frankfurt/Main. Ein Jahr später
wurde Heschel von den Nationalsozialisten nach Polen ausgewiesen. Von dort gelang ihm 1939 die Flucht nach England,
ein Jahr später in die USA. Von 1940 bis
1945 lehrte Heschel am Hebrew Union
College in Cincinnati, ab 1945 am Jewish
Theological Seminary in New York, der
bedeutenden Lehrstätte des amerikanischen konservativen Judentums. In seinem bekanntesten Werk „Gott sucht den
Menschen" (1956) spricht Heschel vom
„leidenden Gott". Der Gott Israels wird
im Unterschied zum griechischen Denken nicht als in sich ruhend gedacht, sondern er leidet und tröstet, nimmt Anteil
am Schicksal seines Volkes. Heschel fragt,
ob nicht nur der Exodus aus Ägypten beziehungsweise die Heimkehr aus der Babylonischen Gefangenschaft, sondern
auch der Ort der größten Qualen, das Lager Auschwitz, ein Ort göttlicher Offenbarung gewesen sein könnte.

Heschel engagierte sich in der amerikanischen Bürgerrechtsbewegung der
1960er Jahre und trat offen gegen den
Vietnamkrieg auf. Auch bemühte sich
Heschel sehr um den interreligiösen Dialog, zum Beispiel bei der Vorbereitung
zum zweiten Vatikanischen Konzil. Zusammen mit Kardinal Bea war er verantwortlich für die Abfassung der so genannten Judenerklärung des Zweiten Vatikanischen Konzils (1962–1965). Heschel starb am 23.12.1972 in New York.

DIE ZEIT DER ERSTEN KÖNIGE
Jerusalem wird Mittelpunkt des Königreichs Israel

Abführung der Juden in die Gefangenschaft durch Sanherib 701 v. Chr. nach der Belagerung von Lachisch; Relief vom Palast des Sanherib in Ninive; Paris, Museum Louvre.

David, der legendäre König der Israeliten, wurde ca. 1034 v. Chr. in Bethlehem geboren. Bei einer der zahlreichen Schlachten gegen die Philister – ein nichtsemitisches levantinisches Seevolk – gelang ihm der sagenumwobene Sieg gegen den Riesen Goliath. Daraufhin konnte er um 1000 vor unserer Zeitrechnung Juda und Israel zu einem Großreich zusammenführen. Als David um 998 v. Chr. auch noch das bis dahin kanaanäisch-jebusitische Jerusalem erobern konnte, machte er den Stadtstaat zu seiner neuen Haupt- und Residenzstadt.

Der Tempel in Jerusalem

Durch die Überführung der Bundeslade wurde Jerusalem auch zum Mittelpunkt des religiösen Kultes. Schon David wollte hier eine dauerhafte Kultstätte errichten, doch erst sein Sohn Salomo begann 962 v. Chr. damit, einen Tempel für den Kult des israelitischen Gottes Jahwe zu bauen. Dieser Tempel, der in einem neu gegründeten Stadtviertel nördlich der ursprünglichen Stadt auf dem Berg Moria erbaut wurde, bildete eine Einheit mit dem neuen Königspalast. Er beherbergte die Menora, den siebenarmigen Leuchter, die Bundeslade und den Opferaltar. Das Allerheiligste war durch Wände aus Zedern und Ölbaumholz sowie durch einen Vorhang abgetrennt. Nur der Hohepriester durfte es einmal im Jahr an Jom Kippur (Versöhnungstag) betreten. Dann öffnete er den Vorhang und sprengte das Blut eines geschlachteten Widders zur Vergebung der Sünden des ganzen Volkes auf die Platte der Bundeslade. Herkunft, Alter und Bedeutung der Lade sind umstritten. Sie mag ein Schrein aus Holz gewesen sein, innen und außen vergoldet und mit einer goldenen Deckplatte versehen. Zwei goldene Engel sollen auf ihr gestanden ha-

Das Urteil Salomos (1. Kön 3,16–28);
Buchmalerei, 13. Jahrhundert

ben. Die Israeliten waren überzeugt, dass sich in der Lade, Symbol der Gegenwart Gottes, die steinernen Bundestafeln befanden, die Mose von Gott auf dem Berg Sinai erhalten hatte.

Im Vorhof des Tempels, den nur die Priester und männliche Israeliten betreten durften, befand sich der vergoldete, an den vier Ecken durch so genannte Hörner erhöhte Brandopferaltar. Hier verbrannten jeden Morgen die Priester Weihrauch, Gewürze und Kräuter. Bei dem wichtigsten Opfer, dem Brandopfer, wurde das Tier bis auf die Haut verbrannt. Diese fiel anschließend dem opfernden Priester zu. Von dem Fleisch erhielt niemand etwas, da alles Gott gehörte. Bei dem Schlachtopfer führte der Opfernde seine Gabe vor den Priester und nannte sein Anliegen, zum Beispiel Versöhnung, Lob oder Dank. Dann legte der Opfernde seine Hand auf das Opfertier und identifizierte sich auf diese Weise mit ihm. Schließlich schlachtete der Opfernde das

Tier, das an seiner Stelle starb. Der Priester strich oder sprengte daraufhin das Blut auf die Hörner des Altars. Das Speiseopfer, bestand aus Hartweizengrieß, vermengt mit Olivenöl und Weihrauch.

Nach Salomos Tod gegen 930 v. Chr. zerfiel das Reich in das Nordreich Israel und das Südreich Juda. Als der babylonische König Nebukadnezar II. im Jahr 587 Jerusalem eroberte, wurde der Erste beziehungsweise Salomonische Tempel zerstört. Tempelschatz und Bundeslade wurden geraubt, die Oberschicht des Südreiches zwang man, nach Südmesopotamien auszuwandern. Diese Zeit gilt als „Babylonische Gefangenschaft".

Erst rund 50 Jahre später, unter Darius I. um ca. 522 v. Chr., war eine Rückwanderung möglich. Als Ende des babylonischen Exils gilt entweder der Erlass des persischen Großherrschers Kyros (538 v. Chr.), der den Juden durch ein Edikt die Rückkehr erlaubte (Esra 1), oder die Vollendung des Wiederaufbaus des Jerusalemer oder Zweiten Tempels (515 v. Chr.), mit dessen Bau ab 520 v. Chr. begonnen worden war. Nach seiner Zerstörung durch die Römer im Jahre 70 n. Chr. blieb nur der Westteil der Umfassungsmauer übrig. Bis heute beten Juden an dieser Westmauer (Kotel), die volkstümlich auch Klagemauer genannt wird.

Festigung der religiösen Identität

Aufgrund der Ermahnung der verschleppten Propheten Jeremia und Ezechiel hielten die Judäer in der Fremde an ihrem Glauben fest. So wurden während des Exils und danach die alten Jerusalemer Traditionen zu großen Sammelwerken (Tora, Deuteronomistisches Geschichtswerk: Josua bis 2. Könige) zusammengefasst. Eine religiöse Erneuerung führte dazu, die blutigen Tempelopfer durch die Toralesung und -auslegung

Modell des von König Herodes (reg. 37–4 v. Chr.) in Jerusalem erbauten Zweiten jüdischen Tempels

Das Allerheiligste

„Und Schelomo (Salomon) baute das Haus und vollendete es (…). Und einen Innenraum in der Mitte des Hauses nach innen zu richtete er ein, um dorthin die Bundeslade des Ewigen zu setzen (…). Und Schelomo überzog das Haus innen mit massivem Gold und überzog den Altar mit Zeder.

Und Schelomo überzog das Haus innen mit massivem Gold und schloß mit goldenen Ketten vor dem Innenraum ab, und überzog es mit Gold.

Das ganze Haus schlug er mit Gold aus, bis das ganze Haus fertig war, auch den ganzen Altar, der zum Innenraum gehörte, überzog er mit Gold.

Und er machte im Innenraum zwei Kerubim aus Ölbaumholz zehn Ellen hoch. Und fünf Ellen den einen Flügel des Kerubs und fünf Ellen den zweiten Flügel des Kerubs, zehn Ellen von den Enden seiner Flügel bis zu den Enden seiner Flügel.

Die Höhe des einen Kerubs zehn Ellen und so für den zweiten Kerub. Und er setzte die Kerubim in das Innere des Hauses, und man breitete die Flügel der Kerubim, dass der Flügel des einen an die Wand rührte und der Flügel des zweiten Kerubs an die zweite Wand rührte und ihre Flügel zur Mitte des Hauses rührten Flügel an Flügel, und er überzog die Kerubim mit Gold. (…)

Dann brachten die Priester die Bundeslade des Ewigen an ihre Stätte, in den Innenraum des Hauses, ins Hochheilige, unter die Flügel der Kerubim.

Denn die Kerubim breiteten die Flüge nach der Stätte der Lade hin, so verstellten die Kerubim über der Lade und ihren Stangen oben hin. (…) Nichts war in der Lade, nur die beiden steinernen Tafeln, die Mosche (Moses) dort niedergelegt hatte am Horeb, wodurch der Ewige einen Bund mit den Kindern Jisrael geschlossen auf ihrem Zug aus dem Lande Mizraim (Ägypten).“
(1. Könige 6,19–28 mit Auslassungen und 1. Könige 8,6ff.)

zu ersetzen. Ort des Gottesdienstes wurde nun die Synagoge.

Während der persischen Periode (538–332 v. Chr.) grenzten sich die heimkehrenden Juden von den Altisraeliten und Altjudäern ab. Nehemia sorgte für die Trennung der Gemeinde nach außen (Mauerbau um Jerusalem, Neh 2–7; 12,27 bis 43), während Esra für die Festigung der Gemeinde nach innen eintrat (Verpflichtung auf das „Gesetz", Neh 8; Verbot der Mischehe, Esr 9f.; Neh 13,3.23ff.; vgl. Mal 2,11f.). Er verpflichtete das Volk auf die Tora des Mose.

Exkurs: Die Samaritaner

Das in der Bibel als Samariter bekannte Volk war von den Verschleppungen der Juden durch die Assyrer in das Babylonische Exil verschont geblieben. Die zurückgebliebenen Samaritaner vermischten sich mit den babylonischen Siedlern, galten deshalb den aus der Gefangenschaft heimkehrenden Juden als unrein. Es kam zur Feindschaft zwischen Juden und Samaritanern, weil diese am Tempel mitbauen wollten. Bei dem Propheten Haggai ist dieser Streit noch überliefert: „Ebenso ist es mit diesem Volk und mit diesen Leuten vor mir, spricht der Herr, und auch mit allem Werk ihrer Hände; und was sie dort opfern, ist unrein". (Haggai 2, 14). Losgelöst vom jüdischen Zentrum in Jerusalem richteten die Samaritaner ihr eigenes Kulturzentrum auf dem Berg Garizim bei Sichem ein und bewirkten so die bis heute andauernde Spaltung, die einzige in der Religionsgeschichte Israels, zwischen Juden und Samaritanern. Der genaue Zeitpunkt des Schismas, zu dem es nur wenige biblische Quellen gibt, ist in der Forschung umstritten: möglicherweise um 330 beziehungsweise im 2. Jahrhundert v. Chr.

Heute sind die Samaritaner die weltweit kleinste ethnische Minorität mit ca. 650 Mitgliedern in fünf Familienverbänden (um die Jahrhundertwende waren es nur 190). Vor 2000 Jahren zählten die Samaritaner dagegen noch ca. eine Million Gläubige. Durch Verfolgung und Anpassung an die Umwelt reduzierte sich diese Zahl aber drastisch, und so blieben nur noch wenige Gemeinden in Syrien, Ägypten und Palästina übrig. Mitte des 18.

Jahrhunderts verließen die letzten ihre Gemeinden in Damaskus, Kairo und Gaza, um sich zu den Samaritanern von Nablus zu gesellen. Traditionell heirateten die Samaritaner ausschließlich untereinander (Endogamie). Seit 1923 wurde es den Männern jedoch gestattet, auch Jüdinnen zu heiraten. Diese mussten jedoch zur Religion der Samaritaner konvertieren. Von den Samaritanern leben etwa 300 vorwiegend Hebräisch sprechende Anhänger in Israel (Cholon, nahe Tel Aviv), die andere, arabischsprachige Hälfte im Westjordanland bei Nablus, an den Hängen des Berges Garizim. Dieser Berg, den sie für den höchsten halten, ist für die Samaritaner der heilige Ort. Hier sei nicht nur die Arche Noahs gestrandet, sondern dies sei auch die Stätte, an der Abraham seinen Sohn Isaak Gott opfern wollte. Auf dem Berg Garizim – und nicht in Jerusalem – erwarten die Samaritaner den Messias.

Als heilige Schrift erkennen die Samaritaner ausschließlich die fünf Bücher Mose an. Sie besitzen keine ergänzenden, aktualisierenden Deutungen wie etwa Mischna und Talmud. Die Samaritaner verstehen sich als das eigentliche Israel, als die wahren Befolger der Tora des Mose.

Sie haben viele archaische Bräuche aus der Zeit vor der Zerstörung des Tempels, zum Teil aus der Zeit vor dem Exil, beibehalten. Es gibt einen samaritanischen Hohepriester. Im Frühling zu Neujahr – nicht wie die Juden im Herbst – praktizieren sie blutige Tieropfer. Mit Ausnahme von Purim und Chanukka feiern die Samaritaner die jüdischen Feste. Die Praxis des Ausziehens der Schuhe vor dem Betreten der mit Teppichen ausgelegten Synagogen haben die Samaritaner offensichtlich vom Islam übernommen.

Bronzefigur des David (um 1472/76) mit abgeschlagenem Haupt des Riesen Goliath, geschaffen von dem einflussreichen Renaissancekünstler Andrea del Verrocchio (1436–1488); Florenz, Museo Nazionale del Bargello

JUDEN IM RÖMISCHEN REICH
Aufstände gegen die Fremdherrschaft und Diaspora

Durch ihre Expansion in den östlichen Mittelmeerraum seit dem 2. Jahrhundert v. Chr. stießen die Römer auch auf die um ihre politische Selbständigkeit kämpfenden Juden in Palästina. Seit 63 v. Chr. stand Palästina unter direkter oder indirekter römischer Herrschaft. Dennoch setzten sich innere Kämpfe fort, bis Herodes 40 v. Chr. zum König von Judäa ausgerufen wurde. Herodes (73–4 v. Chr.) regierte grausam und schonungslos, ließ jedoch den Zweiten jüdischen Tempel zum größten Tempelkomplex der Antike umbauen.

Erster jüdisch-römischer Krieg

In den Jahren 66–73 fand der erste jüdisch-römische Krieg statt. Auf Seiten der jüdischen Widerstandsbewegung spielten die Zeloten als radikale Kämpfer eine bedeutende Rolle. Sie wollten die Gottesherrschaft gegen jede Fremdherrschaft gewaltsam herbeizwingen. Bis 70 n. Chr. konnten sie Jerusalem halten, dann zerstörten die römischen Truppen unter Titus 70 n. Chr. den Zweiten Tempel und schlugen den Aufstand nieder. Damit fand der von den Priestern veranstaltete Tempelkult sein Ende. Die Zeloten entzogen sich durch ihren Massenselbstmord drei Jahre nach dem Fall Jerusalems auf der Festung Masada dem Zugriff der Römer.

Nach der Zerstörung des Tempels waren viele Juden gezwungen, in der *Diaspora* zu leben. Dieser griechische Begriff beziehungsweise das hebräische *Galut* bedeuten „Zerstreuung" und bezeichnen das Leben der Juden außerhalb Israels. In Syrien, Ägypten und in den Hafenstädten des östlichen und westlichen Mittelmeers entstanden jüdische Diasporagemeinden, deren Mitglieder Griechisch sprachen. Zwar gab es bis zum fünften Jahrhundert noch eine große jüdische Siedlung in Palästina, doch viele Juden wanderten aus und gingen nach Rom, wo sie römische Bürgerrechte erhielten.

Während des Parther-Feldzugs Trajans (113–117 v. Chr.) gerieten auch die jüdischen Gemeinden Babyloniens unter römische Herrschaft. Im Jahr 115 kam es zu einem weit verbreiteten Aufstand gegen die römische Besatzung – beteiligt waren auch jüdische Gemeinden in Cyrene (heute Libyen) und Ägypten. Die jüdischen Gelehrten waren bis dahin bestrebt gewesen, Palästina aus den verschiedenen früheren Aufständen gegen die Römer herauszuhalten. Auch als die Römer ihnen befahlen, eine Kopfsteuer von zwei Drachmen, den *fiscus judaicus*, an den Tempel des Jupiter Capitolina zu entrichten, hatten die Gelehrten Folge geleistet. Doch gleichzeitig hielten sie ihre Glaubensbrüder an, neben der römischen Pflichtsteuer die Tempelsteuer von einem halben Schekel weiter an ihren Sanhedrin („Hoher Rat") zu zahlen, um den Anschein einer Autorität jüdischer Gelehrter im Land aufrecht zu erhalten. Im inneren jüdischen Bereich fungierten die Patriarchen anstelle der Hohepriester als Gesetzgeber, Richter und Verwaltungsbeamte. Schlechte wirtschaftliche Bedingungen und das Toleranzedikt von Mailand (313), wel-

Ausschnitt aus dem linken Innenrelief des Titusbogens auf dem Forum Romanum: Triumphzug römischer Soldaten mit der erbeuteten siebenarmigen Menora

Luftaufnahme der Festung Masada am Toten Meer

Vorder- und Rückseite einer von Bar Kochba ausgegebenen Münze: Krug mit symbolischer Pflanze und Tempel

ches das Christentum begünstigte, führten langfristig zur Abwertung und 429 zur Aufhebung des Patriarchats.

Zweiter jüdisch-römischer Krieg

Trotz der Bemühungen, sich mit der römischen Oberherrschaft zu arrangieren, kam es zum zweiten jüdisch-römischen Krieg. Auslöser dafür waren die judenfeindlichen Gesetze des Kaisers Hadrian (76–138). Dieser wollte Jerusalem in die römische Kolonie „Aelia Capitolina" umwandeln. Außerdem verbot er den Juden, sich beschneiden zu lassen.

Mehrere Jahre – von 132 bis 135 – tobte der Aufstand der Juden unter der Führung Schimon ben Kosibas, genannt Bar Kochba („Sternensohn"), gegen ihre römischen Besatzer. Sein Anspruch, der erwartete Messias zu sein, wurde sowohl vom Volk als auch von den Rabbinern anerkannt, zum Beispiel von dem berühmten Gelehrten Akiba ben Joseph (40–135), bekannt unter dem Namen Rabbi Akiba.

Den Aufständischen gelang es, Teile des Landes, sogar Jerusalem, aus der Hand der Römer zu befreien und eine eigene Verwaltung einzurichten. Doch dann eroberten

römische Legionäre Jerusalem im Jahr 134 zurück. Mit der überwältigenden Mehrheit von 50 000 Mann gelang es den Römern, Bar Kochba und sein Heer auf das Gebiet zwischen Jerusalem und Hebron zurückzudrängen und schließlich in der Festung Bethar einzuschließen. Einige von Bar Kochbas Rebellen flohen in die Berge und versteckten sich in den Höhlen. Ihre Waffen, Proviant und Dokumente nahmen sie mit. In den 1960er Jahren wurden ihre Unterlagen gefunden. Sie geben Einblick in die Verwaltung des Bar-Kochba-Regimes und zeugen von einem ungeheuren Verteidigungswillen der Aufständischen.

Als die Festung Bethar durch Verrat fiel, wurde Bar Kochba zusammen mit anderen Aufständischen getötet. Die Römer richteten ein verheerendes Blutbad an. Die Überlebenden wurden hingerichtet, in die Sklaverei verkauft oder nach Ägypten deportiert. Nach dem Tod Bar Kochbas starb auch Rabbi Akiba den Märtyrertod. Jerusalem wurde nach dem Aufstand in die römische Kolonie Aelia Capitolina umgewandelt. Juden durften die Stadt nicht mehr betreten. Nach dem Ende des Aufstands war dem Judentum in Palästina das militä-

rische Rückgrat gebrochen. Die Beschneidung, die Einhaltung des Sabbats und die Einsetzung rabbinischer Gelehrter wurden verboten. Erst nach dem Regierungsantritt von Antonius Pius 138 wurden diese Gesetze zurückgenommen. Neues jüdisches Zentrum wurde Galiläa, wo sich die Gelehrten in der Stadt Uscha versammelten und einen neuen Sanhedrin („Hoher Rat") gründeten.

Unter byzantinischer Herrschaft

Im Byzantinischen Reich (330–1453) wurde der Rechtsschutz des Judentums als erlaubte Religion aufgehoben. Der „Codex Theodosianus" von 438 und der Erlass „Über die Juden" von Justinian aus dem Jahr 553 sind Beispiele der antijüdischen Gesetzgebung im mehrheitlich christlichen Staat: Es durften keine neuen Synagogen gebaut, keine Purimfeiern veranstaltet werden. Juden war es nicht erlaubt, Vorgesetzte von Christen zu sein, christliche Sklaven zu halten, Missionen zu betreiben, ihre Gottesdienste auf Hebräisch zu feiern oder die Bibel in hebräischer Sprache zu lesen. Diese antijüdischen Gesetze waren bis zum Fall des Byzantinischen Reichs in Kraft.

DIE SPANISCHEN JUDEN IN AL-ANDALUS
Kulturelle Hochblüte und Niedergang

D as oft verklärte „Goldene Zeitalter" der Juden (10. bis 11. Jh.) auf der iberischen Halbinsel führte zu einer Blüte der Wissenschaft und Kultur. Berühmte jüdische Gelehrte, Ärzte, Philosophen und Mathematiker kamen aus der Diaspora nach Spanien.

Religiöse Toleranz unter den Omajjaden

Während der muslimischen Herrschaft (711–1492) lebten viele Generationen von Juden auf der iberischen Halbinsel in Frieden. Juden hatten im arabischen Heer gekämpft und waren mit den Eroberern nach

Spanien gekommen. Der bereits im Land ansässigen jüdischen Bevölkerung war die Machtübernahme der Muslime auch willkommen, denn sie bedeutete eine Befreiung von den Repressalien der bis dahin herrschenden Westgoten. Für die muslimischen Herrscher waren Juden und Christen Angehörige von „Buchreligionen", hatten also Anteil an der selben Offenbarung. Daher durften die beiden Bevölkerungsgruppen ein normales Zivilleben führen, solange sie die Kopfsteuer entrichteten und sich an bestimmte Vorschriften hielten. Es war ihnen allerdings untersagt, neue Synagogen zu bauen – alte durften instand gehalten werden. Verwehrt waren Nichtmus-

limen zudem Regierungsposten und Militärdienst.

Gleichwohl stiegen manche Juden zu hohen Ämtern auf. Der Jude Chasdai Ben Shaprut (905–970) war der engste Vertraute des ersten Kalifen von Córdoba, Abd ar-Rahman III. Er hatte bei jüdischen und arabischen Ärzten Medizin studiert und bei Priestern Lateinunterricht erhalten. Als Leibarzt und Ratgeber des Kalifen wurde er mit heiklen diplomatischen Missionen beauftragt. So verhandelte er mit Gesandten Kaiser Ottos I. und reiste als Sonderbotschafter nach Byzanz. Im Namen des Kalifen führte er außerdem die Oberaufsicht über alle Synagogen und Gemeinden des Reiches.

MOSCHE BEN MAIMON (MAIMONIDES)

Maimonides, eigentlich Rabbi Mosche ben Maimon, wurde am 30. März 1135 in Córdoba geboren und war der bedeutendste Rabbiner seiner Zeit. Dieser Religionsphilosoph, Arzt und Jurist, der von arabischen Lehrern in griechisch-arabischer Philosophie und Naturwissenschaften unterrichtet wurde, war einer der berühmtesten jüdischen Gelehrten des Mittelalters. Er stammte aus einer angesehenen Rabbinerfamilie in Córdoba, wo sich heute im ehemaligen Judenviertel, der Judería, sein Denkmal unweit der Synagoge und der Mezquita, der Moschee, befindet. Maimonides war in Spanien, Marokko und Ägypten tätig. Ab 1185 wirkte er als Hofarzt des Sultans Salah ad-Din (volkstümlich: Saladin) und galt als Repräsentant der ägyptischen Judenheit. Gleichzeitig genoss Maimonides als Kodifikator des jüdischen religiösen Gesetzes große Anerkennung. In seinem

Statue von Maimonides an der kleinen Plaza del Tiberiades von Córdoba unweit der Synagoge und Moschee

Hauptwerk „Kommentar zur Mischna" formulierte er 13 Glaubensgrundsätze, die später in das jüdische Gebetbuch aufgenommen wurden. In dieser Schrift grenzte er das Judentum von Christentum und Islam ab und gab zugleich eine Gesamtdarstellung der verbindlichen jüdischen Glaubensinhalte. In seinem Werk „Wiederholung der Lehre" systematisierte er das religiöse Gesetz und Traditionsgut seiner Zeit. Sein „Führer der Unschlüssigen" gilt als zentrales Werk der mittelalterlichen jüdischen Religionsphilosophie, in dem Maimonides zwischen den Aussagen des Aristoteles und der jüdischen Religionslehre zu vermitteln versucht. In seinen medizinischen Schriften beschäftigte sich Maimonides mit den Anschauungen des griechischen Arztes, Anatomen und Philosophen Galenos (um 129–um 199). Maimonides starb am 13. Dezember 1204 in Fustat (Alt-Kairo).

Die 1180 erbaute Synagoge Santa María la Blanca in Toledo ist ein hervorragendes Beispiel für den Mudéjar-Stil, der arabische Schmuckelemente in jüdische und christliche Architektur integrierte. Nach der Vertreibung der Juden wurde auch diese Synagoge in eine Kirche umfunktioniert.

Blick in eine typische Gasse des Judenviertels in Córdoba

Blütezeit der Wissenschaft

Das zehnte und beginnende elfte Jahrhundert war der Höhepunkt der islamisch-jüdischen Verständigung in Spanien. Die Juden identifizierten sich mit der arabisch-islamischen Kultur. Sie benutzten die arabische Sprache, nannten sich zum Beispiel „Salomon ibn Maimon" und nicht – wie sonst unter Juden üblich – „Salomon ben Maimon". Der Einfluss der arabischen Kultur wirkte sich auch auf die Architektur der Synagogen aus, die Elemente der islamischen Kunst – wie zum Beispiel Hufeisenbögen oder Stuckornamente – übernahm.

Im 10. Jahrhundert hatte sich Córdoba zum Zentrum der jüdischen Gelehrsamkeit entwickelt und konnte bis zu Beginn des 12. Jahrhunderts diese Stellung behaupten. Die Wissenschaft blühte. Zahlreiche Universitäten, Schulen und Bibliotheken wurden gegründet. Dann wurde Toledo – seit 1085 Hauptstadt Kastiliens – geistiger Mittelpunkt des Judentums. Von großer Bedeutung sind in diesem Zusammenhang die Arbeiten der jüdischen Literaten und Philosophen, welche die bis dahin als heidnisch verbotenen Werke griechischer Denker in das Arabische und dann in das Hebräische übersetzten. Auf diese Weise wurde das Gedankengut der griechischen Antike an das christliche Abendland vermittelt und hatte einen enormen Einfluss auf die Entstehung der europäischen Wissenschaften im Mittelalter. Viele der übersetzten Texte blieben bis in das 17. Jahrhundert Standardlehrbücher an europäischen Universitäten.

Verfolgung und Vertreibung aus Spanien

Ende des elften Jahrhunderts begann sich die Lage der Juden im islamischen Spanien zu verschlechtern. Im zwölften Jahrhundert wurden Synagogen und Akademien geschlossen und die jüdische Religionsausübung verboten. Juden mussten sich zum Islam bekennen und emigrierten deshalb nach Nordafrika oder weiter nach Norden in den christlichen Teil Spaniens. Dort erteilten im 13. Jahrhundert die christlichen Könige Rittern, Adligen und Klerikern das Recht, Juden anzusiedeln und zu besteuern. Juden wurden wegen ihrer Arabischkenntnisse geschätzt, wirkten als Verwaltungsbeamte und hatten bedeutende Positionen in der Wirtschaft inne.

Die kulturelle Hochblüte endete mit der christlichen Reconquista („Rückeroberung") der von den islamischen Mauren (abgeleitet von Mauretanien) besetzten iberischen Halbinsel von Norden her. Mit dem Auftreten der Pest im Jahr 1348 begannen heftige Judenverfolgungen. 1391, rund 100 Jahre vor der endgültigen Vertreibung der Juden, wurden in Sevilla jüdische Viertel zerstört, Synagogen in Brand gesetzt. Die Verfolgung griff auf die Städte Córdoba, Toledo, Burgos, Valencia, Palma de Mallorca und Barcelona über. Massaker und Zwangstaufen beendeten das jüdische Gemeindeleben. Die so genannten Marranen (wohl „Schweine") oder Conversos blieben jedoch trotz Taufe ihrer jüdischen Religion treu, galten daher als christliche Ketzer und waren noch Jahrhunderte dem Misstrauen und der Verfolgung der Inquisition ausgesetzt.

Gottesdienst in einer Synagoge; jüdische Buchmalerei aus Spanien, 1530

Als 1492 mit Granada die letzte muslimische Bastion auf der Iberischen Halbinsel von den Heeren der spanischen Könige eingenommen wurde, begann für die Juden eine Zeit des Elends und der Vertreibung. Im Bestreben, nicht nur einen territorial, sondern auch einen religiös einheitlichen Staat zu schaffen, wurden die Juden vor die Wahl gestellt, das Land zu verlassen oder getauft zu werden. Kurz danach wurde mit den Muslimen ebenso verfahren. Eine rigorose Missionierung – begleitet von dem Schreckensinstrument der Inquisition – begann. Tausende wurden gefoltert und verbrannt. Ein endloser Strom von Flüchtlingen ergoss sich in den Folgejahren über Portugal, die Niederlande, England, Süd- und Osteuropa sowie Nordafrika.

JUDEN IM MITTELALTER
Ein Leben zwischen Duldung und Verfolgung

Das Vorurteil vom Juden als Wucherer aus einer französischen Bible moralisée (13. Jahrhundert)

148

Map Legend (left)

- für Juden verschlossene Gebiete um 1300
- jüdische Migration um 1300
- für Juden verschlossene Gebiete um 1400
- jüdische Migration um 1400
- für Juden verschlossene Gebiete um 1500
- für Juden verschlossene Gebiete mit teilweisen Aufenthaltserlaubnissen um 1500
- jüdische Migration um 1500
- andere katholische Länder 1500
- um 1500 unter muslimischer Herrschaft stehende Gebiete
- Verbreitung der „Rindfleisch"-Massaker 1298–1303
- Verbreitung der „Armleder"-Massaker 1336–1338

1 Fulda 1349
2 Frankfurt 1241, 1336, 1349
3 Mainz 1349, 1420, 1438, 1462, 1473

4 WÜRTTEMBERG 1498
5 MAGDEBURG 1493
6 BAYERN 1450
7 ÖSTERREICH 1470
- TIROL 1475
- KÄRNTEN 1496
- STEIERMARK 1496
- SALZBURG 1498

Map Legend (right)

Köln bedeutende Stadt
Münster andere Stadt oder Ort
† Erzbistum
♦ Massaker an Juden beim Ersten Kreuzzug 1096
1391 anderes Massaker an Juden mit Datum
• Beschuldigung des Ritualmordes an Christen
○ Beschuldigung der Hostienschändung
✡ antijüdische Unruhen 1348–50
● Kirchenkonzil, das antijüdische Gesetze verbreitete
1492 Datum der Vertreibung von Juden

Map place names

York 1190 · Lynn 1190 · Norwich 1190 · ENGLAND 1290 · Bury St. Edmunds 1190, 1190 · London 1190, 1262, 1264 · 1290

POMMERN 1492 · MECKLENBURG 1492 · Berlin · Magdeburg 1493 · SACHSEN 1432 · Breslau · POLEN · Krakau 1494 · Weichsel

Utrecht · Deventer · Münster · Dortmund · Goslar · Erfurt · Würzburg 1453, 1498 · Bamberg 1298, 1499 · Nürnberg 1298, 1499 · Regensburg · Eger

Antwerpen · Louvain · Köln 1221, 1458 · BRABANT · Brüssel · Koblenz 1336 · Trier · Worms · Rothenburg · Augsburg 1440 · Passau 1478 · Wien 1421, 1421

Rouen † · Metz · Speyer · Straßburg 1338, 1349 · Nördlingen 1349 · Ulm 1499 · München 1285 · Salzburg · Wiener Neustadt · UNGARN 1349, 1360–64

Paris 1380 · Mühlhausen 1338 · Konstanz 1446 · Zürich 1435 · Bern · Yenne · Trient · Treviso

BRETAGNE 1236–39, 1240 · ANJOU 1236–39, 1288 · BURGUND 1306–15, 1322–61 · Bourges 1320 · St. Saturin · Châtel · Chambéry · Aiguebelle · Mantua · Padua · Venedig 1497

FRANKREICH 1320, 1380, 1182–98, 1251–52, 1306–15, 1322–60, 1394 · Malemort · Valence · Nyons · Turin · Pavia · Parma · Po

GASCOGNE 1288 · Mirabel · Orange · Forcalquier · Veynes · Toulouse 1320 · Manosque · Toulon

NAVARRA 1328, 1498 · Burgos 1391 · Laguardia · Jaca · Zaragoza · Lérida 1391 · Tárrega 1331, 1391 · Solsona · Cervera · Gerona 1331, 1391 · Barcelona 1391 · Korsika

Segovia 1391 · Madrid 1391 · Toledo 1391 · Cuenca 1391 · Sardinien · OSMANISCHES REICH · Adriatisches Meer

PORTUGAL 1496 · SPANIEN 1391, 1496 · Valencia 1391 · Palma 1391 · Balearen · NEAPEL · Ionisches Meer

Sevilla 1391 · Cordoba 1391 · Mittelmeer · Rom 1215 Viertes Laterankonzil · Sizilien 1492 · Messina

---

In dem Zeitraum vom achten bis zehnten Jahrhundert entstanden die jüdischen Gemeinden in Mitteleuropa. Unter den Karolingern genossen Juden königlichen Schutz und waren als Ärzte und Händler besonders geschätzt. Jüdische Seefahrer nahmen im neunten Jahrhundert fast eine Monopolstellung im Mittelmeerraum ein und galten in der christlichen und muslimischen Welt als anerkannte und zuverlässige Geschäftspartner.

Das Leben der jüdischen Gemeinden

Seit dem zwölften Jahrhundert lebten viele Juden im Rheinland. Bereits 1084 hatte Bischof Rüdiger sie aufgefordert, sich in seiner Stadt Speyer niederzulassen. Er hatte ihnen sogar ein eigenes Wohnviertel mit Begräbnisplatz zugewiesen und volle Freiheit gewährt. Heinrich IV. folgte seinem Beispiel und stellte den Juden von Worms im Jahre 1090 ein Privileg aus, das 1182 von seinem Enkel Friedrich I. bestätigt wurde.

Die Juden lebten damals in geschlossenen Stadtvierteln. Das entsprach ihren eigenen

Kaiser Friedrich III. von Deutschland 1470

„Wo der Christ 10 Schock nimmt, soll der Jude 20 im Jahr nehmen dürfen, weil, wenn er so wenig nehmen würde wie der Christ, er nicht leben könnte, da er zuerst Uns gegenüber seinen Pflichten nachkommen muss, zweitens dem Herrn, dessen Schutz er sich empfohlen hat, drittens selbst die Interessen zu berichten hat, viertens selten ein Amt, dessen Dienst er nötig hat, ihn umsonst entlässt und er endlich selbst etwas haben muss, um damit mit Weib und Kind leben zu können."
(H. G. Adler: Die Juden in Deutschland, München 1960)

Privileg für die Juden von Worms (1157)

„(2) Von den Sachen, die Juden nach Erbrecht besitzen in Form von Grundstücken Gärten, Weinbergen, Äckern, Knechten und sonstigem beweglichen und unbeweglichen Hab und Gut, soll sich keiner vermessen, etwas wegzunehmen. In dem Freiraum, den sie an Baulichkeiten an der Stadtmauer innerhalb und außerhalb besitzen, soll sie keiner behindern (…)

(4) Innerhalb des Gebietes Unseres Reiches dürfen sie frei und friedlich umherziehen, um ihre Geschäfte und ihren Handel auszuüben, um zu kaufen und zu verkaufen; und keiner soll von ihnen Zoll fordern noch irgendeine öffentliche und private Abgabe erheben.

(7) Niemand soll sich herausnehmen, die Söhne oder Töchter der Juden gegen ihren Willen zu taufen, doch falls er gewaltsam (…) tauft, soll er zwölf Pfund Gold an das Schatzamt des Königs zahlen.

Wenn aber einer von ihnen freiwillig getauft werden will, so soll dies drei Tage aufgeschoben werden, damit man eindeutig erkennen kann, ob er wirklich wegen des christlichen Glaubens oder wegen eines ihm zugefügten Unrechts sein Gesetz verlassen will (…)

(13) Wenn jemand gegen einen von ihnen einen Plan ausheckt oder ihm nachstellt, um ihn zu töten, so sollen beide, Ratgeber und Mörder, zwölf Pfund Gold an das Schatzamt des Königs zahlen. (…) Wenn er nun aus Armut das genannte nicht zahlen kann (…) sollen ihm die Augen ausgestochen und die rechte Hand abgeschlagen werden.

(14) Wenn die Juden einen Streit oder eine Rechtssache untereinander zu entscheiden haben, sollen sie von ihresgleichen und nicht von anderen Leuten gerichtet werden.

(…) Wenn sie aber wegen einer großen Sache beschuldigt werden, sollen sie eine Frist beim Kaiser erhalten, wenn sie wollen.“

(Nach Ernst Döll: Städte und Bürger im Mittelalter, 1995)

Antijüdische Propaganda: Dieser Holzschnitt von M. Brandis stellt die angebliche Durchstechung einer Hostie durch die Juden in Sternberg dar; Lübeck 1492.

Wünschen, weil man nahe der Synagoge wohnen wollte und eine Sabbatgrenze benötigte. Damit ist der Bereich gemeint, in dem jüdische Gebote Gültigkeit besitzen. In der jüdischen Gasse gab es alles, was ein Jude zum Leben brauchte. Die Vorsteher einer jüdischen Gemeinde im Rheinland führten den ehrenvollen Titel des „episcopus Judorum" (Bischof der Juden).

Aufgrund ihrer Erfahrung im internationalen Handel und ihrer Kenntnisse der Geldsorten und des Kreditwesens arbeiteten viele Juden im Geldhandel. Nach ihrer Verdrängung aus dem Fernhandel wurde der Geldverleih sogar eine Hauptquelle ihres Lebensunterhalts. Dabei mussten die Juden häufig ungerechtfertigte Anschuldigungen wegen Wuchers über sich ergehen lassen. Denn einerseits mussten sie mit dem Zins ihr Risiko absichern, andererseits waren die Geldverleiher dazu verpflichtet, hohe Abgaben in die Kasse der Regierenden abzuführen. Als den Christen 1435 wieder gestattet wurde, selber Geld zu verleihen, verloren die Juden auch diese Einnahmequelle und wurden aus vielen Städten verwiesen.

Ausgrenzung und Vertreibung

Trotz des zum Teil gelungenen Zusammenlebens mit der christlichen Mehrheit erschwerten sich nach und nach die Lebensbedingungen der Juden. So verordnete 1215 Innozenz III. (1160/1 bis 1216) auf dem Vierten Laterankonzil den Juden eine besondere Tracht: gelbe Tuchstücke oder spitze gelbe Hüte. Außerdem verbot er ihnen, öffentliche Ämter zu übernehmen.

Seit Jahrhunderten hielt sich zudem das hartnäckige Vorurteil gegen die Juden, sie wären am Kreuzestod Christi Schuld. Im 13. Jahrhundert wurden weitere Vorurteile verbreitet: Die Juden würden ge-

Das alte Judenviertel in Prag. Hier lebte die jüdische Gemeinde auf engstem Raum, Holzstich um 1880.

weihte Hostien entehren und das Blut ermordeter christlicher Kinder bei ihren Feiern verwenden. Die jüdischen Gemeinden mussten blutige Pogrome ertragen – vor allem durch die Kreuzfahrerheere des eigenen Landes. Im 14. Jahrhundert gab man schießlich den Juden mit ihrer andersartigen Kleidung und ihren fremden religiösen Sitten an einer weiteren Katastrophe die Schuld: der in Europa wütenden Pest. An-

geblich hätten sie die Brunnen vergiftet. In vielen Städten rotteten sich Menschen zusammen und brachten die Juden auf grausamste Weise um. Viele ergriffen die Flucht, manche ließen sich in Spanien, Italien oder Polen nieder.

Ende des 13. Jahrhunderts, insbesondere aber nach dem Basler Konzil (1431 bis 1449), entstanden die ersten Ghettos oder so genannten Judengassen. Die Juden soll-

ten möglichst weit entfernt von den Christen und ihren Kirchen leben. Eines der ältesten Ghettos wurde 1462 in Frankfurt/ Main eingerichtet. Der negativ gemeinte italienische Begriff Ghetto bezeichnet ursprünglich entweder einen Stadtteil Venedigs oder einen Schiffsanlegeplatz im Hafen von Genua. Dort warteten die aus Spanien ausgewiesenen Juden auf ihre Weiterreise in das Osmanische Reich.

 JUDENVERFOLGUNG WÄHREND DER KREUZZÜGE

Die Wahl zwischen „Tod und Taufe"

DIE KREUZZÜGE

Bei lebendigem Leib verbrannte Juden in Köln; Zeichnung aus dem „Liber Chronicarum Mundi" (Weltchronik des Hartmann Schedel) 1493

Die Kreuzzüge der Christen zur Befreiung des Heiligen Landes waren zeitweise und regional unterschiedlich mit grausamen Judenverfolgungen verbunden.

Juden als erste Opfer des Kreuzzugs

Während des ersten Kreuzzugs (1096 bis 1099) erreichten die jüdischen Gemeinden im Rheinland Berichte über antijüdische Tendenzen in Frankreich, denen sie zunächst keinen Glauben schenkten. Als die Verfolgungen auch in Deutschland begannen, schickte der Mainzer Rabbiner Kalonymus eine Botschaft an den in Italien weilenden Heinrich IV., der wiederum Bischöfe, Fürsten und Grafen damit beauftragte, die Juden zu schützen.

Die Kirche befand sich in einem Dilemma. Einerseits traten die Bischöfe für die Juden ein, da sie deren Finanzkraft brauchten. Andererseits hatten die Kirchenfürsten es zugelassen, dass sich in die Kreuzzugs-propaganda judenfeindliche Hetztiraden einschlichen. So konnten oder wollten viele Bischöfe und Fürsten die Verwüstungen und Morde des Pöbels nicht verhindern. In den meisten Städten kam es zu Katastrophen. Dank des entschiedenen Auftretens von Bischof Johann war Speyer eine rühmliche Ausnahme. Die Juden von Worms wurden dagegen entweder in ihren Häusern erschlagen oder zwangsgetauft – obwohl sich auch hier der Bischof dagegen gestellt hatte. In Mainz suchten die Juden zunächst Zuflucht in der Pfalz des Erzbischofs, die jedoch von den Kreuzfahrern gestürmt wurde. Über 1000 Juden kamen ums Leben, der Rest konnte einer Zwangstaufe nur durch Flucht und später durch Freitod entrinnen. Ähnlich erging es den Juden in Köln, Trier und Regensburg. Nach dem Ende des Kreuzzugs gestattete Heinrich IV. trotz kirchlicher Proteste allen zwangsgetauften Juden die Rückkehr zu ihrem Glauben. Im Jahr darauf veran-

---

Aus einer Chronik des Elieser ben Nathan

„Es war im Jahre 4856 nach Erschaffung der Welt (1096), (…) da trafen uns viele und schwere Leiden, die in diesem Reiche, seitdem es gegründet wurde, bis jetzt noch nicht vorgekommen waren. (…) Denn es erhoben sich freche Menschen, fremdländisches Volk, eine grimmige, ungestüme Schar von Franzosen und Deutschen aus allen Ecken und Enden, die sich vorgenommen hatten, nach der heiligen Stadt (Jerusalem) zu ziehen, um dort das Grab ihres Heilandes aufzusuchen, die Ismaeliten von dort auszutreiben und sich des Landes zu bemächtigen. Sie hefteten als ihr Erkennungszeichen ein Kreuz an ihre Kleider, sowohl Mann wie Frau, alle, die sich bereit fanden, dorthin zu ziehen. (…) Als sie nun auf ihrem Zuge durch die Städte kamen, in denen Juden wohnten, sprachen sie in ihrem Herzen: ‚Seht wir ziehen dahin, das heilige Grab aufzusuchen und Rache an den Ismaeliten zu üben; und hier sind die Juden, die ihn umgebracht und gekreuzigt haben ohne Grund. Lasset zuerst an ihnen uns Rache nehmen und sie austilgen (…). Am 23. Tage des Ijar überfielen die Wölfe (lt. Jeremia 5,6) die Gemeinde Worms. Die Gemeinde teilte sich in zwei Gruppen; einige blieben in ihren Häusern, andere hielten sich in den Gemächern des Bischofs auf. Da erhoben sich die Feinde und Dränger gegen die Juden, die in ihren Häusern waren, überfielen sie und brachten sie um, Männer, Frauen und Kinder, Jünglinge und Greise; sie rissen die Häuser nieder, stürzten die Treppen um, machten Beute und plünderten. Sie nahmen die heilige Tora, traten sie in den Straßenkot, zerrissen und zerfetzten sie, schändeten sie und trieben Spott und Scherz mit ihr. (…) An achthundert betrug die Zahl der (…) Umgekommenen."

Zu Beginn des zweiten Kreuzzugs (1147–1149) ermahnte der Prediger Bernhard von Clairvaux (um 1090–1153) seine Glaubensgenossen, Juden nicht zu töten oder zu bekehren – denn als Geldgeber für die kriegerischen Unternehmen waren sie durchaus willkommen.

Pogrome im Heiligen Land

In den eroberten Gebieten im Heiligen Land gingen die Kreuzfahrer schonungslos gegen die Juden vor. Nach der Eroberung Jerusalems (1099) wurden Synagogen in Brand gesteckt, Juden umgebracht oder als Sklaven verkauft. Die gesamte jüdische Gemeinde wurde für lange Zeit vernichtet.

Nach der islamischen Rückeroberung von Jerusalem durch Sultan Salah ad-Din (Saladin) 1187 rief dieser in einer Proklamation alle Juden und Flüchtlinge der Kreuzzüge zur Rückkehr auf. Bald gab es wieder eine jüdische Gemeinde in Jerusalem. Während der Mamluken-Herrschaft (islamische Dynastie, 1250–1811) in Palästina (1291–1516) konnten die Juden ver-

Marterung von Juden auf dem Weg zum Richtplatz. Holzschnitt 1475, Deutschland

Während des zweiten Kreuzzugs erwies sich Bernhard von Clairvaux als Verteidiger der Juden. Hier eine Miniatur: Bernhard predigt dem Teufel; Bibliothèque Nationale de Paris

staltete er in Mainz eine Untersuchung über das Vermögen der ermordeten Juden, um Veruntreuungen aufzudecken und rief damit großen Unmut bei den Bischöfen hervor.

Da die Existenz der Juden infolge der Übergriffe während des ersten Kreuzzugs bedroht war, beschrieb man sie im Mainzer Landfrieden von 1103 als „homines minus potentes"; damit galten sie wie Kleriker, Mönche, Frauen und Händler als nicht waffenfähige Personen. Diese Bestim-

mung führte kurz darauf zu dem Verbot für Juden, überhaupt eine Waffe tragen zu dürfen. Da sie sich nicht selber verteidigen konnten oder durften, verließen die Juden daraufhin vielfach die Dörfer und ländlichen Regionen und siedelten sich in der Nähe von als sicher geltenden herrschaftlichen Residenzen und Burgen an. Dadurch verloren sie auf Dauer auch ihr Recht auf Landbesitz. 1215 schloss die Kirche in ganz Europa Juden vom Landbesitz und Handwerk aus.

gleichsweise sicher leben. Die Judenverfolgungen im christlichen Europa führten
allerdings dazu, dass viele Juden nach Palästina zogen. In der zweiten Hälfte des
14. Jahrhunderts kamen viele Juden aus
Deutschland hinzu und bildeten bald die
Mehrheit in der Jerusalemer Gemeinde. Im
15. Jahrhundert erfolgte eine Einwanderungswelle aus Italien. Da der Papst 1428
den italienischen Städten die Überführung
von Juden in das Heilige Land verboten
hatte, geschah diese Einwanderung mit
türkischer Hilfe.

Blutige Exzesse in Mainz

„Die Juden, die gemerkt hatten, dass sie
den Händen dieser großen Menge nicht
entrinnen könnten, flohen in der Hoffnung auf Rettung zum Bischof Ruthard
und hofften alles von seinem Schutz, da er
ja der Bischof der Stadt war. Der Bischof
nahm eine ganz unerhörte Menge Geldes
aus den Händen der Juden entgegen und
legte es in sorgsame Verwahrung. Die Juden selbst versammelte er zum Schutz vor
dem Grafen Emich und seinen Leuten im
geräumigsten Saal seines Hauses.

Aber Emich und seine ganze Schar hielten Rat, und bei Sonnenaufgang griffen
sie mit Pfeilen und Lanzen die Juden im
bischöflichen Saal an, brachen Riegel und
Türen auf, überfielen die Juden, ungefähr
siebenhundert an der Zahl, die vergebens
dem Ansturm von so vielen Tausenden
Widerstand zu leisten suchten, trieben sie
heraus und machten sie alle nieder. Auf
gleiche Weise schlachteten sie auch die
Weiber ab. Und auch die zarten Kinder
beiderlei Geschlechtes ließen sie über die
Klinge springen.

Die Juden (…) ergriffen nun gegen sich
selbst und gegen die eigenen Glaubensbrüder die Waffen. Denn sie wollten lie-
ber von eigenen Händen als durch die
Waffen der Unbeschnittenen fallen."
*(Aus der Chronik [1124–1158] des Al-
bert von Aachen)*

Innenansicht der Männersynagoge (1174/75) von Worms nach Südosten

DIE INNERJÜDISCHE AUFKLÄRUNG
Reformbestrebungen in Europa

Innenraum des 1810 erbauten und in der Pogromnacht am 9./10. November 1938 zerstörten Seesener „Jacobstempels" mit Blick auf die heilige Lade und den Predigerbaldachin

Die *Haskala* (hebräischer Begriff für Aufklärung) war ein Teil der allgemeinen europäischen Aufklärungsbewegung und dauerte in Mittel- und Westeuropa von den 1770er bis zu den 1880er Jahren.

Die soziale Lage der Juden

Im Zuge der neu aufgekommenen Idee von der Gleichheit aller Menschen vor dem Gesetz, wie sie unter anderem von Jean-Jacques Rousseau (1712–1778) oder Immanuel Kant (1724–1804) propagiert wurde, erhofften sich auch die Juden eine Verbesserung ihrer sozialen Lage. Bis dahin konnten sich zum Beispiel in Preußen nur reiche Juden nach dem Erwerb eines Privilegs, das 12 000 Taler und mehr kostete, niederlassen. Nur Inhaber von Schutzbriefen durften heiraten und Kinder haben. Diese kleine wohlhabende Oberschicht war auch die einzige jüdische Gruppe, die wirtschaftli-

chen oder sogar persönlichen Kontakt zum deutschen Bürgertum hatte. Die Mehrheit der Juden verdiente jedoch ihren Lebensunterhalt durch Hausieren und Kleinhandel und fühlte sich als Fremde in ihren jeweiligen Gesellschaften. Sie sprachen ihren eigenen Dialekt und hatten kaum eine Möglichkeit, die Grenzen ihrer Isolierung zu überwinden.

Dieser beklagenswerte Zustand der Juden war nicht nur auf Deutschland beschränkt. Die Situation wurde bald als europäisches Problem wahrgenommen und fand die Aufmerksamkeit aufgeklärter Staatsmänner und Philosophen.

Streben nach Gleichberechtigung

Aufklärer wie Moses Mendelssohn (1729 bis 1786) und Hartwig Wessely (1725 bis 1805) bejahten die Möglichkeit der Emanzipation, Integration und kulturellen Anpassung und lehrten den moralisch-kulturellen Fortschritt der Menschheit. Für Mendelssohn war das Judentum eine Religion der Vernunft und des sittlichen Handelns. Auf dieser Basis bemühte er sich um eine Verständigung zwischen der philosophisch-abendländischen und der jüdischen Kultur und forderte ein Ende der sozialen und kulturellen Isolation der Juden.

Das Bestreben war die Emanzipation der jüdischen Bevölkerung, das heißt die vollkommene rechtliche Gleichstellung mit der nichtjüdischen Umwelt. Durch Gesetze und Maßnahmen – aber auch durch eine geänderte Grundeinstellung – sollten die Jahrhunderte alten Vorurteile und Benachteiligungen beseitigt werden, ohne jedoch die Eigenheit des Judentums anzutasten.

Rabaut von Saint-Etienne 1789 in der Nationalversammlung von Frankreich

„Meine Herren, ich verlange also für die französischen Protestanten, für alle Nichtkatholiken des Königreichs, was Sie für sich verlangen, nämlich die Freiheit und Gleichheit der Rechte. Ich verlange dies auch für jenes aus Asien losgerissene, immer irrende und geächtete, seit 18 Jahrhunderten immer verfolgte Volk. Dies würde unsere

Sitten und Gebräuche annehmen, wenn es durch unsere Gesetze uns eingegliedert würde. Wir dürfen ihm seine Moral nicht zum Vorwurf machen, sie ist die Frucht unserer eigenen Barbarei und der Demütigung, zu der wir es ungerechterweise verurteilt haben." *(Zitiert nach Leon Poljakow: De Voltaire à Wagner, Paris 1968)*

Der Theologe und Philosoph Lavater (rechts) und der spätere Bibliothekar Lessing (stehend) zu Besuch bei Moses Mendelssohn; Gemälde von M. D. Oppenheim, 1856; Berkeley, Magnes Memorial Museum

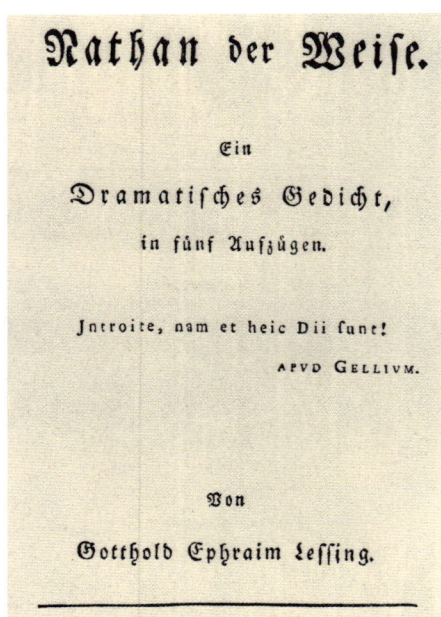

Titelblatt der Erstausgabe von Lessings „Nathan der Weise", Berlin 1779

Auch der Kaufmann und Seidenfabrikant David Friedländer (1750–1834) setzte sich mit seinem väterlichen Freund Moses Mendelssohn für die Emanzipation der Juden in Deutschland ein. 1778 richtete er in Berlin die erste Freischule für jüdische Kinder aus ärmeren Familien ein.

Während die einen unter Emanzipation die völlige rechtliche Gleichstellung ohne Vorbedingung verstanden, setzten andere die christliche Taufe und Assimilation – die vollkommene Anpassung der Juden an Sprache, Sitten und Gebräuche der Umweltvölker – voraus. Diese Assimilierung der Juden an ihre nichtjüdische Umgebung hatte oft ein Aufgeben des Judentums zur Folge. Wichtige Gründe für die Assimilation waren zum Beispiel Mischehen mit nichtjüdischen Partnern; denn Mischehen waren nur möglich, wenn der jüdische Partner sich taufen ließ. Aber auch die Sehnsucht, nach Jahrhunderten der Unterdrückung und Benachteiligung als gleichberechtigte Bürger in ihrem Land leben zu können, spielte eine große Rolle.

Der Dramatiker Gotthold Ephraim Lessing (1729–1781), mit dem Moses Men-

delssohn eine lebenslange Freundschaft verband, setzte sich schon in seinem ersten Lustspiel „Die Juden" (1749) mit antijüdischen Vorurteilen auseinander. Ihm ging es vor allem um Toleranz und gegenseitiges Verstehen. Das dramatische Gedicht „Nathan der Weise" (1783) schrieb Lessing, um gegen die Unduldsamkeit in religiösen Fragen zu Felde zu ziehen. In der im Stück enthaltenen Ringparabel geht es um die Frage, welche der drei Religionen Judentum, Christentum oder Islam die wahre sei. Nathan antwortet mit dem berühmten Gleichnis von den drei Ringen. Diese seien in ihrem Wert ebenso wenig zu unterscheiden wie die drei Religionen und vor Gott gleich.

Die Emanzipation der Juden ließ aber noch auf sich warten. Wohl setzte sich der preußische Diplomat und Schriftsteller Christian Wilhelm von Dohm (1751 bis 1820) in Preußen mit politischen Schriften für die Rechte der Juden ein, und das Toleranzedikt des österreichischen Kaisers Joseph II. (1741–1790) erleichterte ihre Position. Völlige Gleichberechtigung – zumindest in Frankreich – brachte jedoch erst die Französische Revolution, als die Nationalversammlung den Juden 1791 uneingeschränkte Bürgerrechte verlieh.

In Preußen wurde die Emanzipation im Sinne einer vollkommenen Gleichberechtigung von Juden und Nichtjuden auch noch in der Zeit nach Mendelssohn nicht selten mit der Preisgabe der jüdischen Identität erkauft. Auch Mendelssohns eigene Familie war davon betroffen. Als 1819 der so genannte Judensturm in Hamburg wütete, zog sein Sohn Abraham samt Familie nach Berlin um und trat zum Protestantismus über. Mendelssohns Enkel, Felix Mendelssohn Bartholdy (1809–1847), wurde später ein bedeutender Komponist, Dirigent und Pianist. Obwohl protestantisch erzogen, hat er seine jüdische Herkunft nie verleugnet.

Anfänge des Reformjudentums

Eine weitere Folge der Aufklärung war die Herausbildung des Reformjudentums. Die

ersten Reformen hatten die Umgestaltung des jüdischen Erziehungswesens und der synagogalen Liturgie zum Ziel. Den Anfang machte in Deutschland der westfälische Bankier Israel Jacobson (1768–1828). 1801 gründete er in Seesen/Harz eine jüdische Schule (bekannt als „Jacobsonschule") für arme jüdische Knaben, die zu

Landwirten und Handwerkern erzogen werden sollten. Diese Industrieschule entwickelte sich später zu einer Bürgerschule, die auch christliche Schüler aufnahm. Dies war ganz im Sinne der Jacobsonschen Idee, das Miteinander der Religionen zu fördern. 1810 entstand auf dem Schulgelände eine Synagoge, in der ein reformierter Gottesdienst gefeiert wurde. 1827 kam eine *Mikwe*, ein rituelles Tauchbad für Frauen, hinzu. Neben der Einführung der deutschen Sprache in der Liturgie (Gebete und Predigt) riefen vor allem das Spielen der Orgel und der Chorgesang den Unwillen traditionsorientierter Juden hervor. Nach und nach setzten sich jedoch die neuen Ideen durch, und es entstanden weitere reformorientierte Synagogen, zum Beispiel der Hamburger Tempel (1818).

Die bürgerliche Gleichberechtigung der Juden wurde auch auf dem Wiener Kongress 1814/15 diskutiert; Holzstich um 1880, neu koloriert.

IDENTITÄTSSUCHE UND ZIONISMUS
Der Weg zu einem eigenständigen jüdischen Staat

Jüdische Auswanderer aus Deutschland auf der „Rakotis" 1939 im Hafen von Southampton. In diesem Jahr stieg die Auswanderungszahl sprunghaft an.

Zwischen 1821 und 1919 ereigneten sich schwere Pogrome (russisch: „Massaker, Verwüstung") in Osteuropa und führten zu einer Auswanderungswelle osteuropäischer Juden vor allem in die USA, aber auch nach Westeuropa und Palästina.

Wegbereiter des Judenstaats

Schon seit Jahrhunderten hegten einige Juden die Hoffnung auf eine Rückkehr nach Palästina. Der Zionismus – ein schon 1890 von dem Wiener Philosophen Nathan Birnbaum geprägter Begriff – wurde durch das persönliche Engagement von Theodor Herzl (1860–1904) zu einem politischen Programm. Die Benachteiligungen durch den täglichen Antisemitismus und die Verfolgung von Juden brachten Herzl zu der Erkenntnis, dass es für die Juden notwendig sei, sich als Nation im modernen Sinn zu begreifen. In seiner Abhandlung „Der Judenstaat" (1896) schrieb Herzl, dass die Juden um ihrer Würde und Selbstachtung willen sich zu einem freien unabhängigen Staat zusammenschließen müssen.

1897 rief Herzl den Zionistenkongress in Basel ins Leben und formulierte mit dem Arzt und Schriftsteller Max Nordau (1849 bis 1923) das Basler Programm. Darin wurde der Wunsch formuliert, eine öffentlich-rechtlich gesicherte Heimstätte für die Juden in Palästina zu schaffen.

Zu diesem Zweck führte Herzl Verhandlungen mit dem türkischen Sultan Abdül Hamid II. und dem deutschen Kaiser Wilhelm II. Die westeuropäischen Juden schenkten Herzls „Judenstaat" zunächst weniger Beachtung. Großen Anklang fand diese Idee hingegen bei den Juden Osteuropas, die den Verfolgungen und der materiellen Not entrinnen wollten.

Die fünf Alijas

Ab 1882 mobilisierte der Zionismus eine erste Einwanderungswelle *(Alija)* nach Palästina. Alija bezeichnete ursprünglich den Aufstieg der frommen Juden zum Tempel in Jerusalem. Unter dem Einfluss des Zionismus steht der Begriff für die insgesamt fünf Einwanderungswellen nach Palästina. Die Einwanderer der ersten Alija (1882 bis 1903) kamen aus Russland, Rumänien und Galizien und gründeten 20 landwirtschaftliche Siedlungen. Die Pioniere der zweiten Alija (1904–1914) waren insbesondere am Aufbau einer nationalen Gesellschaft interessiert. Die dritte Alija (1919–1923) spielte eine entscheidende Rolle bei der Entwicklung der landwirtschaftlichen Kibbuzim – der ländlichen gemeinschaftlichen Siedlungsform – und der Gewerkschaft. Während der vierten Alija (1924–1931)

Die Balfour-Erklärung vom 2.11.1917

„Werter Lord Rothschild,
mit großem Vergnügen übermittle ich Ihnen namens der Regierung Sr. Majestät folgende Sympathieerklärung mit den jüdisch-zionistischen Bestrebungen, die dem Kabinett unterbreitet und von diesem genehmigt wurde.

Die Regierung Sr. Majestät betrachtet mit Wohlwollen die Errichtung einer nationalen Heimstätte in Palästina und wird die größten Anstrengungen machen, um die Erreichung dieses Ziels zu erleichtern, wobei selbstverständlich nichts unternommen werden soll, was die bürgerlichen und religiösen Rechte bestehender jüdischer Gemeinden in Palästina oder der staatsbürgerlichen Rechtsstellung der Juden in irgendeinem anderen Land Abbruch tun könnte.

Ich wäre Ihnen dankbar, wenn Sie die Erklärung zur Kenntnis der zionistischen Föderation bringen wollten.

Ihr ergebener Arthur James Balfour"

Jugendliche bei der Landarbeit in einem Kibbuz der 1950er Jahre

kamen auch Geschäftsleute und Handwerker, ausgelöst durch die Wirtschaftskrise in den USA, nach Haifa, Jerusalem und Tel Aviv. Während der fünften Alija (1932 bis 1947) wanderten vor allem Opfer des Nationalsozialismus in Deutschland nach Palästina ein. Die Bevölkerungszahl stieg erheblich an.

Unter britischer Verwaltung

Der Erste Weltkrieg veränderte die Situation im Heiligen Land grundlegend. Großbritannien setzte der osmanischen Herrschaft über Palästina ein Ende und übernahm die kommissarische Verwaltung des Landes. Die nach dem damaligen britischen Außenminister benannte Balfour-Erklärung (2.11.1917) unterstrich das Wohlwollen der britischen Regierung zur Errichtung einer jüdischen Heimstätte in Palästina. Bei Kriegsende ließen die Briten eine Zionisten-Kommission ins Land, deren Führer Chaim Weizmann (1874 bis 1952) sich im Juni 1918 mit Emir Faisal I. (1883–1933), dem Sohn des Scherifen von Mekka, traf. Anschließend wurde ein Ab-

kommen zur Zusammenarbeit beider Völker unterzeichnet.

Der Völkerbund – die von 1920–1946 bestehende internationale Organisation der Staaten – bestätigte 1922 das Britische Mandat über Palästina, übernahm jedoch 1929 die in diesem Jahr von Chaim Weizmann gegründete „Jewish Agency for Palestine", die Interessenvertretung der in Palästina lebenden Juden bei der britischen Mandatsregierung.

1922 wurde das Land östlich des Jordans abgetrennt und das Emirat Transjordanien gegründet. Als die britische Regierung die Einwanderungsquote auf 75 000 Personen begrenzen wollte und die Gründung eines arabischen Staates nach Ablauf von zehn Jahren in Aussicht stellte, kam es zu Demonstrationen und Konflikten.

Zwischen 1936 und 1939 ereigneten sich mehrere blutige Zusammenstöße zwischen Arabern und Juden. Die britische Regierung dachte erstmals an Teilung des Landes, was jedoch von der arabischen Bevölkerung abgelehnt wurde. Während des Zweiten Weltkriegs wanderten weitere 100 000 Juden in das Land ein. Die britische Regierung sah sich schließlich nicht mehr als Herr der Lage und übergab das Palästina-Problem an die Vereinten Nationen. Diese bestimmten am 29.11.1947 die Teilung in einen jüdischen und einen arabischen Staat, wobei Jerusalem unter internationaler Kontrolle stehen sollte. Nach dem Teilungsbeschluss kam es zu erbitterten Gefechten zwischen arabischen und jüdischen Kämpfern.

Emir Feisal an Felix Frankfurter, einen amerikanischen Juden, 1. März 1919

„Wir Araber, besonders die Gebildeten unter uns, blicken mit tiefster Sympathie auf die zionistische Bewegung.

Unsere Delegation kennt genau die Vorschläge, die gestern von der zionistischen Organisation der Friedenskonferenz unterbreitet wurden, und wir halten sie für mäßig und berechtigt. Wir wollen

unsererseits unser bestes tun, ihnen zum Sieg zu verhelfen. Wir wollen den Juden unser herzlichstes Willkommen bei ihrer Rückkehr in die Heimat zurufen.
Er (Dr. Chaim Weizmann) hat unserer Sache große Dienste geleistet, und ich hoffe, dass die Araber bald in der Lage sein werden, den Juden ihre Güte zu ver-

gelten. Wir arbeiten zusammen für einen neu gestalteten und wieder auflebenden Orient und unsere beiden Bewegungen ergänzen einander. Die jüdische Bewegung ist national und nicht imperalistisch."
(Zitiert nach: Arno Ullmann [Hg.]: Israels Weg zum Staat, 1964)

Gründung des Staates Israel

Am Nachmittag des 14. Mai 1948 – dem Tag des Erlöschens des britischen Mandats – wurde in Tel Aviv die Unabhängigkeit Israels proklamiert. Das Hohe Arabische Komitee verzichtete auf die Gründung eines arabisch-palästinensischen Staates. Bereits in der Nacht zum 15. Mai marschierten die Armeen Ägyptens, Transjordaniens, Syriens, Libanons und Iraks in Israel ein. Noch in derselben Nacht brach der erste israelisch-arabische Krieg aus.

In den folgenden Monaten wurden mit den arabischen Staaten Waffenstillstandsabkommen geschlossen – es folgte allerdings kein Frieden. Israel stimmte einer Zusammenführung von arabischen Familien zu, die durch den Krieg getrennt worden waren. So wurden 120 000 Araber israelische Bürger, während sich der jüdische Bevölkerungsanteil auf 710 000 belief. Die arabischen Flüchtlinge, die vorher auf jetzt israelischem Gebiet ansässig gewesen waren,

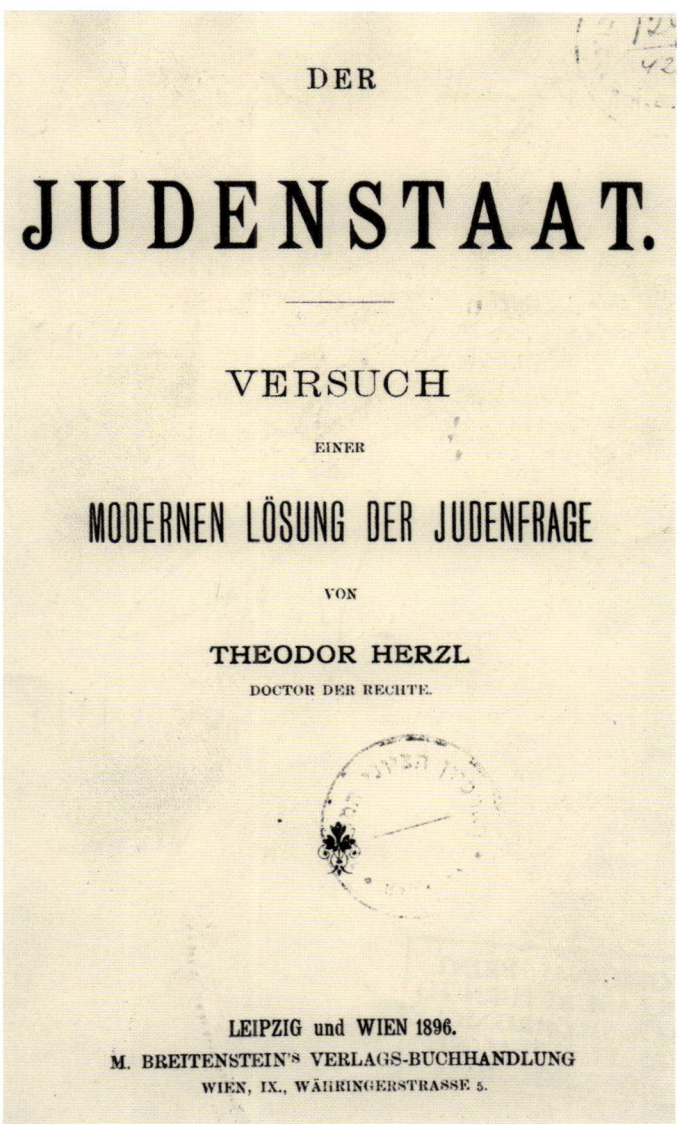

Originalausgabe des in Leipzig und Berlin bei Breitenstein erschienenen Werks Theodor Herzls

Porträt des Schriftstellers und zionistischen Politikers Theodor Herzl (1860–1904)

wurden jedoch von den anderen arabischen Nachbarstaaten nicht eingegliedert, sondern in Lagern gehalten. Aus diesen rekrutierten später arabisch-palästinensische Guerillaverbände mit der Dachorganisation PLO ihre Mitglieder.

Israel hatte unmittelbar nach der Staatsgründung alle Einwanderungsbeschränkungen aufgehoben. Das Rückkehrgesetz von 1950 gewährte allen Juden das Recht, sich im Lande niederzulassen und sofort bei der Ankunft israelischer Staatsbürger zu werden. Die Masseneinwanderung aus Europa, die nach dem Krieg erfolgte, war eine enorme Herausforderung für den jungen Staat. Seit 1948 hat Israel über 2,6 Millionen Einwanderer aus den unterschiedlichsten Kulturkreisen aufgenommen.

DIE VERNICHTUNG DER EUROPÄISCHEN JUDEN
Die Shoa – systematische Ermordung unter dem NS-Regime

Keine andere Religion – ausgenommen der Islam – ist von christlicher Seite so verketzert worden wie das Judentum. Die Judenverfolgungen erreichten ihre negativen Höhepunkte in den Kreuzzügen, der Inquisition, bei den „Judenschlägern" des 14. Jahrhunderts und schließlich im Völkermord der Nationalsozialisten.

Religiöse und rassenideologische Begründungen

Als Antijudaismus oder Antisemitismus bezeichnet man heute alle Formen der Judenfeindschaft. Der Begriff Antijudaismus ist ursprünglich vorwiegend religiös, wirtschaftlich und nationalistisch besetzt. Der spätantike Antijudaismus (in Alexandrien etwa 150/100 v. Chr.) mit seinen religiösen, sozialen und politischen Motiven wurde durch den kirchlichen, sich auf das Neue Testament berufenden Antijudaismus abgelöst. Als Abgrenzungsstrategie gegenüber dem Judentum griff der Antijudaismus die Kritik Jesu an der Veräußerlichung jüdischer Gesetzlichkeit auf und leitete aus dieser Auseinandersetzung, die zunächst zwischen innerjüdischen Richtungen geführt

Eine öffentliche Bank in Berlin zur Zeit des Dritten Reichs mit der Aufschrift „Nicht für Juden"

Kiel

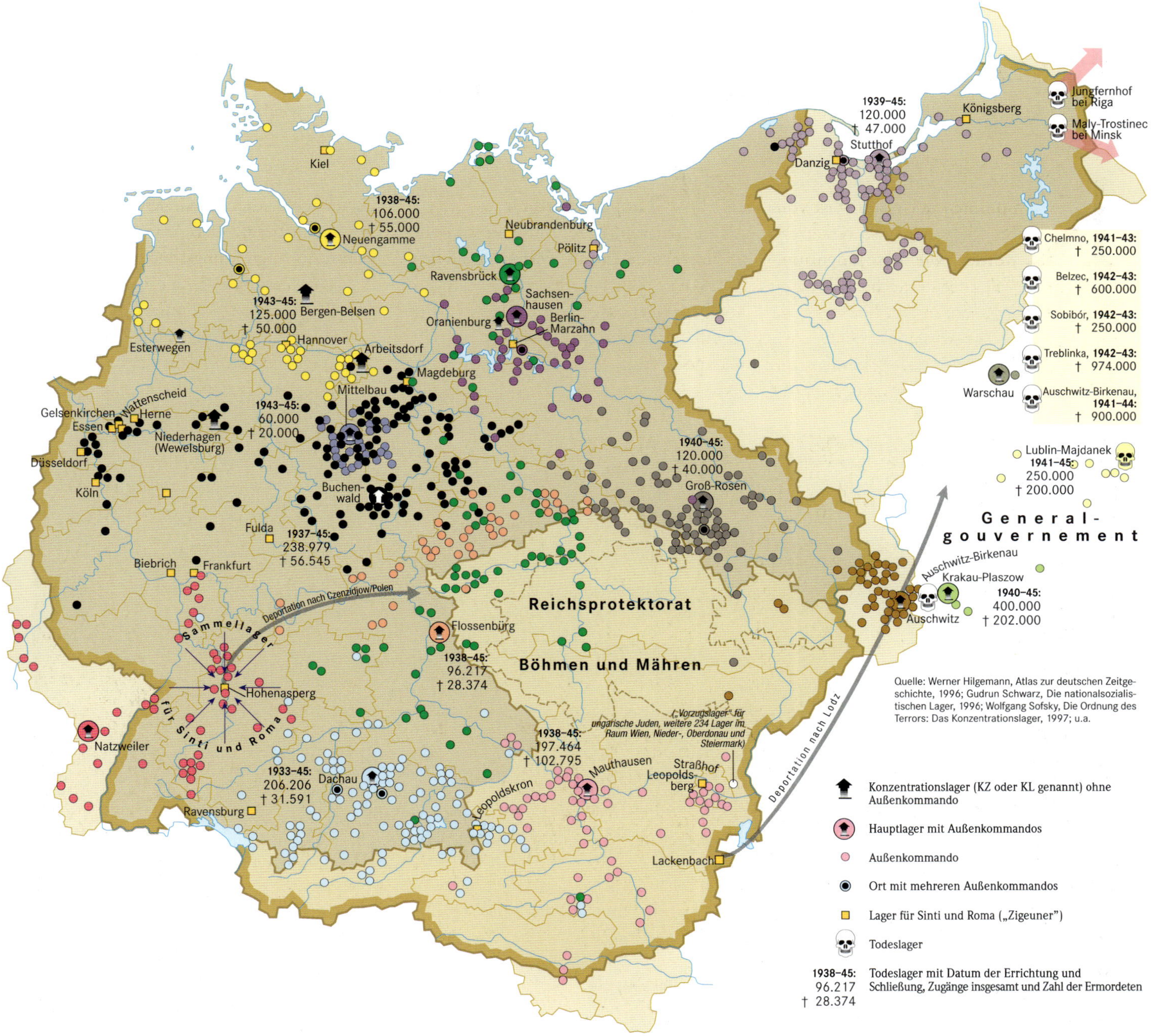

1939–45:
120.000
† 47.000

Königsberg

Jüngfernhof
bei Riga

Maly-Trostinec
bei Minsk

Stutthof

1938–45:
106.000
† 55.000
Neuengamme

Neubrandenburg

Pölitz

Danzig

Chelmno, 1941–43:
† 250.000

Belzec, 1942–43:
† 600.000

1943–45:
125.000
† 50.000
Bergen-Belsen

Ravensbrück

Sachsen-
hausen

Sobibór, 1942–43:
† 250.000

Esterwegen

Oranienburg

Berlin-
Marzahn

Treblinka, 1942–43:
† 974.000

Hannover

Arbeitsdorf

Warschau

Auschwitz-Birkenau,
1941–44:
† 900.000

Magdeburg

Wattenscheid

Mittelbau

1943–45:
60.000
† 20.000

Gelsenkirchen
Essen
Herne
Niederhagen
(Wewelsburg)

Düsseldorf

1940–45:
120.000
† 40.000
Groß-Rosen

Lublin-Majdanek
1941–45:
250.000
† 200.000

Köln

Buchenwald

General-
gouvernement

Fulda

1937–45:
238.979
† 56.545

Biebrich

Frankfurt

Reichsprotektorat

Auschwitz-Birkenau
Krakau-Plaszow

Deportation nach Czenzidjow/Polen

Sammellager

Flossenbürg

Böhmen und Mähren

Auschwitz

1940–45:
400.000
† 202.000

1938–45:
96.217
† 28.374

Natzweiler

für Sinti und Roma

Hohenasperg

„Vorzugslager" für
ungarische Juden, weitere 234 Lager im
Raum Wien, Nieder-, Oberdonau und
Steiermark)

Quelle: Werner Hilgemann, Atlas zur deutschen Zeitge-
schichte, 1996; Gudrun Schwarz, Die nationalsozialistischen Lager, 1996; Wolfgang Sofsky, Die Ordnung des
Terrors: Das Konzentrationslager, 1997; u.a.

1938–45:
197.464
† 102.795

1933–45:
206.206
† 31.591
Dachau

Mauthausen

Straßhof
Leopolds-
berg

Deportation nach Lodz

Ravensburg

Leopoldskron

Lackenbach

Konzentrationslager (KZ oder KL genannt) ohne
Außenkommando

Hauptlager mit Außenkommandos

Außenkommando

Ort mit mehreren Außenkommandos

Lager für Sinti und Roma („Zigeuner")

Todeslager

1938–45:
96.217
† 28.374

Todeslager mit Datum der Errichtung und
Schließung, Zugänge insgesamt und Zahl der Ermordeten

wurde, ab, dass ganz Israel Jesu abgelehnt hätte. Hatten viele neutestamentliche Texte ursprünglich nicht den (späteren) judenfeindlichen Klang, so boten sie die Grundlage für einen Jahrhunderte langen christlichen Antijudaismus: Juden wurden als Christus-, also Gottesmörder hingestellt. Man sagte ihnen den Kinderraub zum Zwecke von Ritualmorden nach, außerdem Hostienfrevel und Brunnenvergiftungen.

Der „alte Bund" des Judentums galt als eine minderwertige Religionsform, die durch die Kirche als „neues Volk des Bundes" ersetzt worden war. Zu den religiösen Argumenten gesellten sich finanzieller Neid und wirtschaftliche Ausbeutung.

Der Begriff Antisemitismus wurde von dem deutschen Journalisten Wilhelm Marr (1819–1904) in seiner Streitschrift „Der Sieg des Judentums über das Germanentum" 1879 geprägt und erhielt in der Folge eine ganz klare rassenideologische Bedeutung. Die Juden als Semiten (eine Völkergruppe und Sprachfamilie in Vorderasien) zu bezeichnen, stigmatisierte sie als nicht zu integrierende fremde „asiatische Rasse" und führte in der Zeit des verstärkt aufkommenden Nationalismus schnell zur politischen Instrumentalisierung dieser Ideologie.

Nazi-Terror gegen Juden in Deutschland: Aufruf zum Boykott jüdischer Geschäfte

Diskriminierung und Verfolgung

Seine größte Katastrophe erlebte das jüdische Volk unter der nationalsozialistischen Gewaltherrschaft. Adolf Hitler machte das antisemitische Gedankengut zur Basis der nationalsozialistischen Weltanschauung. Bereits im Parteiprogramm der Nationalsozialistischen Deutschen Arbeiterpartei (NSDAP) von 1920 wurde verkündet, dass Juden aus der Volksgemeinschaft auszuschließen wären. Als die NSDAP 1933 an die Macht kam, setzten sie ihre Pläne in radikaler Weise um. Schon kurz nach Hitlers Ernennung zum Reichskanzler am 30. Januar 1933 wurden die Juden aus den öffentlichen Ämtern vertrieben. Juden erhielten keine Zulassungen als Rechtsanwälte und Kassenärzte und nur noch eingeschränkten Zugang zu weiterführenden Schulen und Universitäten. Am 15. September 1935 wurden auf dem Reichsparteitag der NSDAP die Nürnberger Rassengesetze „zum Schutze des deutschen Blutes und der deutschen Ehre" erlassen. Sie machten die bürgerliche Gleichstellung (Emanzipation) der Juden rückgängig und stempelten sie zu Bürgern zweiter Klasse. Ausgehend von der nationalsozialistischen Ideologie, dass Juden eine minderwertige Rasse darstellten, verboten die Gesetze Eheschließungen und außereheliche Beziehungen zwischen Juden und „Staatsangehörigen deutschen oder artverwandten Blutes".

Jüdische Geschäfte wie hier in Berlin wurden während der Pogromnacht am 9. November 1938 zerstört.

Die Juden wurden immer mehr isoliert und ins Abseits gedrängt. Künstlerische Betätigung war ihnen verboten. Bald durften Juden auch keine Theater, Kinos und Schwimmbäder besuchen. Außerdem mussten sie zusätzlich den Namen „Sara" beziehungsweise „Israel" tragen.

Schließlich wurden ihnen von der übrigen Bevölkerung getrennte Wohngebiete zugewiesen und ihre Ausweise mit einem „J" gestempelt. Selbst der Besitz von Radiogeräten, eines Telefonanschlusses oder sogar die Benutzung von Bänken in öffentlichen Parkanlagen waren ihnen untersagt.

Deportationen und erste Massenmorde

Mit der Reichspogromnacht – in der Sprache der Nationalsozialisten „Reichskristallnacht" – vom 9./10. November 1938 war der Schritt zur Barbarei endgültig vollzogen. In dieser Aktion der SA, die von

Nationalsozialistische Propaganda

AUSZUG AUS HITLERS „MEIN KAMPF"
„Völker, die auf die Erhaltung ihrer rassischen Reinheit verzichten, leisten damit auch Verzicht auf die Reinheit ihrer Seele in all ihren Äußerungen.

Die Zerrissenheit ihrer Seele ist die naturnotwendige Folge der Zerrissenheit ihres Blutes, und die Veränderung ihrer geistigen und schöpferischen Kraft ist nur die Wirkung der Änderung ihrer rassischen Grundlagen.

Wer das deutsche Volk von seinen ihm ursprünglich wesensfremden Äußerungen und Untugenden von heute befreien will, wird es erst erlösen müssen von fremden Erregern dieser Äußerungen und Untugenden.

Ohne klarste Erkenntnisse des Rassenproblems und damit der Judenfrage wird ein Wiederaufstieg der deutschen Nation nicht mehr erfolgen. Die Rassenfrage gibt nicht nur den Schlüssel zur Weltgeschichte, sondern auch zur menschlichen Kultur überhaupt."

PROPAGANDAMINISTER GOEBBELS 1940
„Die gänzliche Ausschaltung des Judentums in Europa ist keine Frage der Moral, sondern eine Frage der Sicherheit der Staaten.

Der Jude wird immer so handeln, wie es seinem Wesen und seinem Rasseninstinkt entspricht, er kann gar nicht anders. Wie der Kartoffelkäfer die Kartoffelfelder zerstört, ja zerstören muß, so zerstört der Jude die Staaten und Völker. Dagegen gibt es nur ein Mittel, nämlich die radikale Beseitigung der Gefahr".

Das Konzentrationslager Auschwitz wurde 1941/42 zum Vernichtungslager ausgebaut. Hier wurden insgesamt mehr als drei Millionen Menschen ermordet.

Das christliche antijudaistische Motiv der „Judensau" demonstriert die angeblich sündigen, abstoßenden und ausschweifenden Handlungen von Juden. Kolorierter Einblattdruck um 1470.

Goebbels als Akt „spontaner Volkswut" dargestellt wurde, demolierten nationalsozialistische Trupps in ganz Deutschland jüdische Geschäfte, plünderten Wohnungen von Juden, zündeten Synagogen an, misshandelten und ermordeten jüdische Bürger. Über 25 000 Juden wurden allein in dieser Nacht festgenommen und in Konzentrationslager transportiert, die ab 1933 deutschlandweit eingerichtet worden waren. Hier wurden zunächst politische Gegner und andere als „rassisch minderwertig" diffamierte Bevölkerungsgruppen, Homosexuelle und Minderheiten wie Sinti und Roma, später auch russische Kriegsgefangene, inhaftiert, erniedrigt und umgebracht.

Mit Kriegsbeginn verschärften sich die antijüdischen Verfolgungsmaßnahmen noch. Nach dem Einmarsch in Polen verfügte Gestapo-Chef Reinhard Heydrich die Zusammenführung aller Juden der eroberten Gebiete in Ghettos. Brutal wurde die jüdische Bevölkerung in den besetzten Gebieten verfolgt, zusammengetrieben und umgebracht.

Ein wichtiges Instrument bei diesem barbarischen Vorgehen stellte die Schutzstaf-

fel, Abkürzung SS, dar. Dabei handelte es sich um eine 1925 entstandene Sonderorganisation zum Schutz Hitlers und anderer hoher Funktionäre der NSDAP. Seit 1929 wurde sie von Heinrich Himmler geleitet, der ihr weitergehende Terrorfunktionen zu-

wies, wie zum Beispiel die Überwachung der Konzentrationslager durch die SS-Totenkopfverbände, und sie zur Sicherheitspolizei (Gestapo) ausbaute, die mit dem Sicherheitsdienst im Reichssicherheitshauptamt zusammengelegt wurde. Dieses wurde ab Mitte 1941 in den besetzen Gebieten mit der Judenverfolgung und den mobilen Einsatzgruppen beauftragt. Die SS war Hitler direkt unterstellt und sein persönliches Instrument.

Vernichtungslager und Genozid

Am 31. Juli 1941 beauftragte Hermann Göring Reinhard Heydrich mit der „Endlösung des jüdischen Problems". Von da ab wurden bereits vorhandene Konzentrationslager – wie Auschwitz und Majdanek – zu Vernichtungslagern ausgebaut und weitere Vernichtungslager eingerichtet. Die von Heydrich geleitete Wannsee-Konferenz am 20. Januar 1942, bei der Vertreter des Ministeriums für die Ostgebiete, des Innenministeriums, des Amtes des Generalgouvernements der besetzten polnischen Gebiete und ein Vertreter des Auswärtigen Amtes anwesend waren (Protokollführer war Adolf Eichmann), sah schließlich die Ermordung von elf Mil-

---

20. Juni 1942

„Ab Mai 1940 ging es bergab mit den guten Zeiten: erst der Krieg, dann die Kapitulation, der Einmarsch der Deutschen, und das Elend für uns Juden begann. Judengesetz folgte auf Judengesetz, und unsere Freiheit wurde sehr beschränkt.

Juden müssen einen Judenstern tragen; Juden müssen ihre Fahrräder abgeben; Juden dürfen nicht mit der Straßenbahn fahren; Juden dürfen nicht mit dem Auto fahren, auch nicht mit einem privaten; Juden dürfen nur von 3 bis 5 einkaufen; Juden dürfen nur zu einem jüdischen Friseur; Juden dürfen zwischen 8 Uhr abends und 6 Uhr morgens nicht auf die Straße; Juden dürfen sich nicht in Theatern, Kinos und anderen dem Vergnügen dienenden Plät-

zen aufhalten; Juden dürfen nicht ins Schwimmbad, ebenso wenig auf Tennis-, Hockey oder andere Sportplätze; Juden dürfen nicht rudern; Juden dürfen in der Öffentlichkeit keinen Sport treiben; Juden dürfen nach 8 Uhr abends weder in ihrem eigenen Garten noch bei Bekannten sitzen; Juden dürfen nicht zu Christen ins Haus kommen; Juden müssen auf jüdische Schulen gehen und dergleichen mehr."
(Anne Frank Tagebuch. Eintrag vom 20. Juni 1942. Einzig autorisierte und ergänzte Fassung Otto H. Frank und Mirjam Pressler. © 1991 by ANNE FRANK Fonds, Basel. Alle Rechte vorbehalten. S.Fischer Verlag GmbH 1991, Frankfurt am Main)

lionen Juden in ganz Europa vor. Danach begann die Todesmaschinerie auf Hochtouren zu laufen. Bis 1945 wurden in den Vernichtungslagern sechs Millionen jüdische und mindestens 500 000 nichtjüdische Häftlinge ermordet.

Juden bezeichnen diese größte Katastrophe der Neuzeit als *Shoa* (hebräisch „Verwüstung, Vernichtung, Katastrophe") und ziehen diesen Begriff dem religiösen Ausdruck *Holocaust* („Ganzopfer, Brandopfer") vor.

ZEITTAFEL

1. April 1933 Propagandaminister Joseph Goebbels ruft zum Boykott jüdischer Geschäfte auf.

7. April 1933 Jüdische Beamte werden aus dem Staatsdienst entfernt.

15. September 1935 Die so genannten Nürnberger Rassengesetze werden durch den Deutschen Reichstag erlassen; Juden werden die bürgerlichen Rechte aberkannt.

9.–10. November 1938 In der Reichspogromnacht finden von den Nazis gesteuerte Pogrome gegen Synagogen, jüdische Geschäfte und jüdischen Privatbesitz statt.

1. September 1939 Nach dem deutschen Überfall auf Polen bricht der Zweite Weltkrieg aus.

10. Mai 1940 Das Konzentrationslager Auschwitz wird errichtet und in der Folge zum Vernichtungslager ausgebaut; deutsche Truppen marschieren in die Niederlande ein.

Ab 1941 Die Juden werden in Deutschland und in den von den Deutschen besetzten Gebieten deportiert. In den ab 1941 geschaffenen Vernichtungslagern werden bis 1945 sechs Millionen jüdische und mindestens 500 000 nichtjüdische Häftlinge ermordet.

Kinder hinter einem Stacheldrahtzaun im Konzentrationslager Auschwitz 1945 kurz nach ihrer Befreiung

JUDEN IM HEUTIGEN DEUTSCHLAND
Neubeginn nach 1945 und heutige Organisation

Hatten 1933 noch über eine halbe Million Juden in Deutschland gelebt, waren es 1945 nur noch 10 000 bis 15 000 Juden. Ein schwieriger Neubeginn nach der Shoa war zu bewältigen. Doch bereits 1945 bildeten sich wieder jüdische Gemeinden. Neue Synagogen entstanden, alte wurden mit neuem Leben erfüllt. Lebten Ende der 1980er Jahre etwa 25 000 Juden in Deutschland, so ist diese Zahl inzwischen auf über 200 000 angestiegen. Wesentlicher Grund dafür sind jüdische Emigranten aus der ehemaligen Sowjetunion, die als so genannte Kontingentflüchtlinge seit Anfang der 1990er Jahre einwanderten. Die Juden haben sich heute in Deutschland in großen Gemeinden wie Berlin (12 000), München (9000), Frankfurt/Main (8000), Düsseldorf (7000) sowie etwa 100 mittelgroßen, kleineren bis kleinsten Gemeinden organisiert.

Ein erheblicher Teil der Juden in Deutschland zählt nicht zu den offiziellen Gemeindegliedern. Die Schätzungen über die Zahl der gemeindlich nicht organisierten Juden schwanken sehr – eingetragen sind knapp über 100 000 Mitglieder. Vielen Neumitgliedern der Synagogengemeinden fehlt der Hintergrund einer lebendigen jüdischen Tradition. Nicht alle der von den Sowjetbehörden ethnisch als Juden eingestuften Personen sind nämlich Juden im Sinne der Halacha, des Religionsgesetzes.

Charlotte Knobloch (geb. 1932) wurde nach dem Tod von Paul Spiegel 2006 zur neuen Präsidentin des Zentralrats der Juden in Deutschland gewählt; hier während einer Pressekonferenz mit dem Generalsekretär des Jüdischen Weltkongresses Stephen Herbits (links) sowie dem Präsidenten Israel Singer (rechts).

Im Mai 2005 wurde in Berlin das Holocaust-Mahnmal eingeweiht. Über 2700 Betonstelen und ein Museum erinnern an die in Europa während des Zweiten Weltkriegs ermordeten Juden.

Organisation der jüdischen Gemeinden

Dachorganisation aller jüdischen Gemeinden ist der 1950 gegründete Zentralrat der Juden in Deutschland. Nach außen nimmt er die Funktion der politischen Stimme aller Juden in Deutschland wahr, nach innen berät er Landesverbände und Einzelgemeinden und kümmert sich um die Angelegenheiten der jüdischen Gemeinschaft, Religion und Kultur. In Kontinuität zu seinen Vorgängern Heinz Galinski (1912–1992) und Ignatz Bubis (1927–1999) mischte sich Paul Spiegel (1937–2006) seit 2000 als Präsident des Zentralrats der Juden in Deutschland immer wieder kritisch in die gesellschaftlichen und politischen Debatten ein. Die 1917 gegründete Zentralwohlfahrtsstelle in Frankfurt/Main ist die Dachorganisation der jüdischen Gemeinden in Deutschland und als solche gesamtverantwortlich für die Unterstützung der Gemeinden in ihrer Sozialarbeit, wie auch für die Organisation und Koordination der Jugendarbeit. Neben dem Zentralrat ist sie als nicht-politische Vertretung der jüdischen Gemeinden die zweite öffentliche Institution der jüdischen Gemeinden in Deutschland. In allen Bundesländern sind die jüdischen Religionsgemeinschaften als Körperschaft des öffentlichen Rechts anerkannt.

Jüdisches Leben in den Gemeinden

In den religiösen Ausrichtungen ist das gegenwärtige Judentum in Deutschland stark von den großen jüdischen Zentren abhängig. Die Synagogengemeinden in Deutschland sind in der Regel Einheitsgemeinden und müssen die religiösen Bedürfnisse aller ihrer Mitglieder berücksichtigen. Diese Gemeinden integrieren Juden unterschiedlich strenger Observanz und verschiedener Herkunft. Die Gemeinden erfüllen trotz personeller Schwierigkeiten grundlegende religiöse Bedürfnisse und

Der israelische Schriftsteller und Religionsphilosoph Schalom Ben-Chorin (1913–1999) hat sich besonders für die christlich-jüdische und deutsch-israelische Aussöhnung eingesetzt.

nehmen soziale wie auch kulturelle Funktionen wahr. De facto sind die Einheitsgemeinden in den letzten Jahren immer stärker von orthodoxen Kräften beeinflusst worden. Die meisten Synagogengemeinden werden von orthodoxen Rabbinern geleitet, die aus Israel stammen oder dort studiert haben. Als kleinster gemeinsamer Nenner der Einheitsgemeinden gilt: Für die gottesdienstliche Gebetsgruppe des Minjan sind zehn jüdische Männer notwendig. Es herrscht Geschlechtertrennung, denn die gottesdienstliche Rolle der Frau wird im Haus und nicht in der Synagoge gesehen. Der Gottesdienst wird ausschließlich auf Hebräisch gehalten, eine instrumentale Begleitung am Sabbat ist untersagt.

Bemerkenswert war die Entscheidung der Jüdischen Gemeinde zu Oldenburg und Braunschweig, die zur konservativen Richtung zählende Schweizerin Bea Wyler 1995 als erste „Frau Rabbiner" nach der Shoa in Deutschland einzustellen. Die ehemalige Agronomin und Journalistin Wyler erhielt ihre Ausbildung am Jewish Theological Seminary in New York – für orthodoxe Krei-

se alles andere als eine Empfehlung. Bis heute wird sie nicht zur Deutschen Rabbinerkonferenz eingeladen.

Als Arbeitsgemeinschaft liberaler und konservativer jüdischer Gemeinden im deutschsprachigen Raum entstand im Juni 1997 die Union Progressiver Juden in Deutschland, Österreich und der Schweiz. Seit 2002 firmiert sie unter der Bezeichnung Union Progressiver Juden in Deutschland. Sie setzt sich für eine Verbesserung des jüdischen Religionsunterrichts ein, erarbeitet Gebetbücher, fördert die Ausbildung und Bereitstellung deutschsprachiger Rabbiner, Kantoren und Religionslehrer und koordiniert die Zusammenarbeit progressiver Rabbiner und des im Jahre 2000 gegründeten Rabbinatsgerichtshofes. 1999 wurde das mit der Universität Potsdam verbundene Abraham-Geiger-Kolleg zur Ausbildungsstätte für Rabbinerinnen und Rabbiner gegründet. Am 14. September 2006

Bea Wyler wurde 1995 die erste deutsche Rabbinerin.

fand die Ordination von drei Rabbinern in Dresden statt. Seit der Zerstörung der Hochschule für die Wissenschaft des Judentums in Berlin 1942 war dies die erste Rabbinerordination.

Streben nach Versöhnung

Nach dem Zweiten Weltkrieg hat es in Deutschland beachtliche gesellschaftliche, politische, ökonomische und kulturelle Bemühungen um Schuldbewältigung und Versöhnung gegeben. In der DDR wurde die kleine Gemeinde der weniger als 1000 Juden toleriert und finanziell unterstützt; hohe SED-Funktionäre aus jüdischen Familien zogen es vor, ihre Herkunft zu verbergen. Wiedergutmachungszahlungen und die Unterstützung Israels durch die Bundesregierung seit den 1950er Jahren wurden davon überschattet, dass in den ersten Jahrzehnten nach dem Krieg noch zahlreiche für die NS-Verbrechen Mitverantwortliche in hohe Staatsämter berufen wurden.

Das Verhältnis von Kirche und Judentum nach der Shoa ist in hohem Ausmaß geprägt durch ernsthafte Bemühungen, die fast 2000-jährige Geschichte des religiös-christlichen Antijudaismus (und nur relativ kurzer Perioden der Koexistenz) mit ihren oft erbarmungslosen Verfolgungen und zu Hassreaktionen auffordernden Zerrbildern der Juden (so auch in Spätschriften Luthers) abzubrechen. Signale eines Umdenkens und neuen Verhaltens setzten die Verurteilung des Antisemitismus auf der ersten Vollversammlung des Weltkirchenrats 1948 in Amsterdam sowie die Erklärung „Nostra Aetate" des Zweiten Vatikanischen Konzils (1965). In der Bundesrepublik Deutschland wurde seit Ende der 1940er Jahre eine Reihe von Organisationen und Projekten zur Versöhnung von Christen und Juden gegründet, unter anderem die Gesellschaften für christlich-jüdische Zusammenarbeit, Woche der Brüderlichkeit, Aktion Sühnezeichen. Aspekte des christlich-jüdischen Dialogs werden seit 1961 auf den evangelischen Kirchentagen, danach auch auf den Katholikentagen kontinuierlich behandelt.

Der eindrucksvolle Bau der Berliner Synagoge in der Oranienburger Straße spiegelt die einstige Bedeutung der jüdischen Gemeinde wider.

JUDEN IN DEN NIEDERLANDEN
Amsterdam – zeitweilig ein „neues Jerusalem"

Von einem unbekannten Künstler deutscher Schule um 1670 geschaffenes Porträt Baruch de Spinozas (1632–1677); Herzog August Bibliothek Wolfenbüttel

Die jüdische Gemeinschaft in den Niederlanden entstand im frühen 17. Jahrhundert aus portugiesischen und hochdeutschen, d. h. nicht zur sephardischen Gemeinde zählenden Juden. Die ersten Juden, die ab 1595 nach Amsterdam kamen, waren zwangsgetaufte portugiesische Juden, „Neu-Christen" (Marranos). Sie bekannten sich in Amsterdam sofort wieder zu ihrer ursprünglichen jüdischen Religion. Auch die berühmten jüdischen Philosophen Menasseh ben Israel (1604 bis 1657) und Baruch Spinoza (1632–1677) kamen aus Portugal. Später trafen Marranos aus Spanien in Amsterdam ein, die sich 1638 mit den Portugiesen zu einer Gemeinschaft verbanden.

Seit ihrer Ansiedelung in Amsterdam leisteten viele dieser als Sepharden geltenden Juden einen wichtigen Beitrag zur wirtschaftlichen und kulturellen Entwicklung der Stadt. Auch außerhalb von Amsterdam ließen sich portugiesische Juden nieder. Erhalten blieb die Synagoge der portugiesischen Gemeinde in Den Haag von 1726, die heute in Gebrauch der Liberalen Jüdischen Gemeinde ist.

Die zweite Gruppe bildeten die „hochdeutschen" Juden aus Osteuropa und Deutschland. Diese aschkenasischen Juden überflügelten zahlenmäßig bereits Ende des 17. Jahrhunderts die portugiesischen Juden: Ihre ersten religiösen Zusammenkünfte hielten sie 1635 in Amsterdam ab.

Trotz wirtschaftlicher Einschränkungen besaß Amsterdam eine große Anziehungskraft für die Flüchtlinge von Pogromen und Verfolgungen in Mitteleuropa. Juden durften sich öffentlich zu ihrer Religion bekennen. Die Freiheiten, welche die Republik der Vereinigten Niederlande Ende des 16. Jahrhunderts den einwandernden Juden gewährte, waren im damaligen Europa einmalig. Nach den Einwanderern aus Portugal und Spanien folgten im 17. Jahrhundert Juden aus Deutschland und Polen. Die Entwicklung von Wirtschaft und Handel führte zeitweilig zu Benachteiligungen: So durften Juden nicht Mitglieder in Zünften sein oder Geschäfte besitzen. 1796 erhielten die Juden allerdings freies Niederlassungsrecht, Erlaubnis zur Ausübung aller Berufe sowie das Recht zu wählen und Regierungsämter zu übernehmen. Über Jahrhunderte boten die Niederlande den Juden weitgehend Sicherheit und religiöse Selbstständigkeit.

Während der Feier seiner Bar Mizwa liest ein Junge im Beisein seiner Eltern und des Rabbiners in einer jüdischen Gemeinde Amsterdams aus der Tora.

Obgleich das Schicksal der in Amsterdam lebenden Juden wechselvoll war, galt die Stadt zeitweilig als ein „neues Jerusalem". Bis ins 18. Jahrhundert lebten die Juden in dem Judenviertel Judenbuurt, später auch in anderen Teilen der Stadt. 1639 wurde die erste Synagoge gebaut, 1671 die Große Synagoge. Weitere Prachtbauten entstanden: die Portugiesisch-Israelitische Synagoge (1675) und die Hochdeutsche Synagoge. Heute beherbergt das „Jüdische Historische Museum" sowohl Zeugnisse der blühenden Geschichte der Juden in Amsterdam als auch der Bedrohung und Vernichtung zur Zeit der Nationalsozialisten.

In der Zeit zwischen den beiden Weltkriegen betrieben die Niederlande trotz der Garantieangebote von England und Deutschland eine Politik der Neutralität, verfolgten die nationalsozialistische Politik in Deutschland jedoch mit Besorgnis. Als das Deutsche Reich 1940 die Niederlande besetzte, flohen das Königshaus und die Regierung nach England. Der deutsche Reichskommissar für die besetzten niederländischen Gebiete, Arthur Seyß-Inquart, führte ein äußerst diktatorisches Besatzungsregime. Abgesehen von einer kleinen eigenen nationalsozialistischen Partei (NSB) befand sich ein großer Teil der niederländischen Bevölkerung im Widerstand, der vor allem von den Kirchen und den linken Parteien unterstützt wurde. Ein entscheidender Grund für den niederländischen Widerstandswillen war die Vorgehensweise der deutschen Besatzung gegen die Juden.

Die heutige Situation

Vor dem Zweiten Weltkrieg machten die Juden ungefähr 10 Prozent der Amsterdamer Bevölkerung aus. Auch heute konzentriert sich die jüdische Bevölkerung auf Amsterdam mit seinen zehn Synagogen und Amstelveen im Süden der Stadt. In ungefähr zehn Städten außerhalb Amsterdams finden regelmäßige Gottesdienste statt. Die meisten der noch bestehenden Synagogen werden nicht mehr im Sinne

Blick in die von Elias Bouwman entworfene und 1675 eingeweihte Portugiesische Synagoge in Amsterdam

Zum Purimfest, das an die Errettung der Juden in der persischen Diaspora erinnert, haben sich Kinder der jüdischen Gemeinde von Groningen verkleidet.

Orthodoxe Juden protestieren in Den Haag gegen die israelische Sicherheitsmauer in den besetzten pa-lästinensischen Gebieten. Anlass war eine geplante Zusammenkunft des Internationalen Gerichtshofs zum Thema Sicherheitsmauer im Juli 2004.

ihrer ursprünglichen Bestimmung ge-braucht. Einige sind in Kirchen oder Mo-scheen umgewandelt worden, in anderen befinden sich Kulturzentren. Manche Ge-meinden haben außerdem Probleme, ge-eignete Kräfte für das Amt des religiösen Leiters zu finden.

Weniger als die Hälfte der Juden sind Mitglied einer religiösen Organisation. Viele Juden besuchen nicht regelmäßig die Synagogengottesdienste. Manche drücken auf andere Weise ihre Jüdischkeit aus: Sie lesen das Jüdische Wochenblatt (NIW) oder engagieren sich in sozialen Einrich-tungen wie dem Jüdisch Gesellschaftlichen Werk (JMW). Der niederländische Zionis-tenbund hat nicht mehr so viele Mitglie-der wie früher. Man drückt heute die Ver-bundenheit mit Israel auf andere Weise aus. Das 1974 aufgebaute Zentrum für Information und Dokumentation Israel (CIDI) spielt eine wichtige Rolle in der öf-fentlichen Meinung und Politik. Politiker, Schriftsteller, Journalisten, Künstler, Filme-macher und Fotografen bekennen sich bei ihrer Arbeit direkt oder indirekt als Juden. Eine jüdische Dachorganisation gibt es in den Niederlanden nicht.

Orthodoxe und Liberale

Zum orthodoxen Judentum gehören Ge-meinden der Niederländisch-Israelitischen und der Portugiesisch-Israelitischen Kul-tusgemeinschaft. Innerhalb der Orthodo-xie besteht eine Vielzahl von verschiedenen Richtungen: Der Chassidismus in der Lu-bawitscher Variante (Chabad) ist in den Niederlanden bei Rabbinern und deren Anhängern beliebt. Seit 1932 gibt es ein li-berales Judentum in den Niederlanden. Es gehört zum World Union of Progressive Judaism, der Anzahl der Mitglieder nach die größte jüdisch-religiöse Bewegung der Welt. Gemeinden bestehen in Amsterdam, Den Haag, Arnheim, Rotterdam, der Pro-vinz Brabant und der Gegend um Twente. Liberale Juden haben sich für die Gleich-berechtigung der Frauen eingesetzt. Jüdi-sche Feministinnen hinterfragen die traditionelle Trennung von häuslichem Bereich und öffentlichem religiösen Leben. Auch in Fragen der Sexualität finden engagierte Debatten statt. So haben sich zum Beispiel jüdische Lesben und Schwule, beziehungsweise bisexuelle Frauen und Männer in der

Organisation Sjalhomo zusammengeschlossen.

Trotz aller Unterschiede innerhalb der niederländischen Judenheit besteht ein starkes Zusammengehörigkeitsgefühl bezüglich zweier Themenkomplexe: Die trau-

matischen Folgen des Zweiten Weltkriegs mit der Ermordung von Millionen Juden und die verschiedenen unterschiedlichen Reaktionen auf das Verhalten Israels beschäftigen sowohl die Überlebenden als auch die junge Generation.

1909 schuf Max Liebermann (1847–1935) das Gemälde „Judengasse in Amsterdam".

 JUDENTUM IN GROSSBRITANNIEN
Geschichtlicher Rückblick und heutige Situation

Aus Anlass des 50-jährigen Jubiläums besucht der Prince of Wales am 22. Juni 2006 das nach dem bekanntesten Vertreter des liberalen deutschen Judentums der Weimarer Republik benannte Londoner Leo Baeck College. Hier sieht man Prince Charles im Gespräch mit Schülern der jüdischen Akiva-Grundschule.

Einige wenige Juden lebten wohl schon in der Römerzeit in England. Größere Siedlungen sind aber erst seit dem 11. Jahrhundert belegt, als Juden aus der Normandie Wilhelm, dem Eroberer, nach England folgten. Hauptsächlich handelte es sich um Bankiers und Geldverleiher, die sich in größeren Städten wie London, Norwich, Canterbury, Oxford und Winchester ansiedelten. Zu den wichtigsten Gelehrten gehörte Meir ben Elijah of Norwich (13. Jahrhundert).

Während sich die Lage der Juden unter normannischer Herrschaft gut gestaltete, hatten sie später – vor allem zur Zeit der Kreuzzüge – unter Verfolgungen und hoher Steuerlast zu leiden. Die Synode von Oxford bestimmte 1222 in Anlehnung an das 4. Laterankonzil (1215), dass Juden ein besonderes Abzeichen zu tragen hätten. 1290 wurden die Juden von Edward I. aus England ausgewiesen und durften sich erst 1656 auf Drängen des Schriftstellers und

Philosophen Menasseh ben Israel (1604 bis 1657) – Rabbi der Synagoge in Amsterdam – wieder ansiedeln. 1655 reiste er nach England, um mit Oliver Cromwell zu verhandeln, der Zugeständnisse bei der Wiederzulassung der Juden in England machte. Zunächst reisten sephardische Juden aus Holland, später aschkenasische Juden aus Deutschland nach England ein. Bis zum 19. Jahrhundert hatten sie sich zu einer gut etablierten Gemeinde entwickelt und Bürgerrechte in der englischen Gesellschaft erworben. 1760 gründeten sephardische und aschkenasische Juden den Board of Deputies of British Jews zur Förderung der Interessen der britischen Juden-

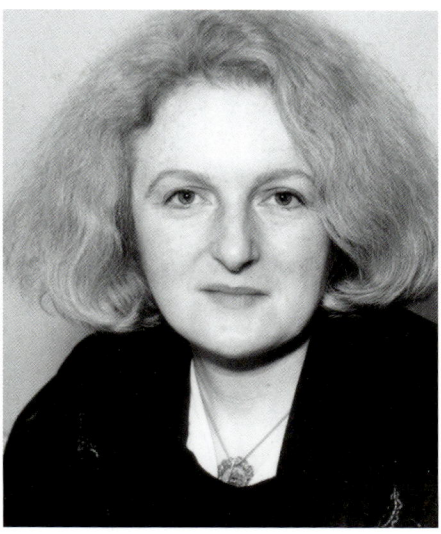

Julia Babette Sarah Neuberger (geb. 1950), Rabbinerin der South London Liberal Synagogue, ist nach Jackie Tabick die zweite Rabbinerin Großbritanniens und die erste Frau, die in dieser Funktion einer eigenen Gemeinde vorsteht.

schaft und bemühten sich um Emanzipation.

1858 errang Lionel Nathan de Rothschild (1806–1879) als erster gewählter Jude einen Platz im Unterhaus als liberaler Abgeordneter. Seinem Einfluss ist es zu verdanken, dass in der Folgezeit die beiden großen Parteien die Juden unterstützten. Rothschild war zudem über 30 Jahre lang

LOUIS JACOBS

Louis Jacobs wurde am 17.7.1920 in Manchester geboren und starb am 1.7.2006. Seine Ausbildung erhielt er an den Jeschiwot (jüdische Fach- und Volkshochschulen) von Manchester und Gateshead (Nordostengland). Anschließend studierte er an der Universität London. Nachdem er einige Zeit an der Golders Green Beth Hamidrash gelehrt hatte, war er zunächst Rabbi an der Central Synagogue in Manchester und 1954–1959 an der New West End Synagogue in London. 1959–1962 unterrichtete er am Jews' College in London. Er beendete jedoch seine Lehrtätigkeit, als nach dem Rücktritt von Oberrabbi Epstein der neue Präsident des College, Israel Brodie, sich gegen seine Ernennung zum Prinzipal aufgrund seiner heterodoxen Ansichten einsetzte. Dieser Vorfall führte zu einem vehementen Disput unter den englischen Juden, bei dem der Jewish Chronicle Louis Jacobs' Partei ergriff. Seine Anhänger ernannten ihn zum Direktor der speziell für ihn gegründeten Society for the Study of Jewish Theology. Als das Rabbinat an der New West End Synagogue frei wurde, wählte man Louis Jacobs in sein früheres Amt. Die endgültige Ernennung wurde jedoch abermals von Brodie verhindert. Daraufhin trennten sich etliche Mitglieder von ihrer Synagoge und gründeten 1964 die New London Synagogue mit Louis Jacobs als Rabbiner. Die Gottesdienste fanden weiterhin im orthodoxen Ritus statt.

Die Kontroverse hatte ihre Ursprünge in Jacobs Werken: „We have Reason to Believe" (1957/5. Auflage 2004), „Jewish Values" (1960), „Principles of the Jewish Faith" (1964), einer analytischen Studie von Maimonides' Glaubenssätzen sowie „Faith"

(1968). In diesen Schriften wandte der Autor Methoden der historisch-kritischen Bibelforschung an, bestritt die Verbalinspiration des Pentateuch und räumte eine menschliche Beteiligung bei der Entstehung der Bibel ein. Jacobs widmete sich auch in einigen Studien der Kabbala und dem Chassidismus.

Unter anderem setzte er sich mit dem Problem des Verhältnisses von Gottes Allwissenheit und menschlicher Willensfreiheit auseinander. Wie kann man von freiem Willen sprechen, wenn Gott bereits den Ausgang des menschlichen Handelns kennt: *„Lange bevor Hitler geboren wurde, muss Gott gewusst haben, was aus ihm wird. Man kann nicht sagen, dass Gott nur wusste, Hitler könnte sich zu einem Monster an Schlechtigkeit entwickeln, denn dieses würde implizieren, Gott hätte es nicht gewusst. Auch gehört es zur Doktrin der Allwissenheit, dass Gott alles weiß und in keiner Weise über irgendetwas im Unklaren ist. Wie kann dieses bestimmte Wissen Gottes darüber, was aus Hitler werden würde, mit Hitlers Willensfreiheit in Einklang gebracht werden? Wenn wir wissen, dass jemand sich in einer bestimmten Weise verhalten wird – wenn wir es wirklich wissen –, kann jene Person nicht wirklich frei sein, sich irgendwie anders zu verhalten. Die Lösung des Maimonides ist diese, dass wir Gottes Wissen nicht mit unserem vergleichen dürfen. Wir können nur dann wissen, dass jemand in der Zukunft sich in einer bestimmten Weise verhalten wird, wenn er gezwungen ist, sich genauso zu verhalten; aber Gott kann das wissen, ohne ihn seiner Willensfreiheit zu berauben."* (Louis Jacobs: Principles of the Jewish Faith. An Analytical Study, 1964, S. 325f.)

![synagogue interior]

Ein Blick in die St. John's Wood Synagogue im Londoner West End. Im Bildmittelpunkt der Bereich für den Chasan, den Kantor. Auf den unteren Stuhlreihen nehmen die Männer, auf der Empore die Frauen Platz.

Vorsitzender der jüdischen Gemeinde. Wichtige Gemeinschaftseinrichtungen wurden gegründet: zum Beispiel 1852 das Jews' College für die Ausbildung von Geistlichen, 1858 das Board of Guardians, eine Hilfsorganisation für die Armen. Die erste reformierte Synagoge wurde 1840 gegründet. Die liberale Bewegung begann 1902.

Die jüdische Gemeinde in Großbritannien wuchs zwischen 1881 und 1914 auf 350 000 Gläubige an, da viele Juden aus dem Russischen Reich auf der Insel Zuflucht suchten. Aufgrund dieser Einwanderungen kam es auch zu Spannungen zwischen den einheimischen anglisierten Juden und den traditionell eingestellten, jiddisch sprechenden osteuropäischen Juden. Eine weitere große Flüchtlingswelle erreichte England nach dem Aufstieg der Nationalsozialisten in Deutschland.

Zur gegenwärtigen Situation

Die jüdische Gemeinde in Großbritannien ist mit rund 350 000 Gläubigen die zweitgrößte in Westeuropa und genießt umfangreiche politische Freiheiten. Das Board of Deputies of British Jews vertritt die britischen Juden in allen politischen und bürgerlichen Rechten. Es gibt ca. 365 Synagogengemeinden sowie eine große Anzahl von Einrichtungen im Wohlfahrts- und Sozialbereich.

In Großbritannien sind rechtsgerichtete Orthodoxe (Right Wing Orthodox), Orthodoxe der Mitte (Central Orthodox), sephardische, reformierte und liberale Juden vertreten. Die Mitgliedszahlen der rechten orthodoxen Gruppierungen sowie der reformierten und liberalen Juden steigen, während die anderen Gruppen einen Mitgliederschwund zu verzeichnen haben. Anfang der 1990er Jahre entwickelte sich eine kleine konservative Bewegung unter der Leitung des bedeutenden Gelehrten Louis

Eröffnung der neuen Synagoge, Woodside Park, in London, im Mai 1988. Rabbi Moshe Rosenthal benutzt einen Fön, um die Tinte auf der Sefer Tora zu trocknen.

Jacobs (1920–2006). Das liberale Judentum verdankt seinen Bedeutungszuwachs insbesondere dem 1956 gegründeten Leo Baeck College, dessen Absolventen neue Gemeinden gründeten. Das „Orthodoxe Judentum der Mitte" verlor auch deshalb an Einfluss, weil immer weniger Rabbiner das von ihnen gegründete Jews' College mit einem Examen abschlossen und ihre Stellen Rabbiner der rechten Jeschiwot (Lehrhäuser) oder Lubawitscher Chassiden (Fromme) einnahmen. Der gegenwärtige Oberrabbiner ist der orthodoxe Sir Jonathan Sacks (geb. 1948).

Zahlreiche jüdische Künstler, wie zum Beispiel die Schriftsteller Peter Shaffer (geb. 1932), Harold Pinter (geb. 1930) und Arnold Wesker (geb. 1932) oder die Maler David Bomberg (1890–1957) und Mark Gertler (1891–1931) genießen im In- und Ausland hohe Anerkennung. Antisemitische Vorkommnisse sind in Großbritannien eher selten.

Rabbi Abraham Levy spricht zu der Gemeinde bei einem Gedenkgottesdienst in der Bevis Marks Synagoge in London für die Opfer der Anschläge am 11. September 2001.

JUDENTUM IN DEN USA
Verschiedene Richtungen des amerikanischen Judentums

Jüdische Jugendliche bei der jährlich stattfindenden Salute to Israel-Parade in New York im Jahr 2000

Das amerikanische Judentum wird von den verschiedenen jüdischen Richtungen geprägt. Jede erhob zumindest zeitweilig den Anspruch, alleiniger und authentischer Vertreter des amerikanischen Judentums zu sein.

Geschichtlicher Rückblick

Die Reformjuden – größtenteils Emigranten aus Europa – versuchten im 19. Jahrhundert als erste, ein den amerikanischen Bedürfnissen entsprechendes Judentum zu

formulieren. In ihrer Pittsburgh Platform von 1885 fassten sie ihre Überzeugungen zusammen. Die reformjüdische Auffassung zeichnete sich durch Rationalismus, Betonung des Eingottglaubens, weltweite Mission und das Streben nach sozialer Gerechtigkeit aus.

Die eher konservativ eingestellten Juden vertraten dagegen die Überzeugung, dass die Reformjuden der Tradition gegenüber zu viele Kompromisse eingingen. Sie wollten die Tradition bewahren und gründeten zu diesem Zweck das Jewish Theological

Seminary (1886/7). 1902 wurde das Seminar von seinem damaligen Präsidenten Solomon Schechter (1850–1915) reorganisiert. Er baute es zu einem bekannten Zentrum der Wissenschaft und des konservativen Judentums aus. Mordechai Menachem Kaplan (1881–1983) formulierte wichtige Inhalte des konservativen Judentums. Seine Schriften und Lehrveranstaltungen im Jewish Theological Seminary beeinflussten viele konservative Rabbiner. Es entstanden Synagogen-Zentren mit Begegnungsstätten, Bibliotheken, Turnhallen und Kindergär-

182

HENRIETTA SZOLD

Henrietta Szold wurde am 21.12.1860 in Baltimore/USA als älteste Tochter des deutschstämmigen Rabbiners Benjamin Szold geboren. Bei ihm studierte Henrietta Talmud und Geschichte. Gern hätte sie an einer Hochschule studiert. Jedoch gab es diese Möglichkeit damals in Baltimore für Frauen noch nicht. Als an der Johns Hopkins Universität öffentliche Vorlesungen eingeführt wurden, erfüllte sie sich ihren lang gehegten Wunsch.

Das Jahr 1888 stellte schließlich einen Wendepunkt in ihrem Leben dar. Sie war als einzige Frau Gründungsmitglied der Jewish Publication Society of America in Philadelphia. 1893 sprach sie am elften Tag des Weltparlaments der Religionen in Chicago über das Thema „What Judaism has done for women". Im Alter von über 40 Jahren wurde sie Schülerin am Jewish Theological Seminary of America.

Besonders widmete sich Henrietta Szold der Aufgabe, jüdisches Wissen unter Frauen zu verbreiten, zum Beispiel in der Harlemer Gruppe „The Daughters of Zion". Aus diesen kleineren Gruppen entstand die Hadassa-Organisation, deren Gründerin und erste Präsidentin sie war. Die Organisation widmete sich der jüdischen Erziehung. 1910 wurde Szold Sekretärin der Federation of American Zionists. 1918 ging sie nach Palästina, wo sie in Krankenhäusern arbeitete. Das Hadassa-Krankenhaus half Menschen aus den Ländern des Nahen Ostens ohne Rücksicht auf deren Religionszugehörigkeit. Als Direktorin der medizinischen Programme in Israel und Präsidentin der Hadassah in Amerika bereiste sie ständig beide Länder. Im Alter von 73 Jahren rettete sie jüdische Jugendliche aus Nazi-Deutschland. Sie war Direktorin der von der Jewish Agency gegründeten Jugend-Alija, die deutsch-jüdische Kinder nach Palästina brachte. Henrietta Szold, die 1944 den Ehrendoktortitel der Universität Boston erhalten hatte, starb am 13.2.1945 in Jerusalem

Judenviertel an der Lower East Side in New York, Aufnahme aus den 1920er Jahren

ten. Außerdem wurden Jugendgruppen, hebräische Klubs und Sommerlager organisiert. 1963 verließ Kaplan das Seminar. Sein Rekonstruktionismus bildete fortan eine eigenständige Gruppierung, die 1968 das Reconstructionist Rabbinical College gründete.

Obwohl das orthodoxe Judentum zahlenmäßig eher gering war, bemühte es sich ebenfalls um eine Führungsrolle unter den amerikanischen Juden. Es kam zu Spannungen zwischen den traditionell eingestellten Juden, welche die osteuropäische Orthodoxie in den USA einführen wollten, und den Modernisten, die eine wahre amerikanische Orthodoxie aufzubauen gedachten. Die Modernisten gewannen Oberhand und setzten sich in der Folgezeit für den Aufbau von Tagesschulen und Überwachung der Speisegebote (Kaschrut) ein. In

Eine jüdische Familie unternimmt während des Sabbats einen Spaziergang durch Brooklyn, New York.

der zweiten Hälfte des 20. Jahrhunderts erfuhr diese Richtung eine Blütezeit.

Die heutige Situation

Die Zahl der Juden in den Vereinigten Staaten ist von 2500 im Jahre 1790 (knapp unter 0,3 Prozent der Gesamtbevölkerung) auf heute fast sechs Millionen (knapp unter 3 Prozent der Gesamtbevölkerung) angewachsen. Nach der Erhebung von 1955 hatte die Union of Orthodox Jewish Congregations („Bund der orthodoxen jüdischen Gemeinden") über 700 Gemeinden in den USA und Kanada. Heute sind es beinahe 1000. Zur United Synagogue of Conservative Judaism (bis 1992 United Synagogue of America) bekannten sich 1955 über 200 000 Familien aus 508 Gemeinden. Heute sind es 760 Gemeinden. Die Union for Reform Judaism wurde 1873 von Rabbi Isaac Mayer Wise als Union of American Hebrew Congregations gegründet. 1955 gehörten ihr 520 Gemeinden mit 255 000 Familien an. Heute sind es über 900 Gemeinden. Zur Jewish Reconstructionist Federation bekannten sich 2003 rund 16 000 US-amerikanische Haushalte.

6 Prozent der US-amerikanischen Juden sind orthodox, 35 Prozent bekennen sich zum konservativen und 38 Prozent zum Reformjudentum. Zu den Rekonstruktionisten zählt eine Minderheit von 2 Prozent.

In den 1950er Jahren beschränkte sich das religiöse Leben der meisten amerikanischen Juden auf die Mitgliedschaft in der Synagoge, Engagement in Klubs und Komitees, Erziehung und Ausbildung der Kinder, gelegentliche Besuche der Gottesdienste und eine minimale Befolgung der rituellen Gesetze. Diese konzentrierte sich auf das Anzünden der Chanukka-Lichter und den Besuch des Seder-Abends. Die zunehmende Assimilation der Juden führte zu Gegenbewegungen: In der counter-culture-rebellion Ende der 1960er Jahre, der Auflehnung junger Leute gegen das Establishment, bemühten sich einige Juden um eine intensivere religiöse Erfahrung. Gleichzeitig trat die jüdische feministische Bewegung mit der Forderung nach Gleichberechtigung auf.

Die Reformierten setzten sich in den letzten Jahrzehnten dafür ein, Juden aus Mischehen für das Judentum zurück zu gewinnen. Nach einer von ihnen verabschiedeten Verlautbarung gelten auch Kinder eines jüdischen Vaters als Juden, während üblicherweise die Religionszugehörigkeit der Mutter ausschlaggebend ist. Die Reformierten suchten außerdem intensiveren Kontakt zu Israel und führten erfolgreich viele traditionelle Bräuche wieder ein. Das konservative Judentum konzentriert seine Kräfte auf das Artikulieren seiner Ideologie und die verstärkte Unterstützung der Laienarbeit. Der Rekonstruktionismus betont die ethischen Grundlagen des Judentums, betrachtet Umweltschutz, Homosexuellenrechte und soziale Gerechtigkeit als zentrale Aufgaben. Auf unterschiedliche Weise setzen sich alle drei Bewegungen für die Gleichberechtigung der Frau ein.

In Anwesenheit des früheren Oberrabbiners Israels Mordechai Eliyahu (sitzend, vorn) nehmen Rabbi Levi Azimov, Rabbi Nachun Sasonkin und Rabbi Moishe Herson während der Feierlichkeiten zu ihrer Ernennung am College in Morristown Glückwünsche entgegen.

Der Orthodoxie ist es gelungen, sich von dem Vorwurf, eine Ideologie der unteren Schichten zu sein, zu befreien. Wohlhabende orthodoxe Juden gründeten zahlreiche Institutionen, unter anderem koschere Restaurants und rituelle Tauchbäder (Mikwe).

Blick in den Mikwe Israel Tempel in Savannah, Georgia

JUDENTUM IN DER GUS
Überleben angesichts antisemitischer Übergriffe

Seit fast zwei Jahrtausenden gibt es jüdische Kaufleute auf der Krim, in den Gebieten zwischen Wolga und Dnjestr sowie jüdische Siedlungen in den griechischen Kolonien nördlich des Schwarzen Meeres. Bis zum letzten Drittel des 18. Jahrhunderts waren Juden im Moskauer Staat oft Gesandte ausländischer Staaten und als Finanziers oder Ärzte am Zarenhof tätig. Es gab auch zahlreiche jüdische Kaufleute und kleine Händler. Diesen war jedoch nicht gestattet, sich längere Zeit innerhalb der Grenzen des Moskauer Reiches aufzuhalten und Untertanen des Zaren zu werden. Nach den Teilungen Polens 1772, 1793 und 1795 Weißrusslands wurden von Juden besiedelte Gebiete wie die Ukraine und Litauen Teile des russischen Reiches. Die Anzahl der jüdischen Bevölkerung stieg nach der Eroberung der Krim, des Kaukasus und Zentralasiens sowie durch den Anschluss Kurlands und vor allem Ostpolens auf etwa eine Million an.

In der Folgezeit gehörten die Juden als Händler und Kleinbürger dem Mittelstand an und erwarben das Recht auf Teilnahme an der ständischen und städtischen Selbstverwaltung, was von der übrigen christlichen Bevölkerung nicht immer gut geheißen wurde.

Die Politik der Zaren war vorwiegend von Antisemitismus geprägt – mit geringen Ausnahmen während der Herrschaft Peters des Großen (reg. 1682–1725). Die Gesetze von 1791 verboten den Juden das freie Reisen innerhalb des Imperiums sowie das Leben außerhalb der Stadt. Dieser „Zwang zur Sesshaftigkeit" blieb bis Februar 1917 bestehen.

Der Holzstich von 1890 zeigt eine Szene der an den russischen Juden begangenen Pogrome. Danach kam es zu einer ersten Alija (Einwanderungswelle) russischer Juden in das Gelobte Land.

1804, unter der Herrschaft Alexanders I. (reg. 1801–1825), gab es eine spezielle „Gesetzgebung für Juden", welche die Juden als Gruppe benachteiligte. So wurde den Juden das Recht abgesprochen, Land zu besitzen oder zu erwerben. Ferner wurde ihnen untersagt, ein Handwerk und bestimmte Handelsformen auszuüben und in den Staatsdienst einzutreten. Jüdische Knaben wurden mit zwölf Jahren ihren Eltern fortgenommen und in besondere Kriegsschulen geschickt. Anschließend mussten sie 25 Jahre in der Armee dienen. Zar Alexander II. (reg. 1855–1881) setzte die antisemitischen Gesetze zum Teil außer Kraft. Doch gab es bei großen Bevölkerungsteilen starke Ressentiments gegen Juden.

Nach dem Tod Alexanders II. (1881) kam es im Süden Russlands zu mehreren antijüdischen Pogromen, die zu einer großen Auswanderungswelle nach Amerika und zur Entstehung der zionistischen Bewegung führten. Doch die Juden begannen auch, in der russischen Gesellschaft an Einfluss zu gewinnen. In der zweiten Hälfte des 19. Jahrhunderts spielten sie eine bedeutende Rolle in der Entwicklung von

Der Dirigent und Pianist Nikolai Grigorjewitsch Rubinstein (1835–1881); Gemälde von Sergej Iwanowitsch Gribkow, 1875

Industrie, Transport, Handel und Bankwesen. Es gab jüdische Musiker, Ärzte und Künstler, wie zum Beispiel Arthur und Nikolai Rubinstein, Isaak Levitan, den Bildhauer Mark Antokolskij. Doch politische Rechte und gesellschaftliche Anerkennung blieben den Juden weitgehend verwehrt. Anfang des 20. Jahrhunderts nahm die antisemitische Propaganda zu, und es folgten weitere Pogrome (Balta 1882; Nischnij Nowgorod 1884; Kischinjew 1905/1906). 1922 lebten im sowjetischen Russland nur noch 2,5–3 Millionen Juden von ehemals 5 Millionen Ende des 19. Jahrhunderts.

Nach der Februarrevolution 1917 erklärte die provisorische Regierung die vollständige Rechtsgleichheit der Juden und beseitigte alle antisemitischen Einschränkungen bezüglich Wohnrecht, Lehrtätigkeit, Berufsausübung und Besetzung öffentlicher Ämter. In den 1920er Jahren gelang es daraufhin vielen jungen Juden, mittlere und höhere Bildung zu erwerben. Die jü-

OLGA BELKIND

Olga Belkind wurde 1852 im weißrussischen Logoisk geboren. Ihr fortschrittlicher Vater, Rabbi Meir Belkind, unterrichtete nicht nur seine Söhne, sondern auch die Töchter in der hebräischen Sprache und den klassischen religiösen Texten: Bibel, Mischna, Talmud. Olga Belkind erlernte den Beruf der Telegraphistin und wurde Hebamme. Ihre drei Geschwister Israel, Salomon und Fania gehörten zur ersten Gruppe der Bilu-Zionisten, die nach Palästina auswanderten. Bilu ist die Abkürzung des Verses Jesaja 2,5: „Kinder, lasst uns aufbrechen." Rabbi Belkind folgte seinen Kindern nach Israel und wurde ein führen-

der Vertreter des religiös-zionistischen Unterrichtswesens.

Olga Belkind arbeitete zunächst als Hebamme in der russischen Hauptstadt, bis sie 1886 nach Palästina gerufen wurde. Dort heiratete sie den jungen Pionier Joshua Hankin. Die Pioniere standen in Konflikt mit Baron Rothschild, der den Pionieren in ihren Dörfern nicht genügend Freiraum gewährte. Olga erreichte eine Kompromisslösung zwischen beiden Parteien, zog aber bald darauf mit ihrem Mann nach Jaffa, wo sie auch als Hebamme bei der arabischen Bevölkerung arbeitete. Das Ehepaar unterhielt freundschaftliche Bezie-

hungen zur arabischen und türkischen Bevölkerung, denen es schwer zu bearbeitendes Dünen- und Sumpfland abkaufte. In aufopfernder Arbeit gelang es Olga Belkind und ihrem Mann, die Sümpfe im Jesreeltal trocken zu legen und das Land zu bebauen. Während des ersten Weltkriegs wurden sie von den Türken verbannt, kehrten aber später wieder nach Palästina zurück. Heute stehen größere Dörfer auf dem von ihnen bebauten Gebiet.

Olga Belkind starb 1942 im Alter von 90 Jahren. Ihr Mann erbaute für sie eine Grabstätte am Gilboa-Berg über dem Tal, das sie urbar gemacht hatten.

dische Bevölkerung der Oberschicht war die gebildetste Bevölkerungsgruppe. Sie stellte Minister, Offiziere, Führer industrieller Unternehmen und Wissenschaftler. Parallel zu diesem Erfolg fand eine andere Entwicklung statt: In den Zwischenkriegsjahren wurden Tausende von jüdischen Organisationen aufgelöst, Hunderte Zeitungen und Zeitschriften wurden verboten, Hunderte Synagogen geschlossen,

Der Bildhauer Mark (eigentlich Mordechai) Matwejewitsch Antokolski (1843–1902) ist neben seinen Skulpturen vor allem für sein Buch „Ben Isaak" bekannt, in dem er das jüdische Leben seiner Geburtsstadt schildert; undatierte Porträtaufnahme.

Schulen und Institutionen konnten nicht mehr arbeiten. Es war untersagt, Iwrith (Hebräisch) zu sprechen, und viele Juden wurden zur Emigration gezwungen. 1934 wurde in einem abgelegenen Sumpfgebiet des östlichen Sibirien die jüdische autonome Provinz Birobidschan gegründet. Obwohl 1940 die jüdische Bevölkerung von Birobidschan auf 30 000 Einwohner angestiegen war, verließen die meisten in den folgenden Jahren diese Provinz wegen des schwer erträglichen Klimas und der desolaten Versorgungslage.

Während der Besetzung des sowjetischen Gebietes durch die Nationalsozialisten in den Jahren 1941 bis 1944 wurde ungefähr eine Million Juden umgebracht. An den Kriegshandlungen nahmen die Juden der UdSSR im großen Umfang teil. In den Kämpfen mit der Armee Hitlers starben 200 000 jüdische Soldaten und Offiziere. 160 000 jüdische Soldaten der Roten Armee erhielten Kriegsauszeichnungen.

Vladimir Slepak, einer der bekanntesten jüdischen Dissidenten der ehemaligen Sowjetunion. Nach beinahe zwei Jahrzehnten Wartezeit wurde ihm und seiner Frau von den Behörden seines Landes am 15.10.1987 die Genehmigung zur Ausreise nach Israel erteilt.

Gegenwärtige Situation

Nach dem Krieg war die Herrschaft Stalins (1879–1953) durch starke antijüdische Propaganda und Terrormaßnahmen geprägt. Den Juden wurde Kosmopolitismus und Verweigerung des Kriegsdienstes vorgeworfen. Viele verloren ihre Arbeit. 1948 wurde der Schauspieler S. Michojels, der unter sowjetischen Juden eine bedeutende Rolle spielte, brutal ermordet. 1952 organisierten die Behörden die Ärzte-Kampagne, in der jüdischen Medizinern die Ermordung führender sowjetischer Persönlichkeiten im Auftrag internationaler jüdischer Organisationen vorgeworfen wurde.

Mit dem Tod Stalins fand der antijüdische Terror ein Ende. Doch zahlreiche Verbote und Einschränkungen versperrten den Juden den Zugang zu einer Reihe von Berufen. Nikita S. Chruschtschow (1894 bis 1971) und Leonid J. Breschnew (1906 bis 1982) begründeten ihre antijüdische Politik damit, dass die Juden Handlanger des Zionismus seien.

Unter dem Eindruck des israelischen Sieges im Sechstagekrieg äußerten 1969/70 die ersten mutigen sowjetischen Juden den Wunsch, nach Israel auszuwandern. Doch die Machthaber übten auf die Ausreisewilligen Druck aus und antworteten mit Repressionen. Dennoch wuchs die Anzahl der Ausreisewilligen nach Israel. Der Druck der Weltöffentlichkeit zwang den Kreml zu Zugeständnissen. Bereits 1971 konnten 14 000 Juden das Land verlassen. 1979 stieg die Zahl der Ausreisenden auf 29 000.

Durch die von Michael S. Gorbatschow (geb. 1931) eingeführte Perestrojka (Umbau, Umgestaltung) erhielten die Juden Möglichkeiten, sich in fast allen gesellschaftlichen Bereichen zu entfalten. Viele Juden unterstützten diesen Prozess aktiv. 1986 entstanden in der UdSSR Vereine zur Pflege jüdischer Kultur. Jüdische Zeitungen und Zeitschriften wurden herausgegeben. Aber die sowjetischen Juden fürchteten die politische Instabilität und die zahlreichen lokalen Konflikte. Ein neu aufkeimender Antisemitismus und wirtschaftliche Schwierigkeiten führten dazu, dass viele Juden das Land verließen und nach Israel auswanderten. Von 1988 bis 1992 emigrierten ca. 460 000 Juden (340 000 nach Israel). 1992 ersuchten mehr als 120 000 Juden um eine Genehmigung, die Grenzen der GUS zu verlassen. Bis heute sind insgesamt über 1,1 Million Juden aus den GUS-Staaten nach Israel eingereist, und noch immer folgen weitere Ausreisewillige. In der ehemaligen Sowjetunion leben nach Schätzungen heute zwischen 400 000 und bis zu einer Million Juden.

Zwei russische Juden lesen 1991 in der Tora. Während der Regierungszeit Michail Gorbatschows (1985–1991) kam es in der Sowjetunion zu einer Wiederbelebung jüdischer Religiosität.

Judentum in islamischen Ländern
Niedergang einer einzigartigen Form des Zusammenlebens

Fünf Frauen der etwa 30 000 iranischen Juden beten während der Festlichkeiten zum jüdischen Lichterfest Chanukka in der Yousefabad Synagoge in Teheran.

Juden galten wie Christen und Zoroastrier nach islamischem Verständnis als Vertreter von Buchreligionen, weil sie eine heilige Schrift besitzen. Ein wichtiges Modell der späteren Beziehungen bildeten die Bedingungen der Kapitulation der Juden der Oase Khaybar (629), der ersten islamischen Eroberung. Den Juden wurde zwar erlaubt zu bleiben, doch mussten sie über die Hälfte ihrer Pro-dukte abgeben. Später entwickelte sich dar-aus die Bezahlung einer Steuer (Jizya).

Die frühe Phase des Islam und die Blütezeit des Zusammenlebens

Juden gehörten im islamischen Herr-schaftsgebiet zu den Schutzbefohlenen (Ahl al-dhimma). Sie genossen in ihren inneren religiösen Angelegenheiten weitgehend Au-tonomie, besaßen eine eigene Gerichtsbar-keit und wurden von den Muslimen gegen Angriffe von außen verteidigt. Im 10. Jahr-hundert lebten neun Zehntel aller Juden in islamischen Ländern. Dort nahmen sie re-gen Anteil an der bald städtischen Entwick-lung im islamischen Herrschaftsgebiet. In der Blütezeit vom 10. bis 12. Jahrhundert waren Juden in 250 Handwerken und ca. 100 anderen Berufen vertreten. Eine geo-graphische Ausgrenzung war so gut wie unbekannt. Zwar gab es vorwiegend von Juden bewohnte Stadtviertel, doch belegen Grundstücksurkunden und Mietverträge, dass die Häuser von Juden, Christen und Muslimen aneinander grenzten und dass Muslime Wohnungen in jüdischen Häusern mieteten und umgekehrt. Während der Glanzzeit der Juden in Spanien sind viele Zeugnisse toleranten Miteinanders überliefert.

Viele Juden übten den Beruf des Bankiers und des Arztes aus. Daher spielten die Juden eine wichtige sozio-ökonomische Vermittlungsrolle in der islamischen Welt. Jüdische Denker beschäftigten sich auch mit islamischer Theologie und bedienten sich dabei der arabischen Sprache. Moses Maimonides (1135–1204) schrieb sein theologisches Hauptwerk „Führer der Unschlüssigen" (1176–1199/1200) ebenso auf Arabisch wie der berühmte hebräische Dichter Jehuta ben Samuel Halewi (vor 1075–1141).

Anderseits waren Juden als Nichtmuslime einige Berufe nicht erlaubt. Besonders in Marokko und im Jemen übten Juden zum Teil so genannte „unreine" Berufe aus wie Färber und Grubenentleerer. Auch mussten sie sich in der Kleidung als Juden kennzeichnen. Sie durften nicht auf Pferden reiten, nicht als Zeuge vor Gericht auftreten und keinen Posten als Regierungsbeamte bekleiden. In Phasen des friedlichen Zusammenlebens wurden viele die Juden und Christen benachteiligende Gesetze nicht genau befolgt. Zu anderen Zeiten jedoch schränkte man die Religionsausübung der Juden und Christen ein. Neue Synagogen durften nicht errichtet werden, und hin und wieder wurden Prozessionen und Beerdigungen gestört. Verfolgungen von Seiten der Muslime geschahen oft dann, wenn die Schutzbefohlenen ihre Position missachteten oder wenn der Islam bedroht war. Als im 13. Jahrhundert der Niedergang der arabisch-islamischen Kultur einsetzte, hatten die Juden als sozial schwächste Bevölkerungsschicht unter den Folgen zu leiden.

Eine jüdische Familie aus Bagdad posiert für ein Foto; Aufnahme aus dem Jahr 1912.

Die islamische Einstellung zum Judentum konnte je nach Tagespolitik auch widersprüchlich sein. Beyazid II. (1447/48 bis 1512) ordnete zwar den Abriss sämtlicher nach der Eroberung Konstantinopels gebauter Synagogen an. Andererseits jedoch ermöglichte er vielen Juden, nach der Reconquista aus Spanien in das Osmanische Reich einzuwandern.

Porträt des Juristen und Staatsmannes Adolphe Crèmieux von Jean Jules Lecomte du Nouy, 1878

Geschichte seit dem 19. Jahrhundert

Im Milletsystem, das den nichtmuslimischen Minoritäten Selbstverwaltung in eigenen religiösen und rechtlichen Angelegenheiten zubilligte, fanden die besiegten Völker im Osmanischen Reich die Möglichkeit, ihre religiöse und kulturelle Identität zu bewahren.

Die christlichen Mächte begannen jedoch im ersten Drittel des 19. Jahrhunderts, sich als Schutzmächte der Minderheiten in die inneren Angelegenheiten des Osmanischen Reiches einzumischen. Der Status der Schutzbefohlenen stand im Widerspruch zu den Vorstellungen von der Gleichheit aller Menschen. 1856 wurden daher dieser Status aufgehoben und die Gleichheit der Juden vor dem Gesetz eingeführt. Das Osmanische Reich verbesserte die rechtliche Stellung der Juden: Man führte das so genannte Millet-System mit einem Rabbiner an der Spitze ein und schuf das Amt des Oberrabbiners für das gesamte Reich. Trotzdem war die Situation der Juden schwierig, weil die neuen Ideen auch die alte Sozialordnung zerstörten, die sie ge-schützt hatte.

Während des 19. Jahrhunderts entstan-den mehrere philanthropische Organisatio-nen, zum Beispiel die durch Adolphe Cré-mieux (1796–1880) gegründete „Alliance Israélite Universelle“. Diese Gesellschaften prangerten an, dass die rechtliche Lage die Juden in einigen islamischen Ländern benachteiligte. Doch das Eintreten der Westmächte für die Juden in den islami-schen Ländern erwies sich als verhängnisvoll und führte zum Teil zu antijüdischen Ausschreitungen. Ab 1870 errichteten jüdische philanthropische Organisationen spezielle Schulen und vermittelten den Ju

Vertreterinnen von drei Generationen jemenitischer Juden in Amlah. Die Angaben zum verschwindend geringen jüdischen Bevölkerungsanteil im Jemen schwanken zwischen 200 (American Jewish Commitee; im Jahr 2000) und 600 (Jerusalem Post 30.1.2001) Personen.

den eine moderne europäische Erziehung. Dies vertiefte die Kluft zur einheimischen Bevölkerung. Außerdem waren die Juden mit dem Erstarken des arabischen Nationalismus und dem immer bedeutender werdenden Christentum konfrontiert. So entstand ein Antisemitismus, den es früher im islamischen Raum nie gegeben hatte. Zusätzlich verschärft wurde die Situation durch die Errichtung der jüdischen Heimstätte in Palästina.

Der Niedergang des Judentums in der arabischen Welt ist in erster Linie eine Folge der westlichen Einflussnahme. Die islamische Religion trägt daran nicht die primäre Schuld. Die im 19. Jahrhundert beginnenden politischen und gesellschaftlichen Veränderungen zerstörten eine einzigartige Form des Zusammenlebens.

Um 1839 schuf der Maler Eugène Delacroix (1798–1863) die „Jüdische Hochzeit in Marokko“. Das Gemälde befindet sich im Pariser Louvre.

Heutige Situation

Die meisten Juden aus den islamischen Ländern sind bis in die 1960er Jahre nach Israel ausgewandert. Von 300 000 Juden Marokkos blieben nur ca. 18 000 im Land; von ca. 55 000 jemenitischen Juden zwischen 200 und 600; von den 135 000 Juden Algeriens ist praktisch niemand übrig geblieben, für die 125 000 Juden Iraks gilt das Gleiche, ebenso für Ägypten. Nur in der Türkei verblieben von den ca. 90 000 Juden etwa 23 000. Auch in Iran (zum Beispiel in Isfahan) findet sich eine kleinere jüdische Gemeinde, deren Situation als zufriedenstellend geschildert wird.

Die Einwanderung der Juden nach Israel hängt eng mit ihrer wirtschaftlichen Lage in den islamischen Ländern seit Beginn des 19. Jahrhunderts zusammen. Aber auch religiöse Gründe führten zur Auswanderung. So glaubten viele orientalische Juden, dass durch die Gründung des Staates Israel ihre messianischen Hoffnungen verwirklicht worden seien.

JUDENTUM IN GRIECHENLAND
Mühsame Suche nach Spuren einer einst blühenden Religionsgemeinschaft

![Kinder einer jüdischen Schule in Thessaloniki]

Kinder einer jüdischen Schule in Thessaloniki präsentieren vor dem Holocaust-Mahnmal ihre Bilder zur Erinnerung an den 60. Jahrestag der Befreiung des Konzentrationslagers Auschwitz. Insgesamt wurden 65 000 griechische Juden von den Nationalsozialisten ermordet.

Auch wenn die Geschichte der Juden in Griechenland bis in das 3. vorchristliche Jahrhundert zurückreicht, so existierten erst vom ersten Jahrhundert vor Christus an florierende jüdische Gemeinden in allen bedeutenderen Städten des Landes.

Einwanderung im Mittelalter
Unter byzantinischer und griechischer Herrschaft wurden die Juden oft drangsaliert, verfolgt und zwangsgetauft. 1376 wanderten ungarische Juden nach Griechenland ein. 1492 – im Anschluss an die Eroberung Granadas – begann ein massen-

hafter Exodus spanischer Juden, die von Isabella von Kastilien (1474–1504) und Ferdinand von Aragonien (1479–1516) vertrieben worden waren. 1497 wurden die Juden von König Johann II. (1455–1495) auch aus Portugal vertrieben und wanderten nach Nordafrika, Italien, in die Türkei oder nach Griechenland aus. Bald dominierten diese sephardischen Juden im Handel über Italiener und Griechen.

Das Saloniker Judentum
Die Blütezeit des griechischen Judentums fiel mit dem Goldenen Zeitalter der Osmanen (16. Jahrhundert) zusammen. Für rund

400 Jahre war Thessaloniki, die Malkha Israel („Mutter Israels"), Zentrum des griechischen Judentums. So waren 1910 von den 150 000 Einwohnern der Stadt 110 000 Juden. Sie gingen unterschiedlichen Berufen nach und waren nicht nur als Bankiers und Kaufleute in Geldgeschäften tätig.

Organisiert war das Saloniker Judentum in so genannten kehels (von Hebräisch kehila = „Gemeinde"). Es gab über 60 kleine und große Synagogen, Kulturzentren, Krankenhäuser, Altenheime und Waisenhäuser. Die Eingliederung Salonikis in den neuen griechischen Staat (nach den Balkankriegen 1812/13), das Pogrom in Korfu

(1891), das u. a. wegen der jüdischen Unterstützung der Türken während der griechischen Befreiungskriege gegen die Osmanische Herrschaft (1821) entfesselt worden war, sowie die Feuersbrunst von 1917 versetzten dem Judentum Thessalonikis einen empfindlichen Schlag.

Deportationen im Zweiten Weltkrieg

Bis in den Zweiten Weltkrieg hinein lebten noch 70 000 Juden in Thessaloniki. Im zweiten Weltkrieg kämpften knapp 13 000 von ihnen in der griechischen Armee gegen Italien und Deutschland. Mit der Besetzung Griechenlands durch die Deutschen (6. April 1941) begann die planmäßige Verfolgung der griechischen Juden. Von Thessaloniki aus wurden Massentransporte nach Auschwitz organisiert. Unter der Leitung des Erzbischofs von Athen und des späteren Vizekönigs Damaskinos wurde eine Resolution verfasst, die sich entschieden für die jüdischen Mitbürger einsetzte. Dieses Protestdokument vom 23. März 1943 unterzeichneten alle Präsidenten griechischer Institutionen und Körperschaften, Rektoren der Athener Hochschulen, der Schriftstellerverband u.a., allerdings erfolglos. 48 000 Juden wurden nach Auschwitz und Birkenau deportiert, die meisten von ihnen ermordet. Die Nationalsozialisten ließen insgesamt 65 000 griechische Juden umbringen. Das Holocaustdenkmal in Thessaloniki erinnert heute an die Ermordeten.

Das griechische Judentum heute

Gegen Ende des Krieges lebten nur noch 12 000 Juden in Griechenland, die meisten in Athen. Inzwischen sind über 7000 Juden nach Israel und in die USA ausgewandert. Die einstige blühende jüdische Metropole Thessaloniki ist Vergangenheit, und man muss die jüdischen Spuren mühsam suchen.

Heute leben noch ungefähr 5000 Juden in Griechenland. In den letzten Jahren sind in Griechenland immer wieder jüdische Friedhöfe und Mahnmale geschändet worden. Ultraorthodoxe und radikale Nationalhellenen, welche die Globalisierung als unchristlich und als Angriff auf ihr byzantinisches Erbe begreifen, agieren gegen Juden und Freimaurer. In den Schriften dieser orthodoxen und nationalgriechischen Ideologen ist von einem urgriechischen, von den Juden angeblich verfälschten Alten Testament zu lesen.

Der Rabbiner Isaac Mizan mit Gebetsriemen und -kapsel und zwei Besucherinnen am Eingang zur Beth Shalom Synagoge in Athen

JÜDISCHE SONDERGEMEINSCHAFTEN
Chassidim, Kryptojuden, messianische Gemeinschaften und Falaschen

Die Bewegung der Chassidim („Fromme") wurde von Israel ben Eliezer (1698–1760) in Podolien begründet. Die chassidische Erweckungsbewegung steht im Zusammenhang mit der jüdischen Mystik, der Kabbala. Charakteristisch für die chassidische Frömmigkeit sind religiöse Inbrunst und bisweilen ekstatischer Tanz. Die unter seinen Nachfolgern, den Zaddikim („Gerechte"), entstandenen Dynastien konnten sich nach der Shoa wieder neu organisieren. Eine besonders einflussreiche chassidische Gruppe sind die von Schne'ur Salman (1745–1812) ins Leben gerufenen Lubawitscher, benannt nach einer kleinen Stadt in Belarus (Weißrussland) im damals kaiserlichen Russland mit der Bedeutung „Stadt der Liebe". Ihre Selbstbezeichnung Chabad setzt sich aus den Anfangsbuchstaben von *Chochma* (Weisheit), *Bina* (Verstehen) und *Da'at* (Wissen) zusammen.

Ein Kind erhält nach orthodoxem jüdischen Ritus seinen ersten Haarschnitt während des Lag B'omer Festes.

Rabbi Menachem Mendel Schneerson (1902–1994), siebter Führer von Chabad Lubawitsch, gründete ab 1950 aus einer kleinen Gruppe von Überlebenden der Shoa in Brooklyn/New York sein Imperium. Neben Tora und Talmud liest man in diesen Kreisen eine zusätzliche heilige Schrift: den Tanya („Es wurde gelehrt"), eine erstmals 1796 veröffentlichte systematische Darstellung der chassidischen Lehre. Chabad Lubawitsch sieht ihre Hauptaufgabe in der innerjüdischen Mission. Der Tod des siebten Rebben bewirkte erhebliche Verwirrung unter den Anhängern, weil sie in ihm einen Messias sahen. Eine Minderheit geht weiterhin davon aus, dass der

Rebbe noch lebt. Wegen dieser Überzeugung wurden die Chabad-Anhänger bereits 1988 von anderen Juden als Sekte bezeichnet. Nach Rabbi Mendels Tod teilte sich die Chabad-Bewegung: Ein Zweig fand sich mit dem Tod ihres Rebben ab, während die so genannten Messianisten oder Meschichisten ihn weiterhin „König Messias" nennen und seine baldige Rückkehr erwarten.

Die türkischen Dönmeh- „Kryptojuden"

In der Türkei gibt es schätzungsweise 10 000 Kryptojuden, die auf ihren Messias Sabbatai Zwi (1626–1676) warten und Dönmeh („Abtrünnige") genannt werden. Sie selbst nennen sich „Gläubige" beziehungsweise „Krieger" und leben äußerlich wie Muslime. Sie suchen die Moscheen auf, fasten im Monat Ramadan und schicken gelegentlich den einen oder anderen Glaubensvertreter auf die Hadsch nach Mekka. Im Geheimen dagegen praktizieren sie jüdische Riten, leben aber von den „echten" Juden getrennt, denen sie die Bezeichnung „Ungläubige" geben. Ihre Gebete sind sprachlich gemischt: Hebräisch und Ladino, die romanische Sprache der sephardi-

Anhänger des ultra-orthodoxen Judenführers Menachem Mendel Schneerson während der Beerdigungsfeierlichkeiten in New York am 12.6.1994

schen Juden. Bei der Revolte der Jungtürken (1908/1913) konnten viele Dönmeh sehr hohe Positionen bei den Jungtürken erreichen. Mehmet Cavid Bey war Führer der Jungtürken und wurde Großwesir. Mustafa Arif wurde Innenminister. Ahmed Emin (Yalman) ist ein Pressezar in der Türkei, dem die Tageszeitung Vatan („Vaterland") gehört. Die Dönmeh teilen sich in drei verschiedene Gruppen auf, was an ihrer unterschiedlichen Kleidung zu erkennen ist. In der Hebräischen Bibel und der mystischen Schrift Zohar gut ausgebildete Rabbiner leiten die Dönmeh-Gemeinschaften. Dönmeh-Kinder werden bis zum Alter von 13 Jahren nicht initiiert und aus Schutzgründen über ihre eigentliche Religion im Unklaren gelassen.

Die messianischen Gemeinschaften

Die jüdische Sonderrichtung der Messianischen Juden verehrt Jeschua haMaschiach (Messias Jesus Christus) als den versprochenen Messias für das jüdische Volk, betrachtet sich selbst trotzdem weiterhin als dem Judentum zugehörig. Vom übrigen Judentum wird dies allerdings abgelehnt. Messianische Juden halten den Sabbat, feiern die jüdischen Feste, erziehen ihre Kinder im jüdischen Glauben. Die vielerlei Einzelvorschriften des Tenach lehnen sie nicht ab. Bei dem am Sabbat stattfindenden Hauptgottesdienst spielen davidianische Musik und Tanz eine besondere Rolle. Traditionelle Juden betrachten die messianischen Juden nicht als Juden, da sie sich durch den Glauben an Jesus Christus als Messias vom übrigen Judentum getrennt haben. Messianische Juden gehen gegenüber anderen Juden missionarisch zum Teil heftig vor. Messianische Juden und protestantisch-fundamentalistische Organisationen sind nicht selten eng vernetzt, widmen sich nicht selten aggressiv der Mission an Juden, die zu Jeschuah (Jesus) bekehrt werden sollen.

Sonderfall Äthiopien: die Falaschen

Die Herkunft der äthiopischen Juden, der Falaschen (amharisch: Fremde), deren Zahl in Israel heute ca. 100 000 beträgt, ist umstritten. Mehrere Erklärungsansätze stellen eine Verbindung der sich selbst Beta Israel

Luftbrücke für äthiopische Juden (Falaschen), die am 24.5.1991 vor der israelischen Botschaft in der von Rebellen eingeschlossenen äthiopischen Hauptstadt Addis Abeba auf ihren Bustransport zum Flughafen warten. Die „Operation Salomon", bei der mehr als 15 000 Falaschen ausgeflogen wurden, dauerte nur 36 Stunden.

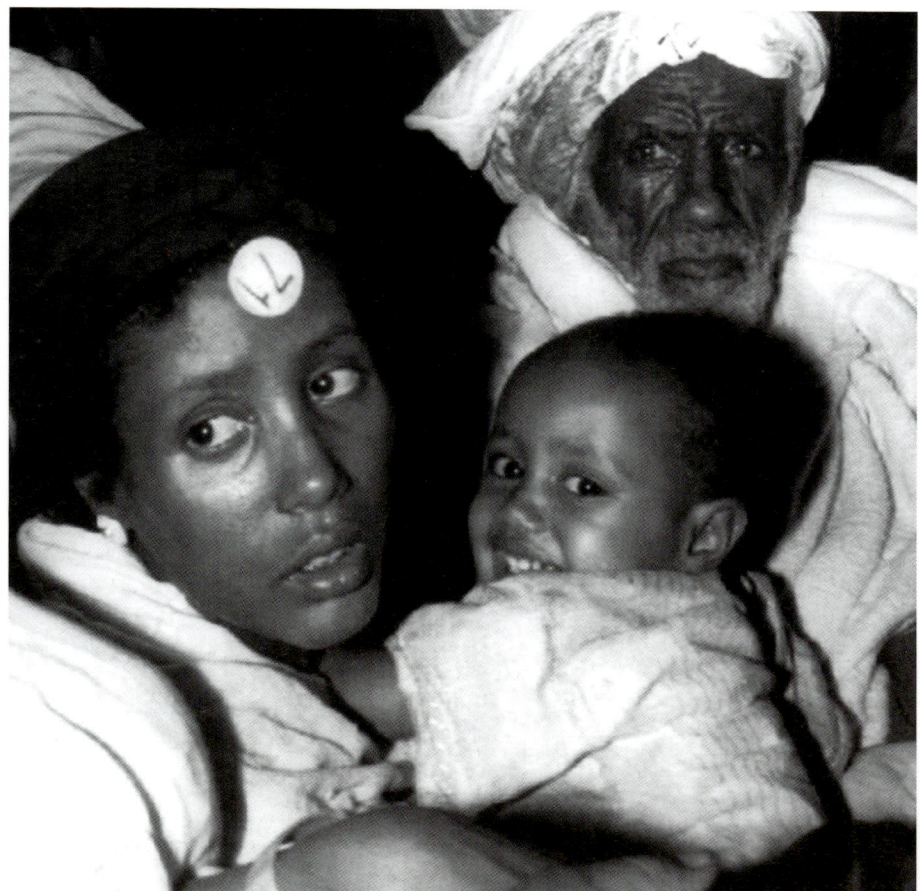

hundert die Bevölkerungsmehrheit. Christliche äthiopische Kaiser zwangen sie zur Konversion. Ersten Kontakt zur internationalen jüdischen Gemeinschaft bekam die unterdrückte Minderheit der Falaschen, als sie 1867 im Auftrag der Alliance Israélite Universelle Äthiopien bereist wurde.

Die Zugehörigkeit der Falaschen zum Judentum war wegen ihres Verharrens in den vorrabbinischen Traditionen umstritten. Erst 1972 wurden die Falaschen vom israelischen Oberrabbinat als Juden anerkannt. Aufgrund politischer Umstände wanderten viele Falaschen nach Israel ein. Während Hungersnot und Bürgerkrieg in Äthiopien (1984/85) herrschten, wurden etwa 10 000 Falaschen über den Sudan nach Israel gebracht ("Operation Mose"). Nach dem

„Operation Salomon": Äthiopische Juden am 25. Mai 1991 an Bord einer Maschine der israelischen Luftwaffe werden nach Israel ausgeflogen.

Marvin Rosenthal, Gründer der Holy Land Experience. Rosenthal ist messianischer Jude und gehört zu einer Sondergemeinschaft, die an Jesus Christus als Messias glaubt, was im Widerspruch zur traditionellen jüdischen Theologie steht.

("Haus Israel") bezeichnenden Falaschen zu den Israeliten der alten Zeit her. So werden sie als Nachkommen des Stammes Dan gesehen, der nach der Zerstörung des Ersten Tempels (587 v. Chr.) in das Land Kusch wanderte. Sie betrachten sich als Nachfahren der mit König Menelik I., der aus einer Verbindung zwischen König Salomo und der Königin von Saba hervorgegangen sein soll, nach Äthiopien gekommenen Juden. Vermutlich stammen sie von jüdischen Kaufleuten und Einwanderern aus dem Südwesten Arabiens ab, die sich im Gebiet der Agau, einem antiken Volk in Äthiopien, niedergelassen haben und dort auch missionarisch tätig waren.

Nach der Zerstörung des Ersten Tempels riss der Kontakt zu den Juden in Israel ab, denn die Falaschen kennen weder Talmud

noch später entstandene Riten. Ihre religiöse Praxis ist im Wesentlichen in der Tradition aus der Zeit vor der babylonischen Gefangenschaft verankert (Heilighaltung des Sabbats, Reinheitsgebote, Speiseverbote, Beschneidung). Neben einer in Ge'ez abgefassten Bibel besitzen sie eine Anzahl apokrypher Schriften (unter anderem Judith, zwei Makkabäer-Bücher, das Buch Baruch). Zentrum des religiösen Lebens war in jedem Dorf die Mesgid (Synagoge). Priester wählten in den einzelnen Gegenden aus ihrer Mitte einen Hohenpriester. Für christlichen Einfluss spricht unter anderem auch die Institution des Mönchswesens.

Die Falaschen, zum größten Teil Bauern und Handwerker (Töpfer-, Silberschmiedearbeiten), bildeten in vielen Gebieten des Amharen-Hochlands bis zum 15/16. Jahr-

Sturz Mengistus (Mai 1991), der nach Aufnahme diplomatischer Beziehungen mit Israel 1989 die Ausreise der Falaschen ermöglicht hatte, wurden im Zuge der "Operation Salomo" fast 15 000 von ihnen nach Israel ausgeflogen. Schwierigkeiten bei der Eingliederung rühren neben vielen anderen gesellschaftlichen Faktoren auch von den noch immer vorhandenen religiösen Vorbehalten auf beiden Seiten her.

Jüdische Organisationen
Im Einsatz für die jüdische Sache

Zahlreiche Organisationen vertreten die jüdischen Interessen gegenüber der Weltöffentlichkeit. Sowohl auf nationaler als auch internationaler Ebene setzen sie sich u.a. für die Verfolgung von NS-Verbrechen, für Gleichberechtigung und Minderheitenschutz oder die Durchsetzung von Bürgerrechten ein. Die größten Organisationen werden im Folgenden kurz vorgestellt.

B'nai B'rith

B'nai B'rith („Söhne des Bundes") heißt die größte weltweit tätige, zurzeit in ca. 60 Staaten präsente jüdische Organisation, welche die Verteidigung der Menschenrechte, den Kampf gegen Diskriminierung nach Rasse, Glauben oder Geschlecht sowie allgemein Toleranz, Humanität und Wohlfahrt auf ihre Fahnen geschrieben hat. Gegründet wurde B'nai B'rith am 13. Okto-

ber 1843 von Henry Jones und weiteren elf Mitgliedern als geheime Loge beziehungsweise Orden, die jedoch mit den Freimaurerlogen nichts gemeinsam hatten, oft aber für solche gehalten wurden. Seit 1897 nimmt B'nai B'rith auch Frauen auf, von 1990 an als Vollmitglieder (B'nai B'rith Women). 1885 entstand der erste deutsche Distrikt des unabhängigen Bundes B'nai B'rith in Berlin mit Rabbiner Dr. Leo

Der internationale Präsident der Wohltätigkeits- und Menschenrechtsorganisation „B'nai B'rith Europe" Richard Heidemann (links) und Europapräsident Seymour G. Saideman am 30.10.2001 in Berlin

Das Logo des American Jewish Committee (AJC)

Baeck seit 1924 als Großpräsidenten. 1924 erfolgte auch die Gründung der B'nai B'rith Youth Organization. Hauptsitz der Organisation ist Washington, DC.

Das American Jewish Committee

Das Motto des 1906 gegründeten American Jewish Committee lautet: „Beschützer des Wohls und der Sicherheit der Juden in den USA, in Israel und der ganzen Welt zu sein; die Prinzipien des Pluralismus als beste Verteidigung gegen Antisemitismus und andere Bigotterie weltweit zu stärken und die Qualität jüdischen Lebens in Amerika durch Sicherung des jüdischen Fortbestehens und Vertiefung der Bindungen zwischen amerikanischen und israelischen Juden zu verbessern." Anlass der Gründung war die tiefe Be-

sorgnis über die Pogrome gegen Juden in Russland zu Beginn des 20. Jahrhunderts. Zur Zeit des Zweiten Weltkriegs mobilisierte das AJC die öffentliche Meinung gegen die Judenverfolgung der Nationalsozialisten und nahm an der Rettung deutscher Juden teil. Das AJC unterstützte die Arbeit der Jewish Agency beim Aufbau Palästinas und vertrat die Sache Israels innerhalb der amerikanischen Bevölkerung. In den 1960er Jahren trug das AJC mit seinem interkulturellen Dialog erheblich zum Abbau des Rassenkonflikts in den USA bei. Seit 1981 existiert das Dorothy und Julius Koppelmann Institut zur Intensivierung der Beziehungen jüdischer Gemeinden der USA und Israels. 1998 wurde in Berlin ein ständiges Büro eröffnet, das gleichzeitig als Europa-Repräsen-

tanz dient. In den USA hat das AJC heute über 75 000 Mitglieder, 33 Büros und eine Zentrale in New York.

Die Zentralwohlfahrtsstelle der deutschen Juden

Diese Vereinigung wurde 1917 von der jüdischen Frauenrechtlerin Bertha Pappenheim (1859–1936, vgl. S. 75) gegründet und koordinierte die zahlreichen sozialen Einrichtungen der jüdischen Gemeinschaft, kümmerte sich um jüdische Kriegsteilnehmer und ihre Hinterbliebenen. Während des Dritten Reiches bestand die Hauptaufgabe der Zentralwohlfahrtsstelle in der Fürsorge für die Auswanderer, in Versorgung mit Essen im Winter und anderen Notmaßnahmen in allen sozialen Belangen, die den

Juden in dieser Zeit eine Unterstützung und Hilfe sein konnten. 1939 wurde der Verband zwangsaufgelöst und seine Mitarbeiter in Konzentrationslager verschleppt.

Die Zentralwohlfahrtsstelle verfügt über ein Sozial- und Jugendreferat, ein Pädagogisches Zentrum mit Literatur- und Filmarchiv und betreibt seit 1993 das einzige in Deutschland koscher geführte Kurhotel Eden Park in Bad Kissingen.

Der Jüdische Weltkongress

Als internationaler Verband repräsentiert der 1936 in Genf gegründete Jüdische Weltkongress (World Jewish Congress) jüdische Gemeinden aus rund 100 Ländern. Der WJC dient den jüdischen Gemeinden als diplomatische Verbindung zu den Regierungen der Welt und internationalen Organisationen. Der WJC hat seinen Sitz heute in New York. Derzeitiger Präsident

(seit 1981) ist der kanadisch-US-amerikanische Unternehmer Edgar Miles Bronfman (*1929). Schwerpunkte der Arbeit sind der Kampf gegen Antisemitismus, der interreligiöse Dialog und die Förderung der jüdischen Gemeinden weltweit. Seit seiner Gründung war der WJC zionistisch ausgerichtet. Nach anfänglichem Zögern engagierte sich der erste Präsident Nahum Goldmann (1894–1982) später für zionistische Anliegen. Goldmann trat für eine Politik des Ausgleichs zwischen Israel und seinen Nachbarstaaten ein, suchte den Dialog mit Gamal Abel Nasser (1918–1970) und Yassir Arafat (1929–2004). Der WJC trat neben anderen Organisationen (wie zum Beispiel der Jewish Claims Conference) gegenüber Deutschland immer für eine Wiedergutmachung für die überlebenden Juden ein.

Zentralrat der Juden in Deutschland
Zur Spitzenorganisation des 1950 gegründeten Zentralrat(es) der Juden in Deutschland gehören zur Zeit 23 Landesverbände mit

Die Direktorin des American Jewish Committee in Berlin, Deirdre Berger, präsentiert am 27.1.2000 die zweite Liste deutscher Unternehmen, die während der Nazizeit Zwangsarbeiter einsetzten und sich noch nicht an dem von der Bundesregierung und der deutschen Wirtschaft eingerichteten Entschädigungsfonds beteiligen.

Bundeskanzlerin Angela Merkel im Jahr 2006 während einer Rede auf der Festveranstaltung zum 100-jährigen Bestehen des American Jewish Committees AJC (v.l.: Robert Goodkind, Präsident des American Jewish Committees, George W. Bush, Präsident der USA und Kofi Annan, Generalsekretär der Vereinten Nationen).

insgesamt 102 jüdischen Gemeinden und insgesamt 105 000 Mitgliedern an. Die Bandbreite der religiösen Ausrichtungen ist weit, reicht von streng orthodoxen über Reformjuden, Konservativen bis zu liberalen Gemeinden. Die Aufgaben bestehen darin, das Judentum politisch nach außen zu vertreten und sich um die Angelegenheiten der Juden zu kümmern. Das Direktorium und ein aus neun Mitgliedern bestehendes Präsidium wird aus den Delegierten der Landesverbände und Gemeinden gewählt. Auf den ersten Präsidenten Heinz Galinski (mit zwei unterbrochenen Amtszeiten) folgten Herbert Lewin, Werner Nachmann, Ignatz Bubis, Paul Spiegel und seit dem 7. Juni 2006 erstmalig eine Frau: Charlotte Knobloch (geb. 1932). Seit 1956 verleiht der Zentralrat den Leo-Baeck-Preis, um damit Persönlichkeiten zu ehren, die sich in herausragender Weise für die jüdische Gemeinschaft eingesetzt haben und denen es gelungen ist, Lehren für die Zukunft aus den dunklen Kapiteln deutscher Geschichte zu ziehen. Der Hauptsitz des Zentralrats der Juden befindet sich seit 1999 in Berlin.

A

Achtzehngebet: → Schmone Esre.

Alenu (hebräisch: „An uns ist es [zu preisen]"): Zentrales jüdisches Gebet im täglichen Morgen- und Abendgebet.

Alija (hebräisch: „Aufstieg", Plural Alijot): Im alten Israel der Aufstieg der Juden zum Tempel in Jerusalem. Im heutigen Sprachgebrauch bedeutet Alija die zionistisch motivierten Einwanderungen nach Israel. Man unterscheidet fünf Alijot (1882 bis 1939) vor der Staatsgründung (1948) sowie eine Alija danach.

Amida (hebräisch: „stehen"): → Schmone Esre.

Amoräer (aramäisch: „Sprecher"): Die Weisen des → Talmud nach Abschluss der Redaktion der → Mischna (ca. 200–500 n. Chr.).

Apokalyptik: Bezeichnet Zukunftsenthüllung, hat ihren Niederschlag in einem reichen Schrifttum gefunden; meist in Zeiten äußerer Not entstanden, will die Apokalyptik ihren Lesern den Trost einer besseren Welt erschließen. Dazu gehört die Suche nach Geheimnisvollem, Verborgenem, Doppelsinnigem, das Spielen mit Worten und Zahlen, die Vorliebe für Symbolik, die Neigung, die Geschichte zu periodisieren, wobei die Endzeit gerne als die Wiederkehr einer paradiesischen Urzeit erscheint.

Aschkenase(n)/Aschkenasim: Eine der beiden großen, im Mittelalter entstandenen Richtungen des Judentums. Aschkenas war nach Gen 10 der dritte Enkel Japhets, Sohn Gomers. Nach Jer 51,27 bezeichnete Aschkenas das Land am oberen Euphrat. Bereits im 6. Jahrhundert wurde Aschkenas mit Skandinavien gleichgesetzt. Im Mittelalter war Aschkenas die Bezeichnung für Deutschland. Hebräische Kreuz-

zugsberichte bezeichnen im 12. Jahrhundert die Deutschen als Aschkenasim. Spätestens seit dem 13./14. Jahrhundert galt diese Bezeichnung auch für die aus Frankreich, Britannien und Norditalien stammenden Juden. Für die von der iberischen Halbinsel 1492 vertriebenen Juden wurde die Bezeichnung → Sepharden gebraucht. Zwischen Aschkenasen und Sepharden wuchsen im Laufe der Zeit die religiösen, kulturellen, sprachlichen und anderen Unterschiede. Im neuzeitlichen Polen und in Litauen brachten die Aschkenasen eine eigene Kultur hervor, die seit dem 18. Jahrhundert wesentlich vom Chassidismus geprägt wurde.

Anfang des 19. Jahrhunderts bestand das Judentum aus etwa 90 Prozent Aschkenasen. In den fünf zionistischen Einwanderungswellen nach Palästina vor 1940 waren die weitaus meisten Juden Aschkenasen. Während die Einwanderung der Aschkenasen nach Israel immer weiter abnahm, vergrößerte sich der Anteil der orientalischen Juden deutlich. Inzwischen wandern weitaus mehr sephardische Juden nach Israel ein als aschkenasische. War 1950 noch die Hälfte der jüdischen Bevölkerung Israels aschkenasischer Herkunft, so ist dies seit den 1990er Jahren nur noch ein Drittel. Die Sprache der Aschkenasen war das → Jiddische, das jedoch von den jeweiligen Sprachen der Länder, in denen Juden wohnten, allmählich verdängt wurde.

Assimilation: Prozess der Angleichung von Menschen, hier: Juden, an eine Umwelt, die ihnen zunächst fremd ist. Nicht selten verbunden mit dem Verlust eines Gruppenbewusstseins in der assimilierten Gruppe.

Auferstehung: In der Hebräischen Bibel begegnet uns der Glaube an einzelne Totenauferweckungen. Unter iranischem Einfluss gewann die Vorstellung einer allgemeinen Totenauferstehung zum Jüngsten Gericht im Judentum an Bedeutung. Belegbar ist diese Vorstellung erst im Daniel-Buch, wo

es heißt, dass „viele von denen, die im Haus der Erde schlafen, aufwachen (werden), die einen zu ewigem Leben, die anderen zur Schmach, zu ewiger Schmach" (Dan 12,2). Im Frühjudentum erhoben die Pharisäer den Auferstehungsglauben zum Dogma.

Die Bedeutung des Auferstehungsglaubens wurde dadurch unterstrichen, dass diese Vorstellung in so zentrale Gebete wie das Amida und das Morgengebet aufgenommen wurde. Die Sadduzäer leugneten die Auferstehung. Unter dem Einfluss jüdischer Religionsphilosophen entwickelte sich der Auferstehungsgedanke in Richtung auf die Vorstellung einer unsterblichen Seele.

Nicht eindeutig ist die Haltung Moses Maimonides': Der letzte seiner 13 Glaubensgrundsätze nennt die Auferstehung der Toten. In anderen Werken (Mischne Tora: „Führer der Unschlüssigen") scheint er dagegen den Unsterblichkeitsgedanken zu vertreten. In der Kabbala spielten Seelenwanderungs- und -schwängerungsgedanken eine Rolle. Die → Haskala stellte den Unsterblichkeitsgedanken ins Zentrum. Das Reformjudentum lehnte den Gedanken der körperlichen Auferstehung als unjüdisch ab.

B

Bar Mizwa (hebräisch: „Sohn der Pflicht"): Bezeichnung für einen jüdischen Jungen, der das 13. Lebensjahr vollendet hat und religionsmündig ist.

Bat Mizwa (hebräisch: „Tochter der Pflicht"): Bezeichnung für ein jüdisches Mädchen, welches das 12. Lebensjahr vollendet hat und im religiösen Sinne als volljährig gilt.

Bet Din (hebräisch: „Gerichtshof"): Joachanan ben Zakkai errichtete nach dem Ende des großen → Sanhedrin (70 n. Chr.) ein Bet Din in Jawne, das ebenfalls Sanhedrin genannt wurde. Im Mittelalter demonstrierte der religiöse Gerichtshof die

Selbständigkeit jüdischer Gemeinden. Heutzutage gibt es religiöse Gerichtshöfe u.a. in Frankreich und England.

Bet ha-Knesset (hebräisch: „Versammlungshaus"): → Synagoge.

Bet ha-Midrasch (hebräisch: „Lehrhaus"): Bedeutende Institution für das Lernen im Judentum. Nach Abschluss der Elementarschule, des → Cheder, wo von akademisch nicht gebildeten und oft nicht besonders angesehenen Lehrern die Bibel und wohl auch die → Mischna gelehrt wurden, wechselten die Schüler im Alter von 12–15 Jahren in das Bet ha-Midrasch.

Bibel, Hebräische: Die Hebräische Bibel ist für Juden kein „Altes Testament", weil sie über diese Schrift hinaus kein „neues" (aner)kennen. Sie wird Mikra (hebräisch: „Das zu Lesende", die Schrift) oder Kitbe haqodäsch („Heilige Schriften"), oft auch Tenach genannt. Tenach ist eine Abkürzung aus den Anfangsbuchstaben der drei Teile der hebräischen Bibel: → Tora (fünf Bücher Moses, Pentateuch), Nebiim („Propheten") und Ketubim („Die übrigen"). Der dreiteilige Aufbau der Hebräischen Bibel mit ihren 39 Schriften weist ein qualitatives Gefälle auf. Am wichtigsten ist die dem Mose offenbarte Tora. Den von den Propheten weitergegebenen beziehungsweise niedergeschriebenen Schriften kommt nicht mehr die gleiche Offenbarungsqualität zu. Im Unterschied zur Tora, die regelmäßig und fortlaufend im synagogalen Sabbatgottesdienst gelesen wird, werden sie nur in Auswahl und passend zur Toralesung vorgetragen. Die Ketubim genießen den untersten Offenbarungsgrad und werden in der synagogalen Schriftlesung – mit Ausnahme der fünf „Festrollen" (Hohelied, Rut, 1. Könige, Kohelet, Ester) fast nicht verwendet.

Bima (hebräisch: „Anhöhe, Höhe"): Kanzel in einer Synagoge, von der aus die → Tora gelesen wird.

B'nai B'rith (hebräisch: „Söhne des Bundes"): Nach dem Vorbild der Freimaurerlogen organisierter weltweiter jüdischer Verein.

C

Chanukka (hebräisch: „Einweihung"): Achttägiges, vom 25. Tislev bis zum 2. Tevet dauerndes jüdisches Lichterfest, das meistens in den Dezember fällt.

Das Fest erinnert an die Wiedereinweihung des zweiten jüdischen Tempels in Jerusalem durch Judas Makkabäus (164 v. Chr.).

Chassidim: 1. Religiöse Strömung im Frühjudentum zur Zeit der Makkabäeraufstände; 2. aschkenasischer Chassidismus: mystische Strömung im mitteleuropäischen Judentum des Mittelalters; 3. religiöse Bewegung in Osteuropa seit dem 18. Jahrhundert, Gründer Baal Schem Tow; oft „Chassidismus" schlechthin genannt.

Cheder (hebräisch: „Stube"): Lehrzimmer, Kinderschule. Der Cheder ist zum Teil bis heute die hebräische Grundschule, in der jüdische Jungen vom 4./5. Lebensjahr an bis zum Übergang auf die Talmud-Schule beziehungsweise die Jeschiwa bleiben.

D

Diaspora/Galut: Die unter einer Mehrheit Andersgläubiger lebende religiöse Minderheit; hier: Existenz außerhalb des Landes Israel.

E

Einheitsgemeinde: Ausdruck für die Synagogengemeinden in Deutschland, welche die religiösen Bedürfnisse aller ihrer Mitglieder berücksichtigen müssen. De facto sind die Einheitsgemeinden in den letzten Jahren immer stärker von orthodoxen Kräften beeinflusst worden.

Exodus (lateinisch: „Auszug"): 1. Im alten Testament geschilderter Auszug Israels aus Ägypten unter der Führung des Mose; 2. Name des 2. Buches Mose im Alten Testament der Bibel, in dem von der Befreiung des „Volkes Israel" aus ägyptischer Knechtschaft (13. Jahrhundert v. Chr.) erzählt wird. Exodus bedeutet Auszug, Wanderung und Einzug in das „Gelobte Land". Die Juden haben den Exodus-Gedanken stets lebendig gehalten, wenn sie zum Beispiel ihr → Sch'ma Israel (hebräisch: „Höre Israel") sprechen und das → Pessachfest feiern.

F

Falascha (altäthiopisch: „Wanderer"; amharisch: „Fremder"): Ausdruck für die dunkelhäutigen Juden unbekannten Ursprungs aus dem Norden Äthiopiens. Mitte der 1980er Jahre und Anfang der 1990er Jahre wurden rd. 15 000 Falaschen nach Israel gebracht.

G

Galut (hebräisch: „Exil"): Ausdruck für die Existenz des jüdischen Volkes außerhalb des Landes Israel bis zur Neugründung Israels 1948.

Gemara (hebräisch: „Vollendung"): Die talmudische Diskussion auf der Basis der → Mischna, der eigentliche Inhalt des → Talmud.

H

Haggada (hebräisch: „Aussage, Erzählung"): Nicht-gesetzliche Teile des → Talmud: Schriftauslegungen, ethische Richtlinien, geschichtliche Erörterungen, philosophisch-mystische Gedanken über Gott, Legenden, Sagen, Anekdoten.

Hakafot (hebräisch: „Umzüge"): Prozessionen im synagogalen Gottesdienst um die → Tora mit Feststrauß. An Simchat Tora finden die Hakafot mit sämtlichen vorhandenen Tora-Rollen statt.

Halacha (hebräisch: „Wegrichtung"): Ausdruck für die religionsgesetzlichen Überlieferungen, das Religionsgesetz. Halacha ist religiöse Praxis, im Gegensatz zur Glaubenslehre.

Haskala (hebräisch: „Aufklärung"): Bewegung im Judentum des 18./19. Jahrhunderts in Deutschland, Österreich, Polen, Russland. Sie baut auf der westeuropäischen Aufklärung auf, ist aber jüdisch-national orientiert.

Hawdala (hebräisch: „Unterscheidung"): Jüdische Zeremonie zur Beendigung des → Sabbats.

Holocaust (hebräisch: „ganzes Brandopfer"): Bezeichnung für die Vernichtung von sechs Millionen europäischer Juden in den Jahren 1941 bis 1945. Damit sollte die „Endlösung" des „Judenproblems" geschaffen werden. Die Erinnerung an den Holocaust ist ein wichtiger Schlüssel zur heutigen jüdischen Theologie. Inzwischen ersetzt der Begriff → Shoa zunehmend Holocaust.

J

Jiddisch: Volks- und Bildungssprache der jüdischen Aschkenasen. Sie entstand im Rheinland aus dem mittelalterlichen Deutschen, nahm viele hebräische und slawische Wörter auf. Zunächst nur Umgangssprache, wurde das Jiddische ab dem späten 13. Jahrhundert auch schriftlich tradiert.

Es existiert eine reichhaltige jiddische Literatur.

Jom Kippur (hebräisch: „Versöhnungstag"): Heiligster Tag (10. des Monats Tischri) des jüdischen Jahres (Mitte September/Mitte Oktober), letzter der 10 Bußtage.

K

Kabbala (hebräisch: „Überlieferung"): Ausdruck für die Traditionen jüdischer Esoterik und Mystik.

Kaddisch (aramäisch: „Heiliger"): Größtenteils aramäisch geschriebenes, im 1./2. Jahrhundert n. Chr. entstandenes Abschlussgebet jedes jüdischen Gottesdienstes beziehungsweise wichtiger Teile desselben. Gebet der Söhne bei der Bestattung der Eltern und an deren Gedenktag.

Kahal (hebräisch: „Gemeinde"): Bezeichnung für die Gemeinde. → Kahal Kadosch, → Kehilla.

Kahal Kadosch (hebräisch: „Heilige Gemeinde"): Bezeichnung der sephardischen Juden für die Gemeinde. → Kehilla.

Keduscha (hebräisch: „Heiligkeit"): Bezeichnung für mehrere Gebete, deren Hauptbegriff heilig ist.

Kehilla (hebräisch: „Gemeinde"): Die zu einer → Synagoge gehörenden Mitglieder; auch Bezeichnung für die ganze jüdische Gemeinschaft.

Ketubba (hebräisch: „Geschriebenes"): Jüdischer Ehevertrag, der bei der Trauung vom → Rabbiner vorgelesen wird.

Kiddusch (hebräisch: „Heiligung"): Jüdischer Segensspruch zur Sabbat- oder Festtagsweihe am Freitagabend.

Kol nidre (hebräisch: „alle Gelübde"): Gebet am Vorabend des jüdischen Festes → Jom Kippur, des heiligsten Tages im Jahresverlauf.

Koscher (von hebräisch kascher „erlaubt, tauglich"): Für Juden erlaubte Nahrungsmittel müssen koscher sein. Die Speisegebote werden aus der Hebräischen Bibel und dem → Talmud abgeleitet, wo genau definiert wird, welche Tiere erlaubt beziehungsweise nicht erlaubt für den Verzehr sind.

L

Lag ba-Omer: Im jüdischen Festkalender der 33. Tag der siebenwöchigen Omer-Trauerzeit. Lag ba-Omer gilt als Freudentag, weil an diesem Tag das große Sterben unter den Schülern Rabbi Akivas aufhörte, der 135 n. Chr. im zweiten Aufstand gegen die Römer seinen Märtyrertod erlitten hatte. Auch der Todestag von Rabbi Simeon bar Jochai liegt an diesem Tag.

M

Magen David (hebräisch: „Schild Davids"): Der aus zwei übereinandergelegten Dreiecken bestehende sechseckige Stern war das Symbol des Hauses David. Der Davidstern wird heute als Symbol des Judentums benutzt. Er findet sich in Synagogen, auf den Umschlägen von Gebetbüchern, als Schmuckstück.

Maggid (hebräisch: „Sprecher, Erzähler, Verkünder"): Jüdischer Prediger, der in manchen Gemeinden neben dem örtlichen → Rabbiner eine feste Anstellung hatte. Im → Chassidismus tragen manche → Zaddikim diesen Titel.

Messias (hebräisch maschiach: „der Gesalbte"): Seit dem babylonischen Exil gehört die Erwartung des Messias zu den Grundvorstellungen des Judentums. Verbunden damit ist die Hoffnung auf einen Wandel der Welt durch Gottes machtvolles Eingreifen.

Mesusa (hebräisch: „Türpfosten"): An jüdischen Haus- oder Wohnungstüren sowie am rechten Pfosten jedes Zimmers ist die Mesusa angebracht, ein kleiner Behälter mit winzigen Pergamentrollen mit Textabschnitten aus dem 5. Buch Mose (6,4–9; 11,13–21).

Midrasch (von hebräisch darosch: „suchen, forschen"): Rabbinische Auslegungen der Bibel. Sie kommt in zwei Grundformen vor: → Halacha und → Haggada.

Mikwe (hebräisch: „Becken, Brunnen"): Rituelles Tauchbad im Judentum.

Mischna (hebräisch: „Wiederholung, Einprägung"): Vom Oberhaupt der palästinensischen Juden, Rabbi Jehuda ha-Nasi („Der Fürst", 135–217), um 200 n. Chr. vorgenommene Sammlung mündlicher Überlieferung, die ab 220 als Mischna normative Gültigkeit erlangte.

Mizwa (hebräisch: „Gebot"; Plural Mizwot): Religiöse Einzelforderung, Pflicht im Judentum. → Bar Mizwa, → Bat Mizwa.

N

Nature Karta (aramäisch: „Wächter der Stadt"): Ultraorthodoxe jüdische Gemeinschaft im Jerusalemer Stadtteil Mea Schearim. Sie lehnt den → Zionismus und den Staat Israel ab.

P

Pentateuch (griechisch-lateinisch: „Fünfrollenbuch"): Die „fünf Bücher Mose" in der Hebräischen Bibel. Christen bezeichnen die fünf Bücher Mose als „Altes Testament".

Pessach (hebräisch: „Verschonung"): Ursprünglich jüdisches Naturfest der ungesäuerten Brote. Es wurde historisiert, mit dem Gedanken des Auszugs der Israeliten aus Ägypten verbunden.

Pharisäer (hebräisch: „Abgesonderte"): Religiös-politische Gruppierung des Judentums in der 2. Hälfte des 2. Jahrhunderts v. Chr. Als gelehrte Laien standen die Pharisäer im Gegensatz zu den priesterlichen → Sadduzäern und traten für die Verbindlichkeit auch der mündlichen Überlieferung neben der Hebräischen Bibel ein. In mancherlei Hinsicht stehen die Lehren der Pharisäer denen Jesu von Nazareth nahe.

Purim (hebräisch: „Lose"): Jüdisches Fest am 14. Adar II (März). Das Fest erinnert an die Errettung der Juden aus einer unheilvollen geschichtlichen Lage

R

Rabbi (von hebräisch raw: „mächtig, erhaben, Meister, Mein Meister", Plural Rabbinen): Titel jüdischer Gelehrter der tannaitischen und amoräischen Zeit. Damit ist der Zeitraum der Entstehung der Mischna gemeint sowie die Phase vom Abschluss der Mischna bis zum Entstehen des babylonischen Talmuds (1.–5. Jahrhundert). Die Rabbinen waren die autorisierten Ausleger der Tora in Halacha und Haggada. Sie lehrten in den Akademien, gingen unabhängig davon einer Erwerbstätigkeit nach.

Rabbiner (hebräisch: „Meister, Mein Meister"): Ursprünglich Titel autorisierter jüdischer Gelehrter und Vorsteher von Lehrhäusern, in denen die Toraschüler in der Auslegung der Heiligen Schrift unterrichtet wurden. Heute ist der Rabbiner die höchste Autorität in Fragen von Kultus und Erziehung. Er übt Richterfunktionen aus, ist Lehrer, Prediger, auch Seelsorger.

Reb, Rebbe: Chassidische Variante von Rabbi. Das Wort hat die Bedeutung von Zaddik (hebräisch: „Vollendeter Frommer, Gerechter, Heiliger"). In Ostgalizien war Zaddik die feste Bezeichnung für einen Wunderrabbi.

Rosch ha-Schana: Jüdisches Neujahr in den Monaten September/Oktober.

S

Sabbat (hebräisch: Schabbat, jiddisch Schabbes „Ruhen"): Jüdischer Tag der Ruhe und des Gottesdienstes. Er beginnt mit dem Sonnenuntergang am Freitag, endet mit dem Sonnenuntergang am Sonnabend.

Sadduzäer: Konservative Gruppierung des Judentums. Sie bildete sich um 200 n. Chr. heraus und umfasste einflussreiche und wohlhabende Kreise der jüdischen Bevölkerung. Die Sadduzäer waren für den Tempelkult verantwortlich. Im Gegensatz zu den → Pharisäern bestanden sie auf der alleinigen Verbindlichkeit der Hebräischen Bibel.

Sanhedrin: hebräisch: „Rat, Gerichtshof".

Schaufäden (hebräisch: „Tsitsit"): Fransen am jüdischen Gebetsmantel, die an Gott und seine Gebote erinnern sollen.

Schawuot (hebräisch: „Wochenfest"): Jüdisches Fest am 6. Sivan anlässlich der Erinnerung an die Gottesoffenbarung und den Empfang der Tora am Sinai.

Schechina (hebräisch: „Einwohnung Gottes"): Gegenwart oder (weiblich gedachte) Manifestation Gottes im Judentum. Später bezeichnete Schechina die Gegenwart Gottes in seiner Schöpfung.

Sch'ma Israel: Zentrales jüdisches Gebet, das nach seinen ersten Worten „Höre, Israel, der Ewige, unser Gott, der Ewige, ist einzig" (5. Mose 6,4) benannt ist.

Schmone Esre: (hebräisch: „Achtzehngebet"). Hauptgebet aller werktäglichen synagogalen Gottesdienste im Judentum. Weil die Gläubigen es stehend sprechen, heißt es auch Amida (hebräisch: „Stehen") beziehungsweise Tefilla („Gebet").

Schofar: Gebogenes Widder- oder Antilopenhorn mit einer zum Mundstück geformten Spitze.

Seder (hebräisch: „Ordnung"): Name des jüdischen Familiengottesdienstes, der an den beiden ersten Abenden des → Pessach-Festes begangen wird.

Sepharden (phantasievolle Übertragung von Sepharad in Obd 1,20 auf Hispania: „Spanien"): Bezeichnung für die seit 1492 von der iberischen Halbinsel vertriebenen Juden und ihre Nachkommen. Sie verbreiteten sich in Südosteuropa, Nordafrika, Asien, in den Niederlanden, Britannien, Nordwestdeutschland, USA. Ihre Sprache war Ladino.

Shoa (hebräisch: „Verwüstung, Vernichtung, Katastrophe"): Der Begriff wird nicht nur von Juden inzwischen dem Ausdruck *Holocaust* vorgezogen. Gemeint ist die ideologisch vorbereitete, fabrikmäßig „durchgeführte" (ein beliebtes Verb der Nazisprache) Ausrottung von sechs Millionen Juden zur Zeit der Nationalsozialisten (1933–1945).

Simchat Tora: Jüdisches „Fest der Gesetzesfreude", gefeiert am letzten Tag des → Sukkot-Festes.

Sukkot (Plural von hebräisch: Sukka „kleine Hütte"): Jüdisches „Laubhüttenfest" vom 14./15. bis 22. Tischri, ursprünglich ein großes Herbst- und Weinlesefest, Erntedankfest.

Synagoge (griechisch: „Versammlungshaus"): Jüdisches Versammlungshaus für Gottesdienst und Studium. Die Synagogen entstanden aus den *Tora-Schulen* der Schriftgelehrten während des Exils. Nach der Zerstörung des Tempels von Jerusalem (70 n. Chr.) wurde die Synagoge zum Zentrum des jüdischen Lebens.

T

Tallit (hebräisch: „Gewand"): Jüdisches Gebetsgewand.

Talmud (von hebräisch: lamod „lernen"): Autoritativer Korpus des jüdischen Gesetzes, verfasst von den *Amoräern*. Er entstand im Laufe mehrerer Jahrhunderte als Zusammenfassung von *Mischna* und *Gemara*. Der ältere, aus einem Band bestehende palästinische oder (ungenau) Jerusalemer Talmud (redigiert im 5. Jahrhundert nach Chr.) wurde vom jüngeren, weit umfassenderen babylonischen Talmud (6./Anfang 7. Jahrhundert), der aus 20 umfänglichen Bänden besteht, fast verdrängt.

Tannaiten: Jüdische Rabbinen, Gesetzeslehrer in der Zeit vom 1. bis 3. Jahrhundert n. Chr. Ihre Lehren machen den Inhalt der → Mischna aus.

Tefillin: Lederne Gebetsriemen, die der orthodoxe männliche Jude beim Schacharitgebet um seinen linken Arm und die Stirn bindet. Der Handteil wird siebenmal um den Arm und dann um die Hand gelegt, wobei der Riemen den Buchstaben Schin bildet.

Tenach: → Bibel, Hebräische

Tora (hebräisch: „Gnade, Wegweisung, Offenbarung"): Die fünf Bücher Mose; 2. Gesetz im Sinne des offenbarten Willens Gottes; 3. die gesamte religionsgesetzliche Tradition.

Tosefta (aramäisch: „Ergänzung, Hinzufügung"): Autoritative jüdische Schriftensammlung. Zusammenfassung der Lehren der Tannaiten der ersten drei Jahrhunderte n. Chr. Sie genießt nicht die gleiche Autorität wie die Mischna.

Tu bi Schewat (hebräisch: „Am 15. Schewat"): Jüdisches Neujahrsfest der Bäume.

Y

Yad Vashem (hebräisch: „Märtyrer- und Heldenerinnerung"). Der Begriff geht auf Jesaja 56,5 zurück. Nationale israelische Gedenkstätte, die an die → Shoa erinnert.

Z

Zaddik: Jüdischer Lehrer des späten → Chassidismus. Der Zaddik wurde als der vollkommen gerechte Mensch angesehen, der in mystischer Verbindung zu Gott lebte. Sein Haus wurde zum Treffpunkt der Chassidim.

Zedaka (hebräisch: „Wohltätigkeit"): Dieser Begriff, der in der Hebräischen Bibel im Sinne von Frömmigkeit (1. Mose 15,6), Gerechtigkeit (Am 5,7) und rechtschaffenen Taten (Ri 5,11) verwendet wird, bezeichnet einen ganzen Komplex von → Mizwot (*Mizwa*). Sie umfassen die Verpflichtungen: zu spenden, Armen, Kranken, Witwen und Waisen zu helfen.

Zionismus: Von dem jüdischen Philosophen Nathan Birnbaum 1890 geprägter Begriff, der von dem Jerusalemer Tempelberg Zion abgeleitet ist. Durch das Engagement Theodor Herzls (1860–1904) wurde der Begriff zu einem politischen Programm. Ziel war zunächst die Schaffung einer Heimstätte in Palästina. Dem heutigen Zionismus geht es um die Stärkung des Staates Israel, die Erhaltung jüdischer Volkseigenart sowie um den Schutz jüdischer Rechte in der ganzen Welt.

Personen- und Sachregister

Die Ziffern geben die Seitenzahl der jeweiligen Themenseiten an, auf der das
Stichwort behandelt wird. Die *kursiv* ge-
setzten Ziffern verweisen auf Abbildun-
gen.

Weiterführende Literatur

Virtuelle Einführung

„Religiopolis – Weltreligionen erleben". CD-ROM (Ernst Klett Verlag), Leipzig 2004 (mit Buch 2006)

Baumann, Arnulf H. (Hg.): Was jeder vom Judentum wissen muss, Gütersloh 1997[8]

Brumlik, Micha: Judentum. Was stimmt? Die wichtigsten Antworten, Freiburg i. Br. 2007

Fackenheim, Emil: Was ist Judentum? Berlin 1999

Grübel, Monika: Judentum, Köln 2006[7]

Hannover, Joyce: Gelebter Glaube. Die Feste des jüdischen Jahres, Gütersloh 1992[3]

Katlewski, Heinz-Peter: Judentum im Aufbruch. Von der neuen Vielfalt jüdischen Lebens in Deutschland, Österreich und der Schweiz, Berlin 2002

Küng, Hans: Das Judentum, Sonderausgabe, München-Zürich 2007

Lapide, Pinchas: Mit einem Juden die Bibel lesen, Stuttgart-München 1987[3]

Lau, Israel M.: Wie Juden leben. Glaube, Alltag, Feste, Gütersloh 2005[6]

Levinson, Nathan Peter: Der Messias, Stuttgart 1994

Levinson, Pnina Navé: Einführung in die rabbinische Theologie, Darmstadt 1993[3]

Magonet, Jonathan: Einführung ins Judentum, Berlin 2003

Maier, Johann: Judentum, Göttingen 2007

Reinke, Andreas: Geschichte der Juden in Deutschland 1781 bis 1933, Darmstadt 2007

Rothschild, Walter: 99 Fragen zum Judentum, Gütersloh 2005[3]

Sigal, Philip: Judentum, Stuttgart u.a. 1986

Trepp, Leo: Das Judentum. Geschichte und lebendige Gegenwart, Reinbek b. Hamburg 1982[3]

Ders., „Dein Gott ist mein Gott" Wege zum Judentum, Stuttgart u.a. 2005

Spiegel, Paul: Was ist koscher? Jüdischer Glaube – Jüdisches Leben, München 2003

Vetter, Dieter: Die Wurzel des Ölbaums, Freiburg i. Br. 2003

Judentum in Deutschland

Handbuch der Religionen. Kirchen und andere Glaubensgemeinschaften in Deutschland, hg. von Michael Klöcker und Udo Tworuschka, Landsberg/München 1997ff. (Loseblattwerk mit jährlich drei Ergänzungslieferungen, zurzeit EL 16 [2007]).

Abbildungsnachweis

aisa, Barcelona: 50, 55, 58; akg-images, Berlin: 4/Lessing, 6/Sotheby's 10 l., 12/Lessing, 13 r., 17/Lessing, 18/British Library, 19/Lessing, 20/British Library, 22/Lessing, 24, 30, 33, 48/Korall, 67, 68 l./Pisarek, 71, 78, 83/Lessing, 87/British Library, 92, 101, 102/Pisarek, 104/Pisarek, 108/Lessing, 110, 112 l., 113/Pisarek, 114/Sotheby's, 128 r., 128 l., 136, 137/British Library, 138/Lessing, 139/Lessing, 140/141/Forman, 143/Lessing, 145/Monheim, 147/British Library, 148, 151, 155 r., 157, 158, 159, 163 l./Lessing, 174 o./Lessing, 177, 183 u./Pisarek, 186, 187, 188 r./Pisarek, 191 u./Lessing, 192/Lessing; Archiv Jacobson-Gymnasium, Seesen: 156/Willy von Franquet; Associated Press GmbH, Frankfurt: 36 u./Balilty, 121 u./Ratner, 124, 126/Larma, 185 o./Westura, 190/Salemi, 194/Giakoumidis, 199 r./Cosgrove; Bridgeman Art Library Ltd., London: 11; Caro Fotoagentur GbR, Berlin: 170/Wächter; Christoph & Friends, Essen: 44/Mayer, 100 o./Smillie/Black Star, 176 o./Mulder; Cinetext Bild- und Textarchiv GmbH, Frankfurt: 111 u.; Corbis GmbH, Düsseldorf: 32/Spiegel, 35/Reuters/Cohen Magen, 36 o./Wells, 43 u./Peterson, 45/Mendel, 53/zefa/Hardy, 59/Conger, 60/Torgovnik, 64/Christie's Images, 76/Hutchings, 79 o./Franken, 80 o./Shai, 80 u./Rafaeli, 81/Walter, 84/Souders, 85/Sachs/CNP, 86/Kratsman, 88/Nowitz, 89/Eichenbaum, 90 l./Hulton-Deutsch Coll., 90 r./Ginott, 96/Nowitz, 98 l./Wells, 106 u./Kashi, 106 o./Weitzman/Reuters, 107 l./Cohen Magen/Reuters, 109 u./Guttman, 109 o./Isachar, 112 r./Bettmann, 119/Griffiths Belt, 121 o./Reuters, 129/Nowitz, 133/Bettmann, 174 u./Benn, 175/Nowitz, 176 u./Blijdenstein/Reuters, 184/Schermeister, 185 u./Krist, 188 l./Turnley, 189/Turnley, 195, 196/Shai; Corbis-Bettmann, New York: 35/UPI, 66, 125, 134/UPI, 135/UPI, 166 o., 166 u./UPI, 167, 169, 197/Reuters; Document Vortragsring e.V., München: 16/Utzerath; dpa Picture-Alliance GmbH, Frankfurt: 5/Senna, 25, 34/Senna, 37/Nitzan, 38/39/Lösel, 41/Lemel, 51/Carstensen, 52/Härtrich, 65/Rüsche, 68 r./Lissac, 69 u./epa AFP, 69 o./Supinsky, 73/Imagno/Austri, 74/Lissac, 75/Imagno, 82 u./Keystone/Unger, 82 o./Rumpenhorst, 94/AFP, 95 u./Pleul, 103/Gillieron, 105/Kahana, 111 o./Photoshot, 116/Wolberg, 117 r./Senna, 117 l./Nackstrand, 118/Fishman, 122/Kumm, 123/Kahana, 127/Nackstrand, 130/Müller, 131/Lohnes, 171/Stache, 172 u./Wrede, 172 o., 178/Pitarakis, 198/epa afp, 199 l., 200/Maelsa, 201/Kugler, 202/Settnik, 203/Kühler; IFA-Bilderteam, Ottobrunn: 142/Jon Arnold Images, 146/Siebig; Interfoto, München: 150, 154/Karger-Decker, 155 l., 162/JAS2, 168/Hansmann, 173/Hänel; Jüdisches Museum, Berlin: 77 u.l./Ziehe, 132/Hermann Struck Archives/Ziehe; KNA – Katholische Nachrichtenagentur, Bonn: 91 u./Ditsch; laif, Köln: 42/Redux, 43 o./Futh, 49/Hill, 61/Krause, 63/Sasse, 77 o./Butzmann/Zenit, 79 u./Vogel, 91 o./Ziv/Gamma, 93/Zimbardo/Gamma, 97/Jörgensen, 100 u./Futh, 120/Ziv/Gamma, 193/Hilger; Mauritius, Mittenwald: 27/Vidler, 29/AGE, 46/47/Botanica, 99 o./Journey; shutterstock.com: 7/Ivars Zolnerovics, 8/9/Nir Levy, 10 Icon/Ivars Zolnerovics, 23/Nir Levy, 28/Mikhail Levit, 54/Mikhail Levit, 56/57/Eyalos; Stiftung Neue Synagoge, Berlin – Centrum Judaicum: 77 u.r./Archiv (CJA), 17,75 D Jo 1/Nachlass Regina Jonas; TopFoto, Kent: 40/Wells, 70/Nubile, 72/Nigile, 95 o./Grossman/TIW, 98 r./McLaughlin/TIW, 99 u./Senisi/TIW, 107 r./HIP/Ann Ronan Picture Library, 115/Porges/ArenaPAL, 144/AAAC, 152/AAAC, 160, 163 r./Jewish Chronicle Ltd./HIP, 164, 179, 180, 181 u./National News, 181 o./HIP, 182/Graff/TIW, 183 o., 191 o./Jewish Chronicle/HIP; Wissen Media Verlag GmbH, Gütersloh: 13 l.